HOUSE PLANTING

プロが教える
住宅の植栽

藤山 宏 著

学芸出版社

はじめに

　大きくなりすぎたゴールドクレスト、無残に切り詰められたケヤキ、隣地側に大きくはみ出しているミモザ、門廻りの表札やカメラホーンまで隠してしまっているオリーブ……。

　仕事がら各地の住宅地等を見てまわりますが、こんな光景を見かけることが増えています。そして、新しい住宅地ではシマトネリコが 10 軒に 7～8 軒は植えられていますし、マツ、マキなどの仕立物中心の植栽は極端に少なくなってきました。以前とは大きく様変わりした住宅植栽が目につきます。

　そういう筆者も、ここ 15 年位はマツなどを図面に折込む機会はほとんどありませんでしたし、逆にシマトネリコなどは、実際かなりの現場で使っています。この要因は、敷地スペース、建物デザインの多様化、ユーザーの樹木に対するイメージ・嗜好、メンテナンスの問題、他多々ありますが、樹木の耐性（抵抗力）を含めた特性を理解したうえで、敷地内の門廻り、カースペース、隣地側などの各部分の植栽樹種選定や適切なメンテナンスさえきちんとできていれば、最初に述べたような光景は少ないのではと思います。

　緑（植栽）の持つ機能は、大きくは地球環境という視点から、小さくは住宅での目隠しとしての生垣まで実にさまざまありますが、少なくとも、快適な住空間づくりには欠かせない存在といえます。庭に対する意識が「鑑賞本位の見る庭」から個々のライフスタイルに応じた「介在できる、使う庭」に変化した部分があるように、住宅における植栽の視点もさまざまな要因から変化しており、植物の、エクステリア部分を含めた壁と土間のデザインのマテリアルとしての見方や使いこなしが必要になってきたと言えます。

　樹木、草花、造園（ガーデン）に関する書籍、雑誌等は今までに多数ありましたが、住宅という限られたスペースでの植栽計画に特化した書籍は非常に少なく、あっても照準が絞れていなかったり、現場とかけ離れたものになっていたりもします。

　本書では、植物の基礎的知識の理解から始まり、住宅の各部位（門廻り、アプローチ、階段、塀、土留、カースペース、坪庭、他）から壁面、屋上に至る部分をできるだけ掘り下げた形で構成し、さまざまなテイスト別の計画や植栽代替案等を図面、パース、現場写真等を用いて基本的な考え方から応用までをわかりやすい形で展開しています。また、住宅内部の観葉植物もテイスト別に、リビング、洗面・トイレ、浴室と分けており、植物の基礎的知識からメンテナンスまで、戸建住宅の建物内および敷地全体を含めた植栽（緑）の考え方のポイント等を体系的に説明しています。

　本書は住宅建築に携わるデザイナー、設計事務所の方々からエクステリア、造園に関わる多くの人、また、これから住宅を計画されておられる一般の皆様まで広く読んでいただくことにより、緑を活かす舞台としてのエクステリアデザインを考えるうえで、必ず何らかのお役に立てると思います。先に刊行しました『住宅エクステリアの 100 ポイント』と併せてご愛読いただければ幸いです。

CONTENTS

はじめに　3

第1章　植物の基礎知識　7

- 1.1　植物（緑）の役割①──微気象・日差しのコントロール、防風・防火・防音　8
- 1.2　植物（緑）の役割②──隠す、視線をそらす、奥行を感じさせる　10
- 1.3　植物の分類──植物学上、葉の形状・着生状態による分類　12
- 1.4　耐性（抵抗力）による分類①──陽樹・陰樹・中庸樹、耐乾性、耐湿性、耐塩（潮）性　14
- 1.5　耐性（抵抗力）による分類②──耐煙性、耐風性、耐寒性・耐暑性　16
- 1.6　用途、鑑賞部位による分類──花物　18
- 1.7　鑑賞部位による分類①──葉物　20
- 1.8　鑑賞部位による分類②──幹物、実物、香りを楽しむもの　22
- 1.9　高さ、樹形による分類──高木・中木・低木、グランドカバー　24
- 1.10　特殊樹木およびタケ・ササ類とコニファー　26
- 1.11　新樹種とは？──外来種と「山から来た新しい仲間」　28
- 1.12　一・二年草、宿根草、グラス類および水生植物　30
- 1.13　樹木の経年変化と整枝剪定　32
- 1.14　風水家相と縁起木、忌み木　34
- 1.15　樹形によるイメージ構成　36
- **コラム1**　カエデ・モミジの違いと紅（黄）葉　40

第2章　現地調査と植栽計画図の作り方　41

- 2.1　住宅の植栽に求められるもの　42
- 2.2　住宅の種類による植栽計画の考え方　44
- 2.3　現地調査のポイント　46
- 2.4　植栽図面の表現方法　48
- 2.5　植栽材料の選定フロー　50
- 2.6　配植の考え方　52
- 2.7　低木（潅木）、グランドカバーの配植選定と植栽密度　56
- 2.8　樹木の根鉢と植込場所　58
- 2.9　植栽計画に関する各種助成制度と関連法律　60
- **コラム2**　タケ、ササ、バンブー類補足　62

第3章　部位別植栽の考え方

01　門廻り

- 3.1　門廻りの位置パターン別植栽──平行配置、直角配置、斜め配置　64
- 3.2　モダン系の門廻りの植栽　66
- 3.3　カジュアル系の門廻りの植栽　70
- 3.4　ナチュラル系の門廻りの植栽　74
- 3.5　フォーマル系の門廻りの植栽　76
- 3.6　シャッターゲート、アーチ門等が隣接する門廻りの植栽　78
- 3.7　和風門廻りの植栽──腕木門、数寄屋門等　82

02　アプローチ・階段スペース

- 3.8　アプローチデザインのパターン別植栽──直線、S字、クランク　84
- 3.9　階段スペース等の植栽　88

03　垣・塀・フェンス等

- 3.10　生垣の種類と利用法　90
- 3.11　塀のスリット、開口部の植栽　94
- 3.12　フェンス、トレリス、パーゴラなどの植栽　96
- 3.13　狭い空間（隣地側他）の植栽　100

04　法面・擁壁

- 3.14　法面部分の植栽　102
- 3.15　擁壁（土留）前の植栽　104

05　駐車スペース

- 3.16　駐車スペースの形態別植栽　106
- 3.17　駐車スペースの植栽の留意点と事例　110
- 3.18　カーポート屋根などへの植栽　112

06　坪庭・中庭

- 3.19　浴室周辺の植栽　114
- 3.20　坪庭、中庭の植栽　116

07　デッキ・テラス・ベランダ・バルコニー

- **3.21**　デッキ、テラス周辺の植栽　*120*
- **3.22**　ベランダ、バルコニーの植栽　*124*

08　壁・屋上

- **3.23**　壁面緑化の種類と管理方法　*128*
- **3.24**　屋上の植栽の考え方と方法　*132*

09　インテリア

- **3.25**　観葉植物の設置場所とモダン系のインテリア観葉植物　*136*
- **3.26**　カジュアル系、ナチュラル系のインテリア観葉植物　*138*
- **3.27**　エレガント系、クラシック系のインテリア観葉植物　*140*
- **コラム3**　ペット（イヌ、ネコ）と暮らす植栽計画　*142*

第4章　イメージ別ガーデン植栽の考え方　*143*

- **4.1**　モダン和風テイストの植栽　*144*
- **4.2**　雑木林風テイストの植栽　*146*
- **4.3**　英国風テイストの植栽　*148*
- **4.4**　アジアンテイストの植栽　*150*
- **4.5**　南欧、地中海風テイストの植栽　*152*
- **4.6**　北欧風テイストの植栽　*154*
- **コラム4**　移植と根廻し　*156*

第5章　施工・メンテナンス　*157*

- **5.1**　植栽材料の発注と検査　*158*
- **5.2**　土壌改良と植穴　*160*
- **5.3**　樹木の植付けと支柱　*162*
- **5.4**　潅水（水やり）と施肥　*164*
- **5.5**　中・高木の手入れ——整枝、剪定　*166*
- **5.6**　低木、地被類の手入れ——刈込み、他　*168*
- **5.7**　植物の病気と害虫　*170*

おわりに　*172*
索引　*174*

第1章 植物の基礎知識

シラカンバ ST（スタンダード）仕立のある住宅植栽

1.1 植物（緑）の役割① ——微気象・日差しのコントロール、防風・防火・防音

POINT
◆環境共生から住宅植栽まで広がる植物の役割
◆植物の葉、茎、根のもたらす機能的効果

　森林などの大規模な緑から住まいの緑に至るまで、植物（緑）は私たち人間を含めたすべての生き物が存在していくために欠くことのできないものです。

　植物の持つ機能（役割）は大別すると、植物の持つ葉、茎、根などがもたらしてくれる機能的効果（視点）と、気持ちを和らげたり、リラックスさせたり、美しいと感じさせたりする心理的、審美的効果に分けられます。

　ここでは、限られた敷地のなかでの住まいに緑を取り込むという住宅植栽の側面を中心に、緑の役割について考えてみます。

1　機能的効果（視点）

　植物の持つ光合成作用（植物が太陽などの光エネルギーを用いて、水と空気中の二酸化炭素 CO_2 から糖類などを合成し、その際酸素を放出する＝ CO_2 削減効果）や、植物の葉・茎・根の形状等がもたらす物理的および生物的効果をいいます。

① 環境保全、微気象のコントロール

　スギ、ヒノキなどの針葉樹を中心とする「人工林」と異なり、落葉広葉・常緑広葉を中心として多種多用の樹木により構成される「自然林」は、多くの昆虫、鳥、動物などが生育する生態系を構成しています。

　落葉樹の落ち葉等により豊かな保水力のある土がつくられ、針葉樹に比べ根も広く、深く土を保持してくれるので、崖崩れや水害の防止など、環境保全にも役立っています。

　微気象とは、ある限られたエリアの温度、湿度、日照、風などが微妙に異なることをいい、アスファルトやコンクリート舗装などでもできるだけ芝生などの地被類で覆ったり、高木を植えることにより日陰をつくれば暑さが和らいだりしますので、住宅の植栽といえども微妙に環境を調整することは可能で、これが広がれば地球環境にもつながってくるともいえます。

常緑・落葉広葉樹を中心とした自然林

スギ、ヒノキ等の植林による人工林

第 1 章　植物の基礎知識

② 防風、防火、防音の効果

　冬の北風や海からの風を防ぐため日本海側で良く見られる「築地松」、果樹園などでの風を防ぐためのサンゴジュなどの高生垣、他にも火事に見舞われた際、植栽のおかげで延焼を免れたり、住宅密集地の通行量の多い道路で防音のために高さと緑量感のある植栽をするなど、植栽により防風、防火、防音の効果を果たすことができます。

　これらの効果を出すためには、少なくとも 5〜6m の高さとボリューム感が必要になりますので、一般的な 40〜70 坪位の敷地や隣地側との空き寸法を考えれば、現実的には住宅においては無理があるかも知れませんが、広い敷地でスペースに余裕があれば十分可能といえます。

◎防火・防風・防音の効果のある樹木

防火樹	キョウチクトウ、サンゴジュ、モチノキ、イヌマキ、ユズリハ、他
防風樹	イヌマキ、サンゴジュ、タブノキ、クロマツ、スギ、アスナロ、他
防音樹	カシ類、イヌマキ、ツバキ、サンゴジュ、ヒマラヤスギ、他

③ 日差し、太陽輻射熱のコントロール

　良好な住環境のためには、日当りの良い部屋も一つの要件となりますが、日当りが良すぎても夏場などは日差しが強すぎて厄介になり、ヨシズ、オーニング（日よけ雨よけ用テント）など何らかの日差し除けが必要になります。

　このような場合には、夏場は陰をつくり、冬場は葉を落とす落葉広葉樹を効果的に使った植栽計画が望まれます。屋上や壁面に対する緑化で太陽輻射熱を下げることにより、室内温度も低下しますので、省エネ対策を含めて大切です（屋上、壁面緑化については第 3 章で詳しく説明します）。

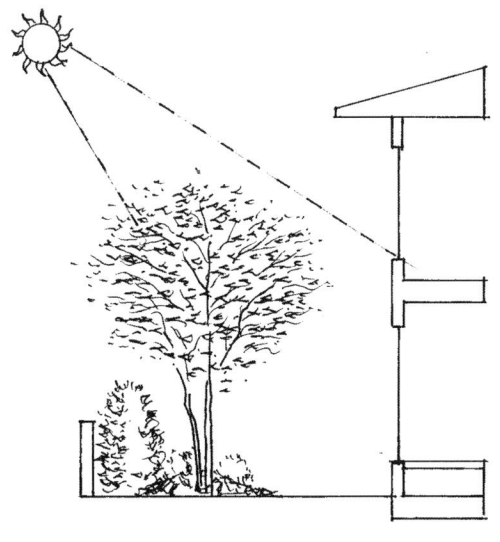
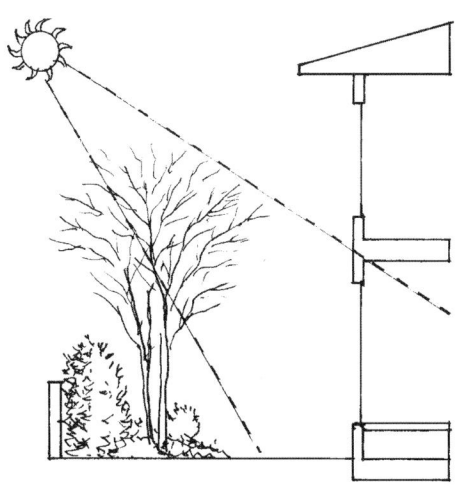

夏季　　　　　　　　　　　　　　　　　　　冬季

夏場は木陰をつくったりして室内への日差しをカット　　　冬場は葉を落としているので、室内に日差しが入る

落葉広葉樹による日差しのコントロール

1.2 植物(緑)の役割② ——隠す、視線をそらす、奥行を感じさせる

POINT
◆効果的な植栽で建物の見栄えも変わる
◆隠したり、目をそらしたり…、視覚的演出がポイント

1 建築的効果(視点)

　建物とエクステリアが完成していても、植栽工事の前か後かで敷地全体や建物のファサード（正面）の見え方や雰囲気は大きく変わりますし、建物やエクステリアのテイストに合わせたり、住む人なりの思いを込めた植栽をすることにより、我が家なりの住まいの演出を特徴づけることができます。

　建築のフォルムが水平線、垂直線、対角線などの直線が主体の幾何学的なデザインで構成され、材料も木材、コンクリート、鉄などのハードな外観になりやすいので、さまざまな形、色、質感を持つ植物を組み合わせることにより、雰囲気を和らげたり、空間にメリハリをつけたり、建物の隅部（コーナー）を隠したりなど、建物を引き立てる効果もあります。

植栽前

植栽完了時

 生垣

　道路面や隣地面に対しての境界部分の生垣による植栽は、境界の明示とともに、通行人の視線を遮るだけではなく、塀としての侵入者を防ぐ効果も持たせています（生垣については第3章で詳しく説明します）。

2 審美的効果

　さまざまなデザインを進めていく際に、意匠性（見栄え）という側面は重要な要件の一つで、造形やシーン（眺め、場面）を演出していくなかで、審美性（美意識）という視点で形が美しい、おかしいなどの美を的確に判断、見極める能力が必要といえます。

　造園や植栽を通じ、人の五感（視覚、聴覚、嗅覚、味覚、触覚）に訴求できるように考えていきますが、特に視覚的要素の演出が審美性に大きくかかわってきます。建物を含めた敷地内の構造物の「見せたい（見て欲しい）部分」「見せたくない（見られたくない）部分」や「広く感じたい」「奥行感が欲しい」などに対して、植物（緑）による効果的な演出が審美的視点での大事な部分といえます。

1 隠したり、視線をそらす効果

　植栽によって「見せたくない部分」を完全に隠すためには、生垣のような形か緑量感の出やすい常緑樹（カシ、シイ、レイランディー、他）を手前に配植する方法や、トレリス（植物を絡ませるための格子、柵）に蔓性植物を絡ませたりします。

　完全に隠すことだけではなく、視線を逸らしたり、他の部分に注意を引き付けることで「見せたくない部分」があまり気にならなように、視線をカットしてやるだけでも十分な場合もありますので、効果的な植栽演出が大事になるわけです。

吹き抜けの大きなガラス面がストレートに見えるのではなく、手前のシマトネリコの株立があることにより、内側からの視線も含めて効果的な役割を果たしています。

壁面のタテ樋を全て隠すことよりも、手前のコンテナと樹木の方に目を向けさせれば樋もあまり気になりません。

2 奥行を感じさせる効果

　生垣、列植などにおいて、パースラインに沿って奥に向かって樹木の高さを低くしたり、手前の樹木で見通しを少し悪くしたり、人の視線を引きつけるような物や樹木を配しアイストップ的効果を持たせることにより、遠近感や奥行感を感じさせることができます。庭のコーナー部に樹木を配し、入隅部を隠してやるだけでも拡がり感を感じさせてくれますので、敷地の形状や構造物の状況に合わせた形で、奥行感、拡がり感が出るような植栽計画が大事です。

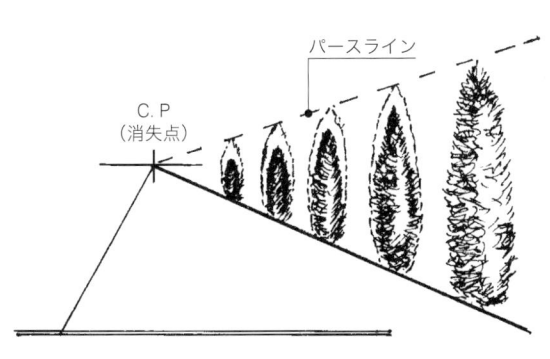

樹木高を低くしていくことで、より奥行感、距離感を演出できます。

和風門の前に植えられたモミジが奥行感を演出しています。

1.3 植物の分類 ——植物学上、葉の形状・着生状態による分類

POINT
◆植物の分類方法はさまざま
◆葉の形状だけでは判断できない針葉樹は？

植物の分類に関しては「学名」という生物につけられた世界共通の名称から、進化の過程による胚珠（植物の生殖器官の一部）の状況による裸子・被子植物、陽樹・陰樹、植物の耐性（抵抗力）、高さによる高木・中木・低木、用途による庭園樹・公園樹・街路樹、他…多岐にわたっています。

1 植物学上の分類

植物学では大きな（粗い）単位から「界－門－亜門－網－亜網－科－属－種」と細かく分類されており、例えば、ケヤキは

植物**界**－種子植物**門**－被子植物**亜門**－双子葉植物**網**－離花弁**亜網**－ニレ**科**－ニレ**属**－ケヤキ**種**

となります。

樹木は科・属・種と分類上の名前を持っています。科名は花、実、葉などの各部分が似た形のものをグループ化していて、属は科をさらに細かく分類していますし、種名は一般的に図鑑等で使用されているその国の普通の呼び名「和名」といわれ、通常、種名での樹木表現となります。世界共通の学名はラテン語表示となり、ケヤキの場合 Zelkova Serrata です。

同じ科（グループ）の植物は似かよった性質を持つことが多く、例えば、ツバキ科のサザンカ、ヤブツバキなどはチャドクガという害虫など同じ病害虫がつくことが多いといえます。

植物の呼び名は例えば、地域によりイヌシデをソロ、トガをツガと呼んだり、材料業者等が消費者にわかりやすいようにと、クリスマスの時期に咲きバラに似ているところから、クリスマスローズと呼ぶ場合と学名の Helleborus ヘレボラスと呼んだりしている場合がありますので、留意しておいてください。

2 葉の形状・着生状態による分類

植物の葉の形状と葉脈（主脈、側脈）の違いにより広葉樹・針葉樹に分けられ、一般的にはサクラ、ツバキ、カシなど広葉樹の葉は扁平、楕円形と幅広い形をして、マツ、スギ、ヒノキなど針葉樹の葉は針状および鱗片状の細かく、幅が狭い形をしています。

植物の進化の過程からすると裸子植物、被子植物と進化しており、広葉樹は被子植物に属し、イチョウは幅の広い葉をしていますが裸子植物に属し、植物学上は裸子植物である針葉樹に属しています。

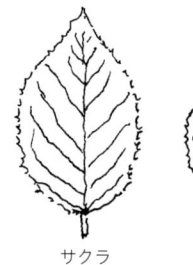
サクラ　カツラ
広葉樹の葉の形状

マツ

スギ　ヒノキ
針葉樹の葉の形状

また、広葉樹の葉ははっきりとした主脈とそこから分かれている側脈がありますが、針葉樹の葉には主脈しか見られずに枝分かれの側脈はありません。例えば、神木とされているナギは一見広葉樹のような楕円の広い葉を持ちますが、側脈はありませんし、マキ科－マキ属－ナギ（種）というれっきとした針葉樹です。

広葉樹の葉脈事例

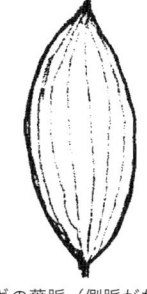
ナギの葉脈（側脈がない）

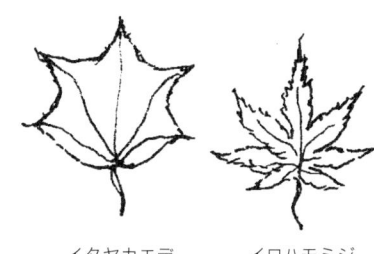
モミジ・カエデ類の葉の切れ込みの違い

樹木は葉の着生状態により常緑樹、落葉樹、半落葉樹と分けられます。

- 常緑樹　　　　　　：1年を通して葉をつけている樹木で、マツ、クスノキ、ツバキ、他などがあります。ただし、葉が全く落ちないのではなく、1年から数年かけて古い葉から落としますし、クスノキなどは新芽の出る時期にすべての葉を一瞬にして落としてしまいます。
- 落葉樹　　　　　　：秋から冬にかけて葉を落とし（落葉）、春先から新芽を出していきます。ただし、最近都市部などではヒートアイランド現象や地球温暖化等により、落葉の時期が遅くなったり、ヤナギみたいに葉をつけたままの場合もあります。
- 半落葉(半常緑)樹　：土壌条件や肥料、生育状況等により、寒くなる時期に多少葉を落とします。

◎葉の着生状態の分類による樹木

		高・中木	低木、他
常緑	針葉樹	マツ類、カイヅカイブキ、イチイ、イヌマキ、スギ類、レイランディー、ブルーヘブン、モミ、トウヒ、スカイロケット、センペルセコイア、コウヤマキ、ナギ、他	ハイビャクシン類、ラインゴールド
	広葉樹	カシ類、クスノキ、タブノキ、ツバキ類、シイノキ、マテバシイ、サンゴジュ、クロガネモチ、ソヨゴ、シマトネリコ、キンモクセイ、ハイノキ、ヤマモモ、サザンカ、キョウチクトウ、他	アオキ、クチナシ、トベラ、シャリンバイ、ナンテン、ヒラドツツジ、サツキツツジ、センリョウ、マンリョウ、他
落葉	針葉樹	カラマツ、メタセコイア、ラクウショウ、イチョウ	
	広葉樹	ケヤキ、サクラ類、アキニレ、イヌシデ"ソロ"、シャラ、モミジ・カエデ類、ハナミズキ、ヤマボウシ、ウメ、コナラ、サルスベリ、クヌギ、アオダモ"コバノトネリコ"、カリン、他	ユキヤナギ、レンギョウ、ハギ、ドウダンツツジ、ウツギ類、アジサイ類、シモツケ、ヤマブキ、他
半落葉	広葉樹	イボタノキ、プリペット"セイヨウイボタ"、ヤマツツジ	キンシバイ、フジウツギ、アベリア、ツキヌキニンドウ、スイカヅラ

※以下、植物の名前の"○○"は別名・俗称、「○○」は品種名を表します

1.4 耐性（抵抗力）による分類①——陽樹・陰樹・中庸樹、耐乾性・耐湿性、耐塩（潮）性

> **POINT**
> ◆植栽箇所の日照量は樹種選定のチェックポイント
> ◆陽樹、陰樹とは？　陰樹は日なたでは育たないの？

　個々の植物にとって日照量、温度、土質、土壌中の水分量、煙害や大気汚染、塩風…等の諸条件に対しての必要量および強いか弱いかを耐性（抵抗力）といいます。植栽計画のなかで、耐性に沿った形での適正な樹種選定がなされないと、順調な生長が望めず弱ったり、枯れたりします。植物によって小さい時からその場所にあれば多少はその環境に順応して生長していく場合もありますが、樹木には本来、それぞれの生長に適した環境があり、植物自体の性質、耐性を理解したうえでの植栽計画が望まれます。

1　陽樹、陰樹、中庸樹

　樹木は生長に必要な日照量によって分類されていて、「陽樹」はもともと日当りの良い場所に生息し、日当りが良くないと光合成ができにくくなり、結果として生長が悪くなる木、「陰樹」は少ない光でも光合成ができるので、日陰でも生長しやすい木、その中間的な適度の日当りと日陰を好む木を「中庸樹」といいます。

　一般的には、陽樹は日当りの良い南面や広い空間部分、陰樹は北側や建物などが接近した狭い空間や、高木、中木の陰になる部分など、中庸樹は午前中の柔らかい日差しのある東面などが適しています。陽樹は日陰では育ちにくいですが、陰樹は日陰でも育ちますし、ヒノキ、カクレミノなど陰樹の樹木は日当りの良い場所でも十分生長してくれます。

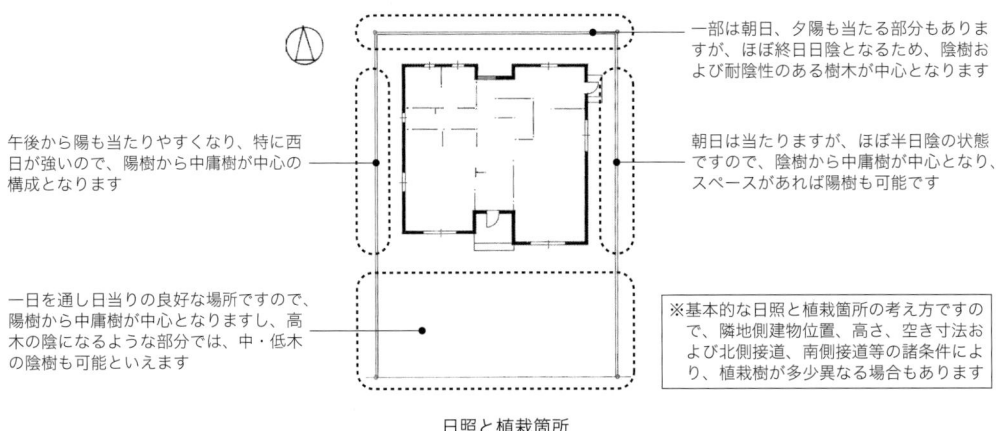

日照と植栽箇所

陽樹	マツ、カイヅカイブキ、マテバシイ、タイサンボク、ユズリハ、オオムラサキ、ムクゲ、キリシマツツジ、シラカンバ、ケヤキ、ウメ、サクラ類、マユミ、フヨウ、ウツギ、ボケ、ウメモドキ、レンギョウ、ドウダンツツジ、サルスベリ、他
陰樹	イチイ、ソヨゴ、ナンテン、ヤブツバキ、サザンカ、モッコク、カクレミノ、ヤツデ、ハマヒサカキ、ヒイラギナンテン、ジンチョウゲ、ハウチワカエデ、アオキ、アセビ、センリョウ、マンリョウ、ヤブコウジ、シャクナゲ、イロハモミジ、ニシキギ、アジサイ類、ヤマツツジ、他
中庸樹	ヤマモモ、アラカシ、スダジイ、スギ、サワラ、カツラ、エゴ、コブシ、シャラ、カルミア、トサミズキ、ミツバツツジ、ロウバイ、カシワバアジサイ、シモツケ、ヒメクチナシ、他

2 耐乾性、耐湿性

　土壌中の水分等の乾燥および過湿状態に強いか弱いかという性質です。植栽計画においては、乾燥しやすい場所（建物軒下、法面上部、日当りが良く風の通りやすい部分、他）や湿気やすい場所（北側など日当りの悪いところ、坪庭、法面下部、他）などに配慮した樹種選定が必要です。
　一般的に乾燥に強い性質を持つ樹木の葉は、肉厚で硬い葉でしっかりしているのが目安で、マテバシイ、シャリンバイなど常緑広葉樹に多いといえます。

耐湿性のあるもの	スギ、ヤナギ、ニレ類、カツラ、シキミ、タイサンボク、ヤマブキ、シモツケ、ネムノキ、ヤツデ、ネズミモチ、サルスベリ、他
耐乾性のあるもの	クロマツ、ドイツトウヒ、コウヤマキ、ビャクシン、ウメ、アベリア、ウバメガシ、ニセアカシア、ヤマモモ、エニシダ、セイヨウヒイラギ、ヒサカキ、ヒイラギモクセイ、クマザサ、オリーブ、他

クロマツ（耐乾性あり）

タイサンボク（耐湿性あり）

3 耐塩（潮）性

　塩分を含んだ大気、雨、潮風等に対する性質のことで、当然のことながら海岸地に自生するマツ、ヤマモモ、ウバメガシなどは強いといえます。本来、植物は塩分を嫌う性質を持ち、海岸からかなり離れた地域でも台風などで塩分の多い雨風で葉が傷んだりする場合も見受けられますので、特に海沿いの住宅地、埋立地などでの植栽には配慮が必要です。一般的にはクロマツ、マキなどの硬い葉を持つ常緑針葉樹や、肉厚の葉、枝などを持つヤブツバキ、タブノキなど常緑広葉樹主体となり、落葉樹は全般的に弱いといえますが、アキニレ、サルスベリなどは比較的強い方といえます。

耐塩（潮）性の強いもの	クロマツ、イヌマキ、ヤマモモ、カシ類、シイ類、クスノキ、タブノキ、シャリンバイ、キョウチクトウ、トベラ、ハマナス、ユズリハ、モチノキ、イヌツゲ、ハマヒサカキ、ノワシログミ、サンゴジュ、他
耐塩（潮）性の弱いもの	キンモクセイ、カナメモチ、モクレン類、アカマツ、カツラ、マンサク、モミ、トウヒ、ナナカマド、ハナミズキ、エゴノキ、他

タブノキ（耐塩性強い）

アカマツ（耐塩性弱い）

1.5 耐性(抵抗力)による分類② ── 耐煙性、耐風性、耐寒性・耐暑性

> **POINT**
> ◆大気汚染や強風に強い木は?
> ◆植物にとって生育温度は大事なキーワード

1 耐煙性

　工場地帯や都市部の交通量の多い道路周辺などの亜硫酸ガス、車の排気ガスなどに含まれる二酸化炭素などの大気汚染、煙害に対する性質をいいます。

　このような場所に植栽するには、基本的には肉厚の葉を持つマテバシイ、キョウチクトウなどの常緑広葉樹が適しています。空気のきれいな山地などに自生しているモミ、シラカンバ等の落葉樹は基本的に向いていませんので、できるだけ避けてください。

耐煙性の強いもの	タケ類、キョウチクトウ、カイヅカイブキ、ネズミモチ、サツキ、アオキ、マサキ、イヌツゲ、トベラ、アベリア、マテバシイ、イチョウ、他
耐煙性の弱いもの	イロハモミジ、モミ、アカマツ、ヒノキ、スギ、シラカンバ、サクラ類、他

2 耐風性

　樹木の葉、枝、幹の風に対する傷みやすい、折れやすい、倒れやすいかどうかの性質をいいます。クロマツ、カシ類、イヌマキなど防風林にも良く用いられ、常緑樹は一般的には強いとされていますが、ミモザ、ニセアカシアなどマメ科やヒマラヤスギ、カイヅカイブキなど根の浅い常緑針葉樹は倒れやすい側面も持ち合わせています。

　モミジ・カエデ類など葉の薄い落葉樹は、特に新芽の場合などに強風を受ければ傷みやすく、葉が見栄えの悪い形になることもあります。

耐風性の強いもの	カシ類、マテバシイ、ヤマモモ、ケヤキ、イヌマキ、他
耐風性の弱いもの	カイヅカイブキ、ヒマラヤスギ、コニファー類、ユーカリ、ニセアカシア、他

3 耐寒性、耐暑性

　植物の生長にとって温度条件というのは大きな要件であり、平均気温が2～3°上昇すると大きな植生の変化が生じ、例えば、稲作のコメにしても現品種のジャポニカ系は西日本では栽培は困難となったり、森林にしてもブナ林などの自然林は40～50%は枯れるともいわれています。

　温暖化の影響が進むなか、日本での植生帯にも微妙な変化が見られ、最近は暖かいところの樹木(シマトネリコ、シマサルスベリ、ブーゲンビリア…他)などが関東エリアなどでも良く見かけられています。このような植物は暑さには強いですが、寒さには弱いという側面も持ち合わせていますので、冬場の対策や樹木の状況の説明も十分におこなう必要があります。特に柔らかい雰囲気を持つ常緑樹ということで最近人気の高いシマトネリコなども、冬場の寒さのため、枯れてはいないのですが葉が黒っぽく変色したり、本来、常緑樹のクロガネモチが寒さのために葉を落とし落葉状態になったりもしますので、事前の説明が必要といえます。

耐寒性のあるもの	モミ、トウヒ、ユーカリ、ナナカマド、シラカンバ、ライラック、メギ、ハマナス、エリカ、他
耐暑性のあるもの	オリーブ、キョウチクトウ、アメリカデイゴ、クスノキ、イヌマキ、シマトネリコ、ヤマモモ、ナンキンハゼ、フヨウ、シマサルスベリ、ムクゲ、クロガネモチ、フェニックスカナリエンシス、ワシントニアヤシ、トウシュロ、他

◎耐煙性による樹木の分類

キョウチクトウ（強い）

スギ（弱い）

◎耐風性による樹木の分類

カシ類（強い）

カイヅカイブキ（弱い）

◎耐寒性、耐暑性による樹木の分類

ユーカリ（耐寒性あり）

シラカンバ（耐寒性あり）

ナナカマド（耐寒性あり）

アメリカデイゴ（耐暑性あり）

クスノキ（耐暑性あり）

イヌマキ（耐暑性あり）

1.6 用途、鑑賞部位による分類——花物

> **POINT**
> ◆敷地の広さによっては公園樹も庭園樹？
> ◆花に特長のある樹木は？

1 用途別分類

　庭木という言葉で表現されるように、以前は樹木図鑑も用途別に「庭園樹」「公園樹」「街路樹」「生垣樹」他などに分けられているのもありました。元来、庭木としての考え方が整形、剪定された「仕立物」を中心に構成されることが多く、あまり大きくなる樹木や自然樹形の高木などでの植栽計画が少なかったことも要因と思われます。

　例えば、ケヤキなどは「公園樹」「街路樹」に区分されていますが、敷地の広いところでは当然のことながら、庭木としても植栽されています。最近はあまり固定された用途のみではなく、植栽されていますので、全体の植栽計画、樹木の生長時の樹形管理を含めたメンテナンス等に配慮した植栽計画が望まれます。ただし、公園樹、街路樹に適している樹木は、一般的に生長も早く高木になりますので、長いスパンでの樹形管理や植栽位置に対する配慮が必要なのは言うまでもありません。

庭園樹	クロマツ、アカマツ、ゴヨウマツ、ツゲ、キンモクセイ、カシ類、ウメ、モミジ・カエデ類、ツバキ、ツツジ類、他
公園樹	ケヤキ、サクラ類、クスノキ、カシ類、ツバキ、ツツジ類、他
街路樹	（比較的公園樹の高木に準じています）
生垣樹	カイヅカイブキ、ウバメガシ、ベニカナメモチ、サザンカ、カシ類、他

2 花物（はなもの）

　一般的には高木から中低木までの四季折々の花の美しい花木（か ぼく）（花の咲く木）を総称しています。

早春 （2～4月） の開花	ロウバイ、マンサク、ウメ、ツバキ、コブシ、サンシュユ、ミツマタ、ハクモクレン、ソメイヨシノ、モモ、ユキヤナギ、トサミズキ、ボケ、ヒュウガミズキ、ギンヨウアカシア　ミモザ、レンギョウ、ジンチョウゲ、ドウダンツツジ、ヒイラギナンテン、アセビ、他

ツバキ

ギンヨウアカシア　ミモザ

春～初夏 （4～5月） の開花	ツツジ類、コデマリ、ヤマブキ、カリン、シモクレン、ハナミズキ、フジ、ライラック、オトコヨウゾメ、ガマズミ、シモツケ、シャクナゲ、エニシダ、ウツギ、ザイフリボク、エゴ、ベニバナトチノキ、バラ類、トキワマンサク、他

第1章 植物の基礎知識

コデマリ

エゴノキ

初夏～夏 （5～8月） の開花	シャラ、ヒメシャラ、ネムノキ、ヤマボウシ、ムクゲ、クチナシ、ヒペリカム類、キョウチクトウ、アジサイ、サルスベリ、アベリア、ザクロ、タイサンボク、ブッドレア、ノウゼンカズラ、他

シャラ

ガクアジサイ

秋（9～10月）の開花	キンモクセイ、チャ、ヒイラギ、ハギ、他

ハギ

キンモクセイ

冬（11～12月）の開花	サザンカ、ツバキ（一部は1～3月）、カンツバキ　シシガシラ、エリカ、他

サザンカ

エリカ

1.7 鑑賞部位による分類① ── 葉物

POINT
◆植物の葉は緑色だけではなくさまざま
◆葉の色を効果的に使うのがポイント

1 葉物

　葉物とは、以前はマツ、マキなど仕立物以外の樹木で、カエデ類など葉のきれいなものから、刈込などで仕上げていくキンモクセイなども含めていましたが、最近では、新緑時に特に葉の美しいもの（黄色、紅色）や、秋から初冬の紅葉、黄葉の美しい葉を持つ樹木のことを指しています。

　カラーリーフプランツと呼ばれる外来種主体の銅色〜赤紫色、黄色、銀青色〜青葉などさまざまな彩りの葉を持つ樹木や、白、黄の斑入りの葉を持つ樹木を広義的に含める場合もあります。また、植物の葉の形はさまざまですので、その形の特長を活かした配植計画も必要です。

　ちなみに、植物名で○○オーレア（Aurea 黄色）、○○グラウカ（Glauca 青色）、○○バリエガータ（Variegater まだら、斑入り）というように、葉の色、特長などを表していますので、参考にしてください。

① 新緑（新芽）の美しいもの

黄色（黄緑色）	キンメツゲ、プリペット、メギオーレア、ゴールドクレスト、他
紅・ピンク色	サルスベリ、アセビ、アカメガシワ、レッドロビン　西洋ベニカナメモチ、セイヨウイワナンテン、アカバメギ、他

ゴールドクレスト

メギオーレア

レッドロビン

セイヨウナンテン

2 紅葉、黄葉の美しいもの

紅　葉	ガマズミ、ドウダンツツジ、ナツツダ、ナンキンハゼ、ニシキギ、マユミ、ヤマボウシ、ハゼ、モミジ類、ナナカマド、サクラ類、他
黄　葉	イチョウ、イタヤカエデ、カツラ、ケヤキ、ユリノキ、他

イチョウ（黄葉）

ドウダンツツジ（紅葉）

3 カラーリーフプランツ

銅色～赤紫色	ノムラモミジ、スモークツリー、ノルウェーカエデ、アメリカハナズオウ、アカバメギ、アカバドラセナ、ベニバスモモ、他
黄　色	アカシアフリーシア、キンマサキ、メギオーレア、フィリフェラオーレア、他コニファー類
銀青色～青葉	ギンヨウアカシア、ピセアプンゲンス、ゴヨウマツ、ユーカリ、ポプシー、ボールバード、ヒマラヤシーダ、グラウカフェスカ、他
斑入り	アオキ、マサキ、セイヨウヒイラギ、他（※最近はかなりの樹木に斑入りの改良種が出ています）

フィリフェラオーレア

ベニバスモモ

ピセアプンゲンス

ギンヨウアカシア "ミモザ"

1.8 鑑賞部位による分類② ──幹物、実物、香りを楽しむもの

POINT
◆幹に特徴のあるもの、花、葉に香りを持つ樹木は？
◆果樹を選ぶ場合は、自家結実性のある品種がおすすめ

1 幹物（みきもの）

　樹木の持つ幹の部分の形状や幹肌テクスチュア（質感）などに特長があり、鑑賞価値の高いものを総称しています。もちろん、幹だけではなく花や葉が同じように鑑賞的価値がある場合も含まれます。幹肌のタイプはサルスベリ、シャラのような平滑タイプ、クヌギ、ソロ　イヌシデ　のような縦筋タイプ、ヤマザクラ、シラカンバのような横筋タイプなどがあり、アカマツなどの独特な色もあります。

| 幹が美しいもの | サルスベリ、アカマツ、シャラ、ヒメシャラ、リョウブ、シラカンバ、他 |

サルスベリ

アカマツ

2 実物（みもの）

　一般的には「実」がなる樹木を総称していて、実の色（赤、黄、青〜黒色）に鑑賞価値があるものから、野鳥が集まり、餌となるようなもののことを指しています。以前は、果樹を庭に植えるケースは比較的少なかったのですが、最近は野菜や果樹をテーマとした庭（キッチンガーデン、ポタジェガーデン）のデザイン依頼も増えていますし、何より食用になる植物を植えることにより、鑑賞以外の収穫の楽しみを与えてくれることが住む人の共感を得ているのではと思われます。

赤い実	アオキ、イチイ、ウメモドキ、クロガネモチ、ナナカマド、コトネアスター、サンゴジュ、センリョウ、ソヨゴ、ナンテン、ハナミズキ、ピラカンサス、マンリョウ、セイヨウヒイラギ、ヤブコウジ、他
黄色	カキ、カリン、ピラカンサ、黄実のセンリョウ、ビワ、柑橘類、他
青〜黒色	イボタ、ネズミモチ、ラズベリー、ブルーベリー、他
その他	マユミ（白紅）、トベラ（灰緑）、ムラサキシキブ（紫）、ナンキンハゼ（白）、クチナシ（紅黄）

ピラカンサ

セイヨウヒイラギ

❖**果樹**

　食用になる果樹を植えると、鑑賞以外の楽しみも与えてくれますが、果樹の実をつける性質を理解しておくことが必要になります。

- **自家結実性**　　：自分の花粉だけで受粉し、結実する性質
- **他家結実性**　　：自分の花粉では結実しにくく、他の品種の受粉樹が必要
- **雌雄同株、異株**：一本の木で雌花、雄花があり受粉できるものと、雄木・雌木が別々に必要なものがある

　ただし、最近は品種改良等も進んで、例えば、キュウィなどは本来雌、雄別々ですが雌雄同株も出ていますので、自家結実性かどうかなども含め確認のうえ、果樹品種等の選定が大事といえます。

常緑性	レモン他柑橘類、ビワ、ヤマモモ
落葉性	リンゴ、ナシ、モモ、カキ、スモモ（プルーン系）、クリ、アーモンド、イチジク、ブルーベリー、キイチゴ類
蔓　性	ブドウ、キュウィフルーツ

ブドウ

レモン

3　香りを楽しむもの

　キンモクセイ、クチナシ、ジンチョウゲなど、香りのある樹木名は、植物をあまりご存知でない方にも何となく伝わるものです。

　植物の花や葉には芳香成分を持つ種類も多くあり、ハーブ類もその一つです。ハーブとは本来薬用香味料とする草から、広義的には人に役立つ自然界に自生する野草、樹木のことで、薬用、香料からハーブティー、料理、アロマテラピーなどさまざまな形で使われています。

花	ロウバイ、ウメ、ジンチョウゲ、モクレン類、オガタマ、クチナシ、ライラック、バラ類、キンモクセイ、ヒイラギ、柑橘類、他
葉	クスノキ、ゲッケイジュ、サンショウ、ニオイヒバ、ニッケイ、クロモジ、他

ジンチョウゲ

クチナシ

1.9 高さ、樹形による分類——高木・中木・低木、グランドカバー

> **POINT**
> ◆樹木の規格は H（高さ）、W（幅）、C（幹周）
> ◆高・中・低木の植物学上および造園植栽の違いは？

　植物学上の高さによる分け方と、植栽計画時における高さ（高木、中木、低木、他）とは感覚的に異なります。植物学上では高木とは 3〜4m 以上（10m 以上含む）となり、主幹と枝の区別が比較的はっきりしているものをいい、高さが 6〜7m 位までの比較的小型のものを亜高木といいます。

　例えば、キンモクセイの場合などは、植付時はだいたい 1.5〜2.0m で中木的イメージですが、植物学的には常緑高木に位置付けられています。

1 高木、中木、低木（造園植栽の場合）

- **高木**：植栽（植付）時の高さが 3m 以上のものを一般的に指します
- **中木**：植栽（植付）時の高さが 2m 前後のものを一般的に指します
- **低木**：高さ 1m 以下のものをさし、潅木とは主幹と枝の区別がはっきりしないで根元から多くの枝が生じているものを指します

　なお、風致地区条例、緑化条例等で緑地面積に対しての高木、中木の本数計算等をする場合の高、中木の各サイズは、条例ですので自治体により多少異なる場合もあります。

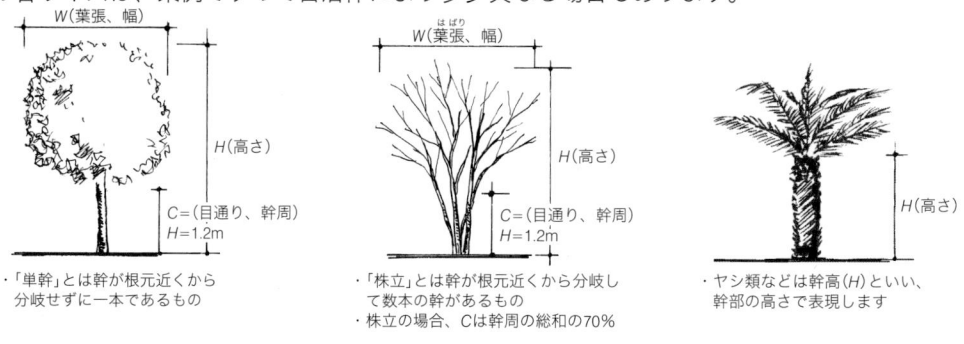

- 「単幹」とは幹が根元近くから分岐せずに一本であるもの
- 「株立」とは幹が根元近くから分岐して数本の幹があるもの
- 株立の場合、C は幹周の総和の 70%
- ヤシ類などは幹高（H）といい、幹部の高さで表現します

樹木の規格表示および樹形

2 グランドカバー（地被植物）

　植物の高さがあまり生長せずに平坦地、法面などの地表面を覆い隠す芝生、苔、ツタ類などの植物の総称で、美観上の演出効果はもちろん、土の流出防止や乾燥防止のための効果も兼ね備えています。

① 芝生類

　生態的に分類すると、比較的温暖な地域に適していて、夏は青々とした緑色ですが、冬は枯れた色の状態になる暖地型芝生（夏芝）と、冷涼な地域に適していて冬でも青々とした緑の状態の寒地型芝生（冬芝）に大別されます。

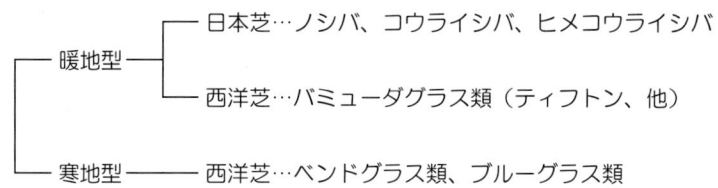

② 苔類、ササ類

和風庭園などの地被として良く使われ、スギゴケ、クマザサ、チゴザサなどが代表的な種類です。苔で覆い隠されている状態はきれいですが、植付場所の条件等にも左右されやすく、きれいな状況を維持するのはなかなか困難ともいえます（ササ類に関しては次頁で詳しく説明します）。

チゴザサ

コケ類

③ 蔓性植物

多くの植物は自らの茎で自立するのが普通ですが、他の植物や物体に絡みついたりしながら細長い茎を伸ばし生長する植物で、最近はフェンス、トレリス、壁面緑化などにも多用されています（関連する部分は第3章に詳しい説明があります）。

④ その他

芝生・ササ・苔など以外で、リュウノヒゲや低木でも比較的高くならないハイビャクシンなどの木本性植物や、宿根草などの草花類もグランドカバーとして用いられます。

その他	ハイビャクシン、コトネアスター、ヒペリカム類、ヤブコウジ、フッキソウ、アジュガ、セダム類、リュウノヒゲ、シバザクラ、他

アジュガ

ヒペリカムカリシナム

ヤブコウジ

リュウノヒゲ

1.10 特殊樹木およびタケ・ササ類とコニファー

> **POINT**
> ◆タケとササ、バンブーの違いは？
> ◆コニファー類の樹種選定にあたり特性等は要チェック

1 特殊樹木

　特殊樹木とは亜熱帯や温帯一部産の樹種のなかで、葉の形などが針葉樹、広葉樹に分類しにくいシュロ、ソテツ、ドラセナ、ヤシ類（ワシントニアヤシ、フェニックスカナリエンシス、他）などのことをいいます。

　ソテツなどは安土桃山時代の庭園等でも良く見られて古くから使われていましたし、以前は洋風の庭に多用されていました。最近は南欧風イメージ等の演出に赤葉ドラセナや各種ヤシ類も使われています。

ワシントニアヤシ

ドラセナ

2 タケ、ササ類

　タケ、ササ類は東北地方以西各地に自生しており、中国など海外から導入されたのも含めれば、日本にある種類は、植物学上はその数500種以上（学説により150～600種）とされています。竹林には、東洋の香りとともに日本の原風景さえ思い起こされるような和のテイストがあります。

　一般的に植栽等で使用するタケは直径10～20cm位で高さ（稈長）15～20mの大型のモウソウチクから、グランドカバー等にも用いられるクマザサまでさまざまな種類があります。イメージ的には、タケが大きくてササが小さい感じで両者を混同しがちですが、両者には明確な違いがあります。

◎タケ類・ササ類・バンブー類の特徴と樹種

	特　徴	樹　種
タケ類	筍（たけのこ）が生長し終えた頃にタケの皮を稈（かん）から離脱させる	モウソウチク、マダケ、クロチク、キッコウチク、シホウチク、ナリヒラダケ　ダイミョウチク、オカメザサ
ササ類	生長後もタケの皮をいつまでもつけている	カンチク、ヤダケ、クマザサ
バンブー類	タケは本来、長い地下茎が発達し生長していきますが、ほとんど地下茎がなく株立のブッシュ状	ホウライチク、ホウオウチク、シチク

第1章　植物の基礎知識

キッコウチク

クロチク

ヤダケ

オカメザサ

3　コニファー（Conifer）

　針葉樹の総称ですが、一般的には在来種でなく、外来種および園芸的に品種改良されたもので、葉の色も黄色、銀青色などのカラーリーフの針葉樹を指しています。生長も遅いものから早いものまでさまざまです。

　日本に導入されてからや品種改良されてから年数が経っていないものもありますし、特性や生態的にはまだまだわかりにくい部分ありますので、樹種の選定には配慮が必要といえます。

コニファーの種類	レイランディー、エメラルド、ゴールドライダー、ボールバード、クリプシー、スカイロケット、ブルーヘブン、スエシカ、ヨーロピアンゴールド、スパルタン、ゴールドクレスト、エレガンテシマ、スワンゴールド、グラウカ、ピセアプンゲンス、コニカ、ラインゴールド、ブルースター、ヤングンスタウン、フィリノェラオーレア、ブルーパシフィック、ローズダリス、サンキスト

ゴールドライダー

ボールバード

1.11 新樹種とは？——外来種と「山から来た新しい仲間」

> **POINT**
> ◆新樹種は規格、市場流通などを要チェック
> ◆ヤマボウシも20〜30年前は新樹種？

　品種改良されたもの、欧米から新しく導入された外来種（輸入種）から始まり、今まで造園樹木としてあまり使用されていなかった、いわゆる「山から来た新しい仲間」といわれる樹種まで含め、葉、花、樹形の多様性を持つ新しい樹木が多く用いられ、これらを総称して「新樹種」と表現されています。

　ただ、外来種の場合はコニファー同様、日本に導入されてから日が浅い種類もあり、生態的に合っているのかなど、樹木の特性がはっきりわかっていないことや、新しい品種の生産、市場への流通、規格寸法、管理方法などに十分な配慮が必要といえます。

1　品種改良とは

　例えば、赤い花を持つ「ヤマボウシサトミ」は、一般的には白い花であるヤマボウシのなかで少し赤味を帯びている花から種子を選別して取り出し、交配を重ねて次第に色を濃くして新しい品種として定着されています。本来、ヤマボウシは落葉樹ですが、常緑性のヤマボウシ「ホンコンエンシス、ミルキーウェイ」も数年前から使用されています。

　これ以外のパターンとしては、突然変異体の斑入りや色のついた変わった新芽などを見つけだし、挿し木、接ぎ木で新しい個体を作ったり、最近は遺伝子組み換えによる品種改良も注目されています。

2　花や実を楽しむ

花や実を楽しむもの	アメリカザイフリボク　ジューンベリー（白い花と赤い実）、キングサリ（黄色の花）、ヤマボウシサトミ（赤い花）、カシワバアジサイ（白い花）、セイヨウニンジンボク（青紫の花）、カラタネオガタマ（白い花と芳香）、エゴ「ピンクチャイムズ」、ハナモモ「照手赤」、ハナミズキ「サンセット」、他

セイヨウニンジンボク

キングサリ

ハナモモ「照手赤」

ハナミズキ「サンセット」

第 1 章　植物の基礎知識

3　葉の色を楽しむ

| 葉の色を楽しむもの | アメリカハナズオウ「フォレストパンジー」(赤銅色の葉)、トウカエデ「花散里」(葉の色が淡いピンクから白まで七色に変化)、ノルウェーカエデ「ドラモンティー」(白い斑入り)、ノルウェーカエデ「クリムソンキング」(赤銅色の葉)、ネグンドカエデ「フラミンゴ」(白の斑入り)、スモークツリー(赤銅色の葉)、アカシアフリーシア(黄色の葉)、ヤナギ「ハクロニシキ」(ピンクから白い葉)、ベニバスモモ「システナ」(小型のベニバスモモで赤銅色の葉)、オウゴンマサキ、ポプシー、他 |

ノルウェーカエデ「クリムソンキング」

ネグンドカエデ「フラミンゴ」

オウゴンマサキ

ポプシー

4　山から来た新しい仲間

　新樹種のなかには、昔から山地などに自生していたもので、造園樹木としてあまり使われていなかったものがあり、最近は自然樹形志向もあり、さまざまな雑木類が新しく使われ始めています。そういう意味では、今では当たり前みたいに使われているヤマボウシ、シャラなども 20 〜 30 年前の新樹種ともいえます。

| 山から来た新しい仲間 | ハイノキ、メグスリノキ、アオダモ　コバノトネリコ、リョウブ、クロモジ、アブラチャン、ヤマコウバシ、マンサク、ハナイカダ、ヒトツバダコ、ナナミノキ、アズキナシ、他 |

ハイノキ

アオダモ

1.12 一・二年草、宿根草、グラス類および水生植物

> **POINT**
> ◆彩りの豊かな草花類も住宅植栽の必須アイテム
> ◆木（木本性植物）と草（草本性植物）の違いは？

　造園業者、園芸業者と分かれていたように、以前は植栽工事等のなかで草花等を一緒に計画するようなケースは少なく、個別に考えていくことが多かったのですが、最近は草花等を含めた形でのトータル的な緑（植栽）の計画をしていく傾向が強くなっています。

　草花は園芸屋さん、花屋さんにまかせるという形ではすまなくなっていますし、特にさまざまな彩りの葉や花を持つ草花類の知識が必要になってきています。

1　草と木の違いとは

- **木本性植物**：生長するにしたがい茎（幹）が木質化する植物で、一般的な樹木
- **草本性植物**：茎（幹）が木質化しない植物で、一般的に草、草花

例えば、ボタンは木の仲間で、シャクヤクは草の仲間ということです。

ボタン

ボタン（根元に注意）

シャクヤク芽吹き

2　一・二年草および宿根草

- **一・二年草**：発芽して1年または2年以内に生長し、開花し、種子を結実させたら植物本体は枯死する草本性植物
- **宿根草**：花が咲いた後でも、地上部は秋から冬にかけて枯れる場合もありますが、地下に根や根茎が残り、翌年再び芽を出して開花する草本性植物

一・二年草	ヒマワリ、アサガオ、コスモス、インパチェンス、コリウス、パンジー、他
宿根草	クリスマスローズ、ギボウシ、ホトトギス、シバザクラ、スミレ類、スズラン、ジキタリス、アジュガ、アスチルベ、シュウメイギク、他

3　グラス（Grass）類

　グラスとは一般的にイネ科、カヤツリグサ科の草で、葉の形や色に特長があり、いわゆる、装飾的な演出ができるオーナメントグラス（装飾用グラス類）と称して利用が増えています。以前から良く使われていた代表的なものとして、ススキやパンパスグラスなどがありますが、最近は銀青色や赤葉のグラス類など葉の色に特長のある種類も増えています。

第1章 植物の基礎知識

ペニセタム・ハルメン

グラウカフェッスカ

4 水生植物

　池、川、湖、沼などの水中、水辺に生育する植物を総称して水生植物といい、一般的には5つのタイプに分類されます。最近は自然の生態系をできるだけ身近に感じるためのビオトープづくりなども多くなっていますし、水質の浄化作用も注目されていますので、基礎的知識は必要といえます。

◎水生植物のタイプ

	特徴	種類
抽水植物	根は水底の土壌中にあり、葉や茎の一部または大部分が空中に伸びている植物	ガマ、ハス、ヨシ、他
沈水植物	根から葉まで植物全体が完全に水面下に沈んでいて、水面下で生活している植物	キンギョモ、クロモ、フサモ、オオカナダモ、他
浮葉植物	根は水底の土壌に固定されているが、水面に浮葉を浮かばせる植物	ジュンサイ、スイレン、オニバス、ヒシ、他
浮漂(遊)植物	根は水底の土壌に張らず、植物全体が水面に浮かんで生育する植物	ホテイアオイ、ウキクサ、ムジナモ、他
湿生植物	湿潤な水辺や湿原等に生育する植物を総称	サギソウ、ミズバショウ、他

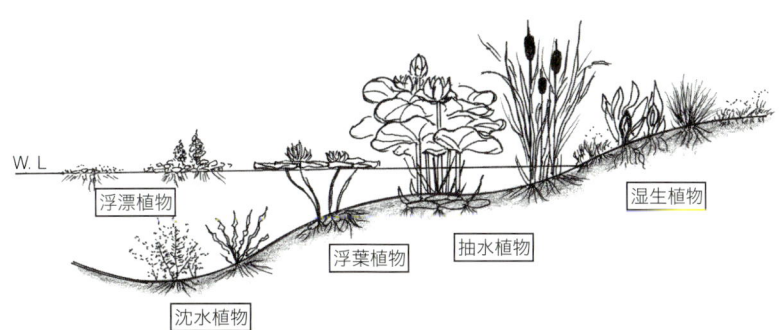

ハス

ガマ

31

1.13　樹木の経年変化と整枝剪定

POINT
◆仕立物と自然樹形の樹木の経年変化の違いは？
◆自然樹形の樹木の剪定の基本は？

1　仕立物と自然樹形の植栽

　最近は自然樹形の樹木をリクエストするユーザーが増えてきています。住宅の洋風化や、よりナチュラルな雰囲気を希望したり、樹木の手入れも自分でしてみたい、樹木のメンテナンスにあまり費用をかけたくない　などさまざまな要因がありますが、大きくなりすぎてどうしようもないケースや、本来の樹形とはかけ離れた無残な形で切られたりしている樹木も良く見受けられます。

　和風庭園などでよく見かけられる仕立物（整形木）という整枝剪定による管理方法は、戸建住宅の植栽という限られた敷地のなかでは、樹木の特性に合った合理的な方法だったといえます。

　仕立物と自然樹形の樹形管理は基本的に異なる部分もありますので、そのあたりに対する知識が必要であることは言うまでもありません。

マツ、マキなどの仕立物中心の構成

ヤマボウシ、ネムなど自然樹形中心の構成

2　樹木の経年変化（植付時から3〜4年経過）

　樹木の植付時にはコンテナ・ポット栽培品以外は基本的に移植時と同じように根鉢に合わせ地下部の根が切られている状態です。そのため上部の枝葉も減らして負荷を少なくし、根の伸長に伴い、樹木が生長し、自然樹形としての緑量感が出てくるのには3〜4年位は必要といえます。

植付時

3〜4年経過

3 自然樹形の管理のポイント

　自然樹形の高木整枝剪定作業は基本的には枝抜き（単に刈込んだり、枝を詰めていくのではなく、一定の枝を幹の部分から切り取る）中心でおこない、2〜3年に1回位でも十分といえます。

　通常、マツ、マキなど仕立物中心の植栽は毎年同じ作業の刈込み中心になりますので、1年でも手を入れなかったら樹木の形状も見苦しくなったりしますが、自然樹形中心の植栽では2〜3年放置しても構わないといえます。

ケヤキ（単幹）の良好な樹形（冬）

（春〜秋）

ケヤキ（株立）の枝を切り詰めている剪定
本来は枝抜き剪定が望ましい

切り詰め剪定の結果、ケヤキの良好な樹形とはいいがたい？

コナラ剪定の違い（枝抜き剪定）
良好な自然樹形となる

（切り詰め剪定）
良好な自然樹形にはならない

1.14 風水家相と縁起木、忌み木

POINT
◆風水家相、縁起木、忌み木はユーザーにより配慮
◆鬼門消しの樹木は？

　最近は比較的少なくなってきていますが、縁起木（吉相の樹木）、忌み木（凶相の樹木）とか、鬼門消しの樹木など、風水家相上から起因する樹木をユーザーが気にされる場合もあります。

　縁起木、忌み木といっても風水家相の見方の違いなどによっては同じ樹木が全く逆になっていたり、例えば、ナンテンみたいに「難（ナン）を転じる」という単なるゴロ合わせみたいなものから、建物より高くなる高木は避ける（樹木が茂りすぎて日当りが悪くなれば、部屋が暗くなったり、湿気たりしやすい）という何となく理に合ったものまでさまざまですが、一応の考え方を知ることは必要といえます。

1　鬼門消しの樹木

　鬼門は表鬼門（北東の方角）、裏鬼門（南西の方角）という形で位置付けられていますが、建物の中心の取り方にもさまざまな形があり、微妙に角度方向も変わります。風水家相では鬼門方向は最も注意される部分で、吉相にするために、いわゆる「鬼門消し」という植物のパワーを利用するということです。柊(ひいらぎ)は葉に鋭い刺があるため、外敵から敷地を守るための生垣としても多用され、西日本などでは節分の時にはイワシの頭と組み合わせて玄関に吊るして魔除けの木としても使われたりします。他に、エンジュ、アキニレ、ウメ、マキ、ヤマモモなどの樹木は、鬼門から出る邪気を浄化してくれるという考え方で、大気汚染や煙害などに強い木が多いです。

一般的な樹種	ヒイラギ、ヒイラギナンテン、ナンテン
その他、邪気を祓うとされる樹木	エンジュ、アキニレ、ウメ、マキ、ヤマモモ、他

ヒイラギナンテン

ナンテン

2　縁起木・忌み木

　縁起の良い樹木や忌み木は、樹木の生態上の特長（葉や花の落ち方、実の色や着生状態、他）から由来しているものから、単なるゴロ合わせ的なもの、果樹など土壌中の養分（＝土のパワー、エネルギー）を大量に吸収するからなど、さまざまな要因からいわれています。

　例えば、医者の自宅にモウソウチクなど竹林があれば竹藪とかけて藪医者とか、ツバキの花は花ごと落ちるので首が落ちるから縁起が悪いなど、迷信ともいえないようなものまでありますので、あまり気にしない方が良いのではとも思われます。

第1章　植物の基礎知識

ただし、家相などを特に気にされるユーザーには、逆に駄目なことや避けた方が良いことなどを確認してからの樹種選択も一つの方法といえます。

① 吉相の樹木

松は、常緑で冬の荒波や風を受けるような岩場にも根を下ろすほどの強い生命力を持ち、昔から神霊がのりうつるものとして、門松などおめでたい場にも使われています。

竹は、真っ直ぐに稈（かん）が伸び、節があることから、忠節のある人のおこないに例えられています。

梅は、厳しい冬に耐え、真っ先に花を咲かせ始め、上品で清らかな芽香が春を告げるおめでたい樹木とされています。

吉相の樹木	マツ、タケ、ウメ（松竹梅）、サクラ、キンモクセイ、ヒイラギ、カシ、シャクナゲ、マキ、他

② 凶相の樹木

シュロ、ソテツ、ヤシは、樹木の肌が硬く覆われていることから、人間に対しての樹木の効用が薄いとされています。

ザクロ、ナシ、カキ、リンゴ、ブドウ、柑橘類は、果樹中心で土壌エネルギーを奪いやすいということが言われています。

凶相の樹木	シュロ、ソテツ、ヤシ、ザクロ、ナシ、カキ、リンゴ、ブドウ、柑橘類

③ 金運（商売運）のある樹木

クロ（苦労）の後にカネモチ（金持）になるという語呂合わせから、千両、万両、十両（ヤブコウジ別名）などお金に通じる名前を持つ植物は金運・商売繁盛につながる縁起の良いものとして扱われています。

金運（商売運）のある樹木	クロガネモチ、センリョウ、マンリョウ、ヤブコウジ

④ 家系の継続、子孫繁栄の樹木

「ユズリハ」の垂れ下がった古い葉は、新しい芽が出たあとから落ちるということから、家督相続、代々家系が続く象徴ともされています。

家系の継続、子孫繁栄の樹木	ユズリハ、ダイダイ、カシワ

センリョウ　　　　　　　　　　　　　　　ヒメユズリハの葉

1.15 樹形によるイメージ構成

POINT
◆シンボルツリーの選択の基本は建物と同テイスト
◆樹種選定の考え方の基本の一つは全体、幹、枝葉の形

　樹木のフォルム（姿、形状）は、自然の生長にまかせたり、鑑賞上において弱剪定（枯枝を取ったり、枝を少しだけ短く切るなどの軽い剪定方法）で形を整える場合も含めて円錐形、卵型、他など、ある一定の形状のグループ分けができます。細かく見ると幹や枝の形状が直線的であったり、曲線的であったり、枝垂れたりもしていて、全体のフォルムを含めて、樹木の形状は各々のイメージ構成につながってくるともいえます。

1 自然樹形（一部弱剪定）による形状

卵形（円球形）
コブシ、シラカンバ、マテバシイ、タイサンボク、ヒメユズリハ、ハナミズキ

円錐形
モミ、トウヒ、ヒマラヤシーダ、他針葉樹一般（一部除く）

円柱形
ポプラ、カヤ、コウヤマキ

半錐形
キンモクセイ、モッコク、オトメツバキ

盃状形
ケヤキ、ヤマザクラ、トチノキ

枝垂れ形
シダレザクラ、シダレモミジ、シダレヤナギ

半球形
ジンチョウゲ、タマイブキ、サツキ

匍匐形
ハイビャクシン、コトネアスター

2 樹形によるイメージマップ

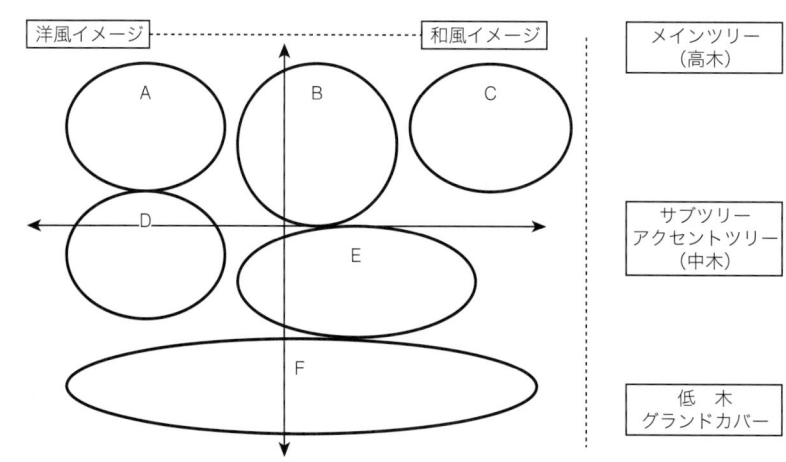

洋風イメージ　　　　　　　　　和風イメージ

A　B　C　　メインツリー（高木）

D　E　　サブツリー　アクセントツリー（中木）

F　　低木　グランドカバー

落葉樹樹形は落葉時とします。樹木高のスケール感は一定ではありません。

3　A ゾーン

　イメージ的にはモダン系、カジュアル系の洋風タイプの住宅のシンボルツリー、メインツリーに適している樹木で、植付時の高さは少なくとも 3.0～3.5m 以上が望ましいといえます。
　特長は全体フォルムがシンメトリー構成となりやすく、緑量感のある高木が中心となりますが、面構成の大きな壁面を持つデザインの住宅の場合は、全く逆のテイストを持つ曲線的で曲がりくねった幹を持つ落葉樹を対比させて、際立たせる効果を狙う場合もあります。

モミ、ヒマラヤシーダ、ドイツトウヒ、レイランディー
自然の状態でも円錐形になりやすいが、モミ以外は刈込み対応もできます

アキニレ、ナンキンハゼ
自然の状態で円球形になり、カジュアル、エレガントなテイストにも合います

ケヤキ（単幹）
広いスペース、少なくとも直径5～6mの空間は必要といえます

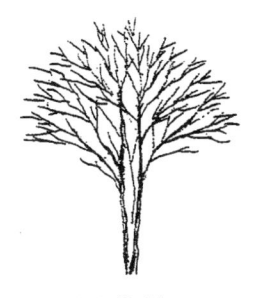

ケヤキ（株立）、ヤマザクラ（株立）
植込み当初から一定の緑量感が欲しい場合は株立樹

アメリカフウ
街路樹などでよく見かけますが、広いスペースであれば群植

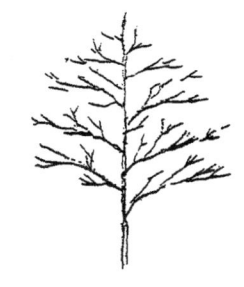

ハナミズキ
生長が比較的遅いこともあり、狭いスペースでの対応も可能です

❖ 特殊樹種

　以前は洋風住宅（RC造陸屋根タイプ等）の定番シンボルツリーとして、フェニックスやドラセナなどの特殊樹が好んで使われた時もありました。最近はカジュアル系住宅を中心に赤葉ドラセナなどを用いるケースが増えてきています。
　ヤシ類を中心とした特殊樹はイメージ的にも温かい雰囲気の異国情緒を感じさせてくれますし、明るい開放的な雰囲気の演出には、効果的材料の一つといえます。

フェニックス　カナリエンシス
ココス　カナリエンシス
シンボルツリーとしては幹高1.5m以上。葉先がとがっているので、アプローチ周辺は植込位置に配慮

ドラセナ"ニオイシュロラン"
一般的に葉は緑ですが赤葉もありますし、1株だけではなく高さに変化をつけ2～3株組も効果的

4 Bゾーン

　イメージ的にはモダン系、カジュアル系、ナチュラル系を含めた洋風、モダン和風に対応できる樹形といえますし、植付時の高さによりメインツリー、サブツリーとしての要件も備えています。樹形は卵形（円球形）から半錘形に近い自然樹形になりやすく、ナチュラルな雰囲気を演出してくれます。

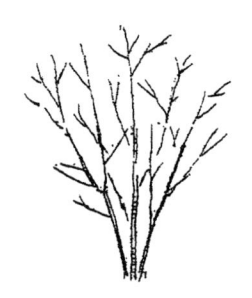

ヤマボウシ(株立)
幹、枝がシャラ、エゴよりは直線的な特長があり、爽やかな雰囲気

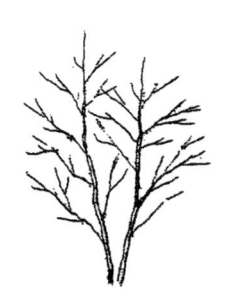

シャラ(株立)、エゴ(株立)
柔らかい、卵形状の自然樹形ですので、適応範囲が広い

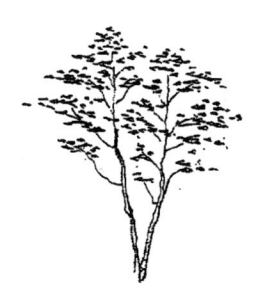

シマトネリコ(株立)
柔らかい枝葉を持つ常緑樹で、テイスト的にやや洋風

マテバシイ(株立)、ヒメユズリハ(株立)
単幹もありますので、緑量感を考えれば株立がおすすめ

アラカシ、シラカシ、ヤマモモ、モッコク
自然樹形、仕立物とイメージに合わせた樹形対応可能

5 Cゾーン

　整枝剪定による仕立物（整形木）中心のイメージ構成になりますが、和風でも自然樹形中心の雑木林風でまとめることもできます。樹形的には多少異なりますが、サルスベリ、ヤマモモ、クロガネモチなども和のテイストのあるメインツリーとしての使用もあります。

マキ、ツゲ、ヒイラギ
丸く整形に刈込まれる場合が多いので、多少洋のテイストも兼ね備えています

クロマツ、ゴヨウマツ、キャラボク
和風庭園といえば必ずといわれる樹木ですが、最近は使用も減少気味

キタヤマダイスギ
クロマツとともに、和風造園樹木の王者ともされています

第 1 章　植物の基礎知識

6　Dゾーン

　メインツリーとしての緑量感や存在感はあまりありませんので、サブツリー、アクセントツリーとして、単独または列植などで用いられます。樹形の幅も比較的スリムなものから幅が出てくるものまでさまざまですし、生長のスピードも異なります。

ボールバード	ブルーヘブン、スパルタン、エレガンテシマ	スカイロケット
多少モコモコとした形の円錐形ですので、ナチュラル感もあります	比較的生長は早く、底辺の狭い円錐形	スリムなコニファーの代表種で、列植かワンポイント的効果

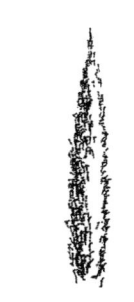

7　Eゾーン

　かなりの高木でなければメインツリーとしての存在感はありませんので、一般的にサブツリー、アクセントツリーとしての扱いが中心となります。アラカシ、シラカシ、ヤマモモ、モッコクなども高さ（H2.5 m以下）によりこのゾーンにも含まれます。

モミジ・カエデ類、ウメ	ソヨゴ（株立）	キンモクセイ、ツバキ類
景石、池などに枝を伸ばしていく片枝の樹形もあり	幹の形状が曲がっていたり、多少くせのある樹形	基本的には丸く刈込んだ半錘形の形

8　Fゾーン

　低木、グランドカバーのゾーンですので、コニファー系のカラーリーフ植物以外であれば、すべてのイメージへの対応が可能といえます。

フィリフェラオーレア、ユキヤナギ	ハイビャクシン類、コトネアスター	ラインゴールド、サツキ、タマツゲ、ジンチョウゲ
ふわふわとしたフォルムですので、カジュアル、ナチュラルな雰囲気の演出に効果的	地面を這うようなフォルムで高さも目立ちにくいので、どのイメージでも対応可能	多少、整形的なイメージが強い半球形ですので、ナチュラル感には欠けます

39

コラム1

カエデ・モミジの違いと紅(こう)(黄(おう))葉(よう)

　秋から初冬にかけて紅(黄)葉する代表的な樹木で、古くから用いられてきた○○モミジ、○○カエデについて、「カエデ（楓）」と「モミジ（紅葉）」の違いと名前の由来を簡単に説明してみたいと思います。

　植物分類学上はカエデ科カエデ属に属する樹木のことで、「カエデ」の語源は葉の形が蛙の手に似ていることなどからカエルデが「カエデ」に変化した言葉とも言われ、イロハモミジ、ノムラモミジ、ハウチワカエデ、イタヤカエデなど葉の形状が蛙の手に似ているものから、メグスリノキ、ヒトツバカエデ、ハナノキなど全く似ていないものまで全て含まれています。モミジは「紅葉（もみじ）」とも書くことがありますが、秋から初冬にかけて紅、黄葉するサクラ類、ブナ類、ヤマボウシ、ニシキギ、他等のカエデ科の樹木以外も本来は含めた意味ですが、一般的にはその代表格でもあるカエデ属が「モミジ」と呼ばれています。

　言い換えれば、「カエデ」と「モミジ」は本来並べて違いを区別できる意味合いの言葉ではないということです。

　ただし、園芸、造園の世界では「カエデ」はトウカエデ、イタヤカエデ、サトウバカエデ（カナダ国旗の原案）など葉の切れ込みの浅いもの、「モミジ」はイロハモミジ、ノムラモミジ、シダレモミジなど葉の切れ込みが多く（5裂以上）、深いものを区分する習慣があります。

　紅(黄)葉のメカニズムは、冬が近付き気温が低下してくると植物は根の吸水作用が弱まり、葉からの蒸散作用を抑えるために、落葉樹は葉の付け根にあたる葉柄（ようへい）の基部に離層をつくり、水分や養分の流れを止め、葉を落としていくという過程のなかで葉に糖分が蓄積されます。葉に蓄積された糖からアントシアン（赤色）系の色素がつくられ、クロロフィル（葉緑素とも言われる緑色の色素）が分解し消えますので、葉は赤く紅葉して見えます。黄葉はもともとあったカロチノイド（黄色）系の色素が秋口になるとクロロフィル系色素と同時に分解され始めますが、分解の進み具合がカロチノイド系が遅いので、クロロフィルの緑色が消えて黄色が残り、結果として黄葉の葉となります。

イロハモミジ　　ハナノキ　　トウカエデ　　ヒトツバカエデ　　サトウバカエデ

カエデ属の葉の形状事例

第**2**章

現地調査と植栽計画図の作り方

コニファーアーチのある住宅植栽

2.1 住宅の植栽に求められるもの

> **POINT**
> ◆ユーザーの要望を読み取ろう
> ◆植物をマテリアルとして使いこなす

1 様変わりしたユーザーのニーズ

　住宅の造園（ガーデン）計画やそこで使用される樹木の種類は、以前と比べて、だいぶん様変わりしてきています。一つには住宅の様式、外観デザイン等が単なる和風、洋風というものだけではなく、南欧風、北欧風、アメリカン、モダン和風…等々のさまざまなイメージ別に構成されているという要因もありますが、何よりも住む人のエクステリアや造園に対しての意識の変化が大きいといえます。

　以前は植木屋さんや造園屋さんに「おまかせします…」というユーザーが多く、どちらかといえば「鑑賞本位の見る庭」が主流でしたし、メンテナンスに関してもプロの職人さんにしかできないようなマツ、マキなどの「仕立物」中心の樹木構成で庭を計画されていました。ところが、最近は個々のライフスタイルに合わせて「使う庭、介在できる庭」が多く見られ、樹木も仕立物ではなく、自然樹形の樹木が好まれるようになりました。エクステリアやガーデンを敷地全体のトータルコーディネートができた外部住環境としての位置付けで考えられるユーザーが確実に増加しています。

2 植物は建物やエクステリアのマテリアル

　以前は、樹木の分類の一つとして「庭園樹」「公園樹」「街路樹」という用途別の考え方もありましたが、最近はボーダレスというか、公園樹や街路樹として用いられた樹木も個人住宅に使用されるケースもあります。ただし、樹木の生長等の特性を含め、公園樹、街路樹としての分類にはそれなりの理由もあるわけですから、将来「大きくなりすぎてどうにもならない…」ということがないような配慮が必要なことはいうまでもありません。

　多少、粗っぽい考え方として、生物としての樹木に対しては申し訳ないのですが、ある意味では植物も耐久消費材として、マテリアルの一つとして扱うことも必要ではないかとも考えられます。狭いスペースでも、子供が小さい時はモミの木に電飾してクリスマスを楽しむということも、やがて子供が成長するにつれて不要になる場合もあり、その時はどこかに引き取ってもらうか、伐採することが出てくる可能性もあるということです。

　ガーデンを中心とした外部住環境の使い方が大きく変化しているなかでは、個々のライフスタイルに応じた空間構成の材料としての樹種選定の考え方が必要になってくるといえます。

ナンキンハゼの街路樹　　　　　　　　　住宅のなかで緑陰樹としてのナンキンハゼ

3　樹木選定のボーダレス化の不具合？

　従来の仕立物中心の樹木構成と異なり、自然樹形の樹木、生長の早いコニファー類、新しく造園木として使用され始めた「新樹種」などは、植木屋さんが毎年手入れをしてくれていたのと異なり、ややもすれば放置？された状態になりかねません。自然樹形の樹木は、毎年毎年の剪定等は必要としませんが、何もしないで良いという訳でもありませんし、2〜3年ごとに枝抜き剪定をするとか、必要に応じ刈込むとか、高さをどこで抑えるかなどの一定の樹木に対する関わりは当然必要です。

　本来、植栽（緑）は景観向上や快適な生活空間づくりに寄与すべきものが、伸びすぎ、大きくなりすぎたりして、逆に違和感を与えたりすることもあるということを念頭に置いて、植物と向かい合う必要があると思います。

伸びすぎのゴールドクレスト

きれいに刈込まれたゴールドクレスト

レイランディーの放置されている状態

きれいに刈込まれたレイランディー

4　植物で効果的な演出を

　建物やエクステリアが完成しても、植栽工事の前と後では雰囲気が大きく変わります。このことは植栽材料の大きさや配植等が大きく関連してくるのはいうまでもありませんが、やはり、植物の持つさまざまな樹形から幹や葉のフォルム、色、テクスチュアなどが、どちらかといえば整形的で人工的な建築物のさまざまな部分に対して、効果的な演出効果につながっているということです。

　さまざまな形、イメージ、テイストを持つ建築物に対して、「壁」や「土間」のマテリアルとしての植栽物の効果的な材料選定と樹木特性に応じた事後の整枝剪定等のメンテナンスが必要となるのはいうまでもありません。

2.2 住宅の種類による植栽計画の考え方

POINT
◆戸建住宅、分譲住宅、集合住宅の違いは？
◆植栽時からメンテナンスまで、住宅別の配慮が肝要

　住宅は、一般的には戸建住宅、分譲住宅、集合住宅に大別され、個々により植栽計画の考え方も少し異なってきます。植栽計画における植栽材料の選定にあたり、植付場所の環境（日照、風、土壌、他）はもちろん重要ですが、住宅の内容等により、植付時の樹木の大きさや見栄え、植栽密度、短・長期的なメンテナンスの内容およびユーザーのかかわり方、また、街並みづくりとしての視点などに配慮された計画が求められる場合もあります。

　樹木の種類にもよりますが、例えば常緑樹などの場合は、一般的には2〜3年を経過して緑量感のある姿になるということを前提に、どの段階での完成した状態をつくり出すかということなどを配慮する必要があります。

1 戸建住宅

　戸建住宅の場合は、一般的にはユーザーの意向や、嗜好も含めての材料選定が基本になり、そのなかで建物外観イメージや庭の使い方とマッチした樹種を検討していきます。また、メンテナンスを含め、ユーザーがどの程度植物にかかわっていけるかということも重要なポイントといえます。

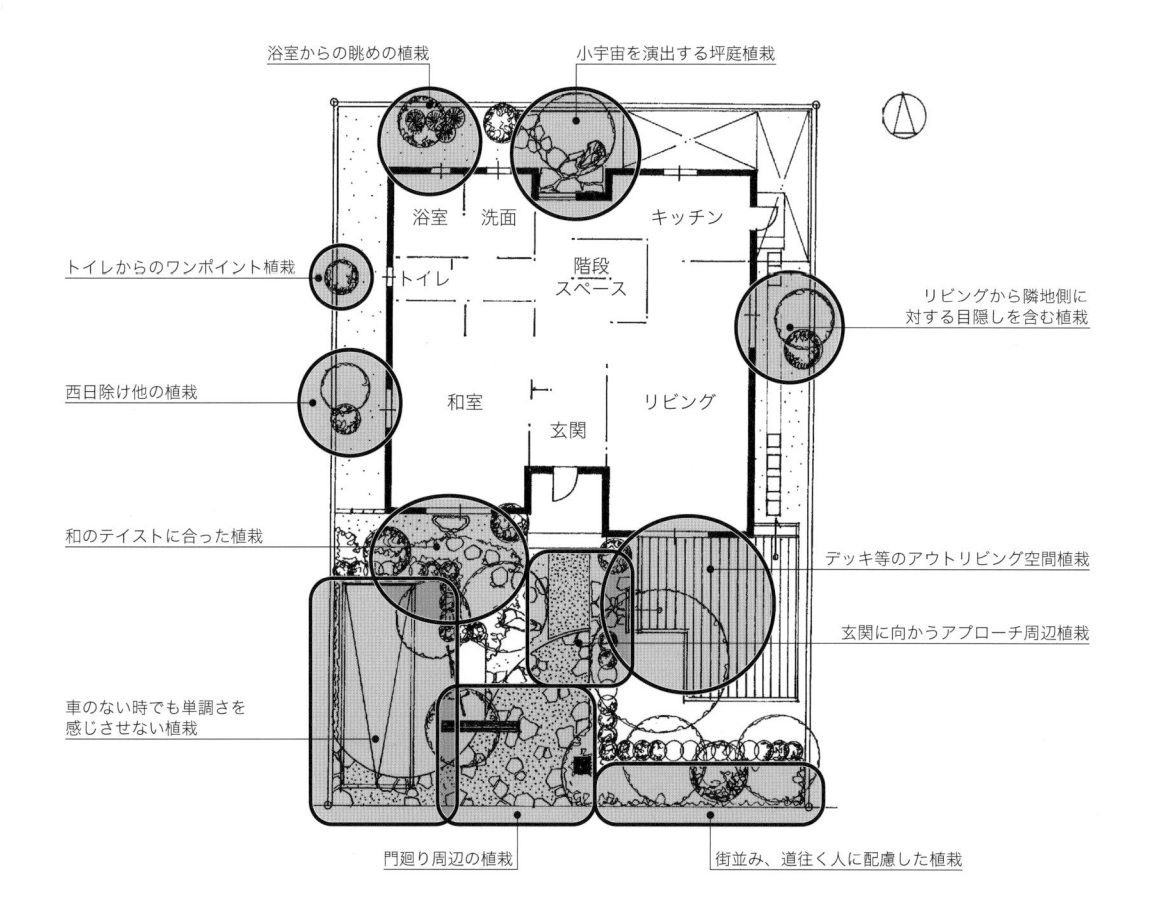

一般的な住宅の植栽計画部位（※詳細については第3章各部位の考え方にて）

第 2 章 現地調査と植栽計画図の作り方

2 分譲住宅

　分譲住宅の場合は、注文住宅形式の戸建住宅と大きく異なるのが、街並み計画の視点で道路面やフロントエクステリアの植栽計画が必要なことです。

　官と民の接する部分は、半公共性のある空間としての位置付けからも、街往く人にも快適な空間処理として、また、一つのコミュニティとしてのブランド感の演出のためにも効果的な植栽計画が望まれます。

道路面と同じレベルでの芝生面と、高さを少し持たせた柔らかい曲線の木端積の植込みスペースが効果的です。

高さのあるシンボルツリーを中心とした植栽が、緑量感のある街並み構成を演出しています。

3 集合住宅

　集合住宅（マンション、アパート）の場合は、入居時にある一定の完成した状態の植栽計画が望まれると同時に、エントランス廻りにはシンボルツリー的な存在感のある高木等が必要です。

　樹種選定にあたり、植栽管理を管理会社がおこなうか、入居者による管理になるかということなどを事前に確認しておき、基本的にはできるだけローメンテが可能な植栽計画が望まれます。

　ただ、最近は宿根草などの草花を多用し、花と緑の溢れるような集合住宅も各地に見られているので、集合住宅の立地場所、コンセプトなども含め、レベルの高い植栽計画が必要といえます。

花と緑の豊かなマンションエントランス部

2.3 現地調査のポイント

POINT
◆周辺の微気候や昔からある樹木を要チェック
◆計画敷地のチェックの良し悪しがキーワード

1 樹木の生長に影響を与えるもの

植栽計画に際して、周囲の地形の状況などの周辺環境から、樹木の生長に大きく影響を与える日照、温度、水分、土質、風などの敷地の微気候を把握することが必要になるのはいうまでもありません。日本は沖縄北緯30°位から北海道北緯50°位まで緯度に大きな差があるため、気候帯も亜熱帯、温暖帯、冷温帯、亜寒帯と分けられ、当然のことながら樹木植生も大きく異なっています。また、同じ地域でも標高の高い山地と平野部ではかなりの温度差があり、植物の生長に特に大きく影響する温度（耐寒性、耐暑性）については、多少とも人為的に改善およびコントロールが可能な水分、土質管理とは異なった視点で捉える必要があります。

最近は、植物バイオ技術や品種改良等により、樹木の耐性（抵抗力）にも変化が見られ、例えば、暖かいところでは育ちにくかった「シラカンバ」などでも暖地性品種の「シラカンバジャクモンティ」が出回っていますので、樹木選定の幅も以前よりだいぶん広がっているといえます。

① 敷地

計画地周辺の大まかな地形を確認するには、国土地理院発行の地形図かインターネット等で情報を得ることもできますが、現実的にはなかなかそこまではできませんので、敷地周辺の住宅等にどんな樹木が古くから植栽されているかを調べるのも一つの方法です。昔から「海の木」「山の木」といわれるように、海岸沿いに植えられている木は潮風にも強い木が多いとか、気候区分のなかで健やかに育っていますので参考になると思います。また、造成地により切土・盛土がわかるような等高線の入った開発計画図などを入手できれば土質チェックの参考になります。

高低差のある敷地や植込み場所によってはクレーン車などによる材料の搬入、植付が必要になる場合もありますので、そのあたりの事前チェックも必要な項目の一つといえます。

② 方位・日照

植物により生長に必要な日照量は多少異なり、陽樹、陰樹と大きく分かれますが、水分と同様に必要であることはいうまでもなく、植付場所の日照時間により植栽材料の選定が異なってきます。

隣地側建築物や塀などの状況をふまえたうえでの、日の当たる時間帯などの日照条件や基本的な方位の確認が必要です。

③ 風・水分

植物にとってあまりにも通気性が悪い場合などは、病害虫の発生を誘引したりする場合もありますが、強すぎたり、常時風が吹いていたりする場合などは、新芽の生長に悪影響を与えたりして、健やかな生長が望めない場合もあります。

常に風の通り道となっている場所や、山からの吹き降ろしや季節風が強い場所には、風に強い（耐風性）のある樹種の選定が必要になります。

また、地下水位が高い場所（田畑の一部盛土宅地、他）などは、常に湿潤な環境を活かしたような耐湿性のある植栽材料の選定や、場合によっては釜場（ポンプ等で抜き取るために、周囲の水を集める井戸のようなもの）をつくり、余分な水分を逃してあげるようなことも必要になります。

4 土壌

　植物にとって良好な土とは、土の物理性（保水性、透水性、保肥性）が良く、化学性（pH、有機量、他）と生物性（微生物、土壌生物）も備えているということで、もちろん、植栽材料（木本性、草本性）によっても多少は異なります。

　現地調査レベルでは厳密な調査はできませんので、目視の状態で極端に水はけが悪いところや常に湿気を含んでいるところなどは、何らかの土壌改良が必要といえます。

　また、基礎時の地盤改良周辺やコンクリートの残りが放置されたままの場所などもチェックしておく必要があります（土壌改良の詳細については第5章で補足します）。

2　建築物および隣地構造物等との取り合いの確認

　現地調査の精度が施工時の不具合や設計変更等につながってくるのはいうまでもありません。特に植栽計画に際しては、隣地建物開口部の位置、敷地内および建物からの動線、軒の出、室外機等の位置、水道、ガスなどの地下埋設物や雨水汚水会所、配管位置や管底の深さなどのチェックが必要です。

　軒下は乾燥しがちで植栽には一般的に適していませんし、動線との関係で植栽物が邪魔になったり、配管により植栽位置が変更になったりもしますので、特に注意が必要です。

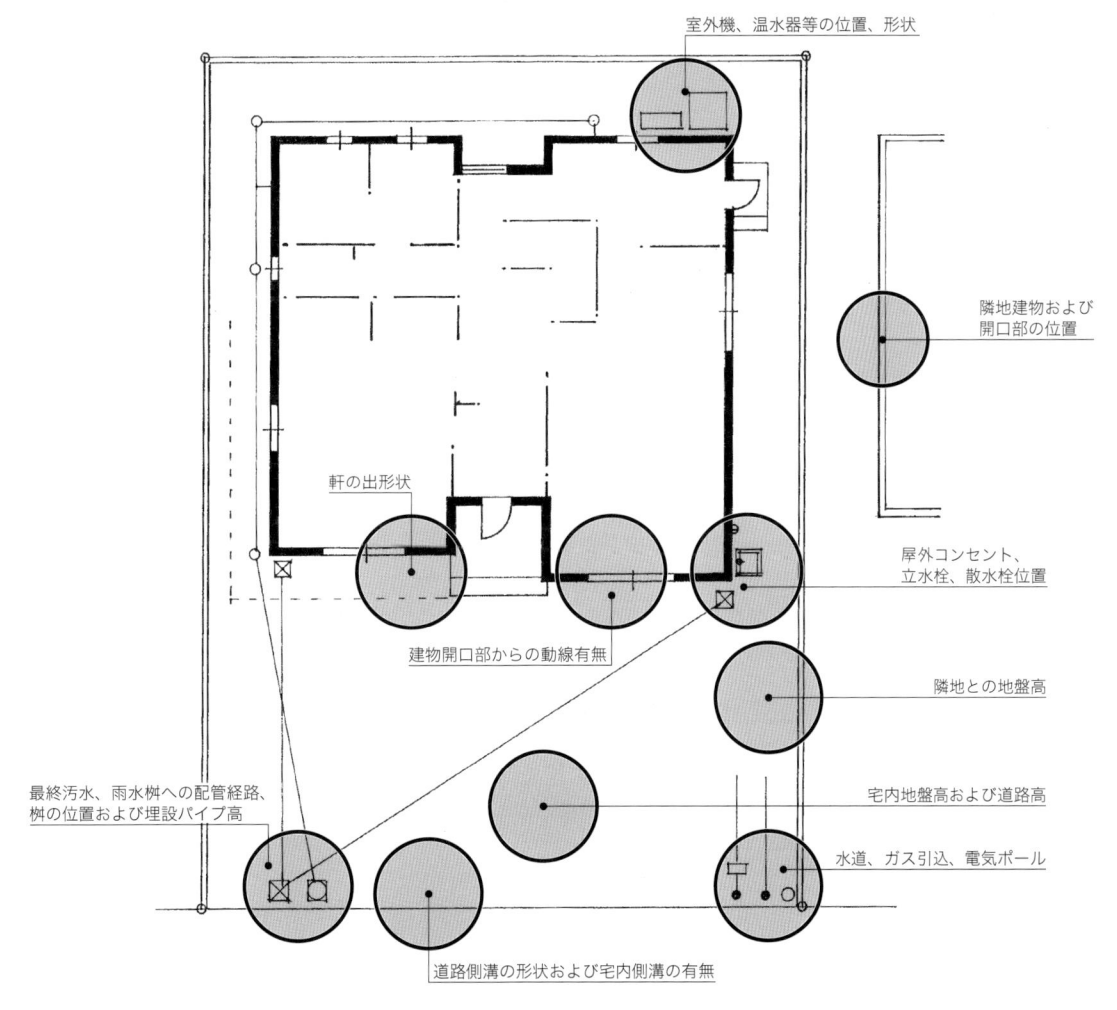

計画敷地のチェックポイント

2.4 植栽図面の表現方法

POINT
◆戸建住宅の植栽計画図の特徴を知ろう
◆平面表現では、2～3年経過後の生長した樹木で考える

　植栽計画における平面表現や立面表現方法、描き方等については、製図基準というほどのルールはなく、設計者の感性等によって表現されていると言っても過言ではありません。ただし、戸建住宅等の植栽計画図は積算や施工につながる側面と、ユーザーに対してイメージを高めさせるというプレゼンテーション的要素が含まれ、同じ植栽計画図でも公園や街路植栽等の官需物件の表現と大きく異なる部分があります。

1　必要な数値

　樹木の規格は第 1 章で述べたように、高・中木は H（高さ）、W（葉張、幅）、C（幹周、目通り）、低木・グランドカバー類は H（高さ）、○○本立、ポット径の大きさなどで表現されますが、当然のことながら植付時と生長後の大きさは異なります。図面の縮尺も戸建住宅や集合住宅の場合 1 / 100 または 1 / 50、分譲物件等は 1 / 200、1 / 300 位での表現が一般的です。図面上の樹木規格について葉張、幅（W）の表現もなく、高さ（H）のみの表現も見受けられますが、できるだけ幅（葉張）の表現も望まれます。このことは幹の太さはともかく、高さ、幅という規格を固定することにより、より設計者のイメージを確実なものにするとともに、適切な植栽間隔による配植にもつながってくるといえます。

　平面表現においては、植付時の規格（例えば、ケヤキ単幹 H4.0、W1.5）での表現ではなく、2～3年経過後の生長した大きさ位を念頭に 30～40％増（W1.5 → W2.0 前後）での表現をおすすめします。このことにより樹木の生長に合った配植スペースの確保や、適切な植込み位置のチェック等につながるとともに、図面としてのプレゼンテーション効果もアップするといえます。

2　樹種の表現

　樹種的な細かい平面表現は特に必要はありませんが、少なくとも、常緑樹、落葉樹の違いがわかる程度の表現は必要ですし、植栽内容によっては常緑針葉樹、ササ・タケ類、ヤシなどの特殊樹等の表現方法も必要になります。

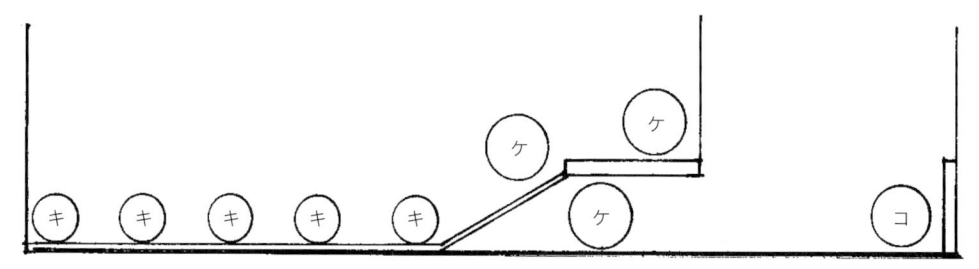

凡例 工　種	記　号	名　称	規格形状（m）			備　考	
植栽工事			H	C	W	支柱	土壌改良
常緑中高木	キ	キンモクセイ	2.0		0.7	TS-3A	C-1
落葉中高木	ケ	ケヤキ	4.0	0.18	1.5	MS-3A	C-1
落葉中高木	コ	コブシ	3.5	0.2	1.5	MS-3A	C-2

公園等の官需物件の表現事例

第 2 章　現地調査と植栽計画図の作り方

| 常緑高木 | 落葉高木 | 落葉中木 | 低木類 | タケ、ササ類 |

はんこを利用した平面表現事例（※サイズもいろいろあり、常緑・落葉等を含め、任意に使用できます）

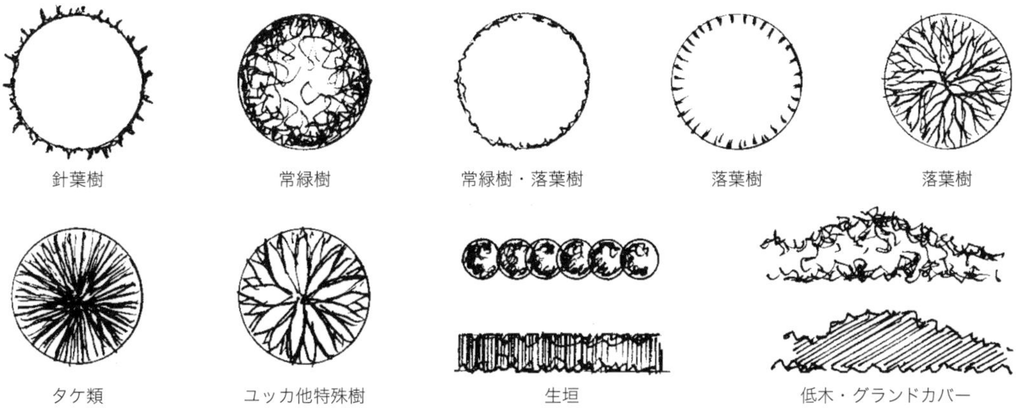

| 針葉樹 | 常緑樹 | 常緑樹・落葉樹 | 落葉樹 | 落葉樹 |

| タケ類 | ユッカ他特殊樹 | 生垣 | 低木・グランドカバー |

手描きによる平面表現事例

| モチ、モッコク他常緑樹
落葉樹としても可能 | カシ類、ツバキ他常緑樹 | モミジ・カエデ類 |

| ケヤキ他落葉樹 | モミ他針葉樹 | コニファー類 |

手描きによる立面表現事例

2.5 植栽材料の選定フロー

> **POINT**
> ◆基本的フローに沿った植栽材料の選択が肝要
> ◆樹木の生長に応じたスペースの確保がポイント

植栽計画においてどのような樹種を選定するかについては、さまざまな要因が絡みあってくることはいうまでもありません。以前はいわゆる「庭園樹」というジャンルで分類されていたように、比較的種類も少なく、同じような種類のものが多用されていました。

最近は「新樹種」と呼ばれる種類に代表されるように、今まであまり使用されなかったような種類も多く使われています。

周辺環境条件から植栽される場所に始まって、全体イメージとのマッチングや施主の要望、材料上の特性等について一般的な選定フローに沿って考えてみたいと思います。このフローのなかで、ユーザーの好きなイメージの木、嫌いな木があれば確認して、樹種選定の参考としていきます。

植栽の場所と目的の明確化 → 環境制約 → 材料上の制約 → 施工上の制約 → 管理上の制約

1 植栽の場所と目的の明確化

例えば、建物イメージとのマッチング、デッキやテラス周辺の日陰をつくるための緑陰樹、隣地建物開口部に対する目隠し…といった、何のために植栽するかということをはっきりしたうえでの樹種選定が必要になります。

「ただ何となく…」樹種選定をするのではなく、選定した樹木のフォルム（全体、幹、枝、葉、花、他）や色が、全体イメージ構成のテイストに合致しているとか、目的もクリアしているなどが必要になるということです。そういう視点でみると、同じような雰囲気の落葉樹でも微妙な部分が異なり、よりイメージ構成に合致してくるということも多々あります。

「ヤマボウシ」の枝の形状
直線的な枝はモダンテイストに通じる

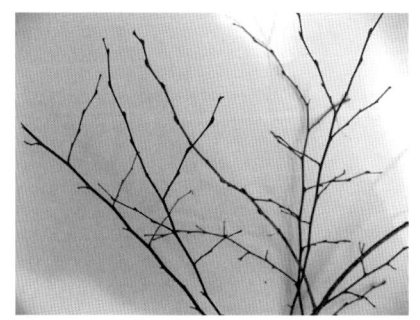

「エゴ」の枝の形状
曲線、ランダムな枝はカジュアルテイストに通じる

2 環境制約

植栽される地域、場所または敷地内における各ゾーンによって、さまざまな環境条件が異なってきますので、植物本来の持っている耐性（抵抗力）、順応性を理解して、植込み場所に適した樹種選定が必要となります。

3　材料上の制約（特性的要因）

　耐性（陽樹、陰樹、耐寒性、耐湿性、耐潮性、他）はそんなに変わらなくても、植栽材料の特性のチェックが必要となります。特性には耐性も含まれる部分もありますが、ここでは生長の早さ、遅さ、病害虫、移植の難易度、他等を指します。特に樹木の生長の早さ等を理解しないままに植込まれ、3〜4年もしたら大きくなりすぎて、さまざまな不具合（表札・ポスト・カメラホーンの邪魔になる、アプローチが狭くなる…他）を生じさせる場合もありますので、注意が必要といえます。

植付時のオリーブとカメラホーンの位置　　　　　3年位でカメラホーンを隠しています

4　施工上の制約

　基本的には樹木の植付、移植は適期がありますが、最近は植え傷みの少ない大型ポットでの流通や植付時および植付後の管理でも一定の対応ができますので、植物にとって最適といえば別ですが、夏場の植込みであればかなりの枝葉を切り取って樹木の負荷を軽減するなど、一定の対応を前提にすると、適期云々はあまり気にしなくても良いのではといえます。

◎基本的な植付適期

樹木の種類	適　期
常緑広葉樹	萌芽前の3〜4月、または新芽の固まった後の6〜7月
常緑針葉樹	萌芽前の2〜4月、または9〜10月
落葉広葉、針葉樹	落葉後の10〜12月、萌芽前の2〜4月
タケ、ササ類	3〜4月（寒竹など冬に筍が出るものは9〜10月）
特殊樹木（ヤシ類、他）	一般的には気温の上がる5〜9月（樹種により多少異なります）

5　管理上の制約

　植付後のメンテナンスがどこまで可能かどうかをユーザーレベル、業者レベルで判断し、必要に応じ樹種選定をおこないます。
　管理が少なくて済むということは、生長が遅い、毎年剪定しなくても樹形が崩れない、乾燥に強い、病害虫に強い、耐性がある…などがあげられ、この反対の要素を持つものが特に管理、メンテナンスが必要ということです。

2.6 配植の考え方

> **POINT**
> ◆配植の基本は幾何学的と自然風
> ◆樹木の配植選定は高木、中木、低木の順

　樹木から一・二年草、宿根草の草花に至るまで、どういう配置で構成していくかということは、植栽区域以外の庭の構造物（テラス、デッキ、壁泉、石組、延段、他）やエクステリアの各部位等のデザイン等に大きく関連しています。そのなかでどう全体としてまとまりのあるシーンを演出していくかということが大切になり、そのためには樹木と樹木、樹木と他の構成要素をどう関連付け、それぞれの樹木にデザイン上、どう役割を持たせていくかという考え方が必要といえます。

1　配植形式

① 整形式植栽（幾何学的植栽）

　幾何学的図案（円、三角形、矩形など数理的規則性のある形）をベースとした直線や形などで構成した配植形式で、ヨーロッパの庭園などで多く見られ、シンメトリーやグリッド等を用い、人為的に刈り込まれた人工美の表現です。線植栽（線上に樹木を配し、線の美しさを強調するもので、一定の距離や本数が必要）や面植栽（一定規模の面積に幾何学的な形で低木等の植込み）などがあり、緑地面積の取りやすい集合住宅などで多用されます。

② 非（不）整形式植栽（自然風植栽）

　整形式の逆で、非整形（数理的規則性のない、例えば、植物の葉、自然石、他）な自然風な植栽で、自然の持つ多様な変化のように不整形のなかで全体バランスの美しさを求め、日本庭園やイギリス自然風景式庭園などがあげられ、戸建住宅の比較的狭いスペースの植栽でもこの考え方は踏襲することができます。

線植栽事例

面植栽事例

非整形（自然風）植栽事例

非整形（自然風）植栽事例

2　配植手法

1　単植

　一本の樹木で景を整える（鑑賞に値する）ことができる存在感のある樹木を独立して配植します。

　例・マツ、マキなどの仕立物
　　　・芝生のなかにシンボル的な樹木の配置
　　　・ケヤキ、アキニレ、クスノキ、ナンキンハゼ、他

2　寄植（双植）

・二本の樹木のバランス（高さ、幅）を考えて植込むことにより、景をつくり、葉の形、大きさ、色などの組合せにより、お互いの樹木を補完し引き立てます。

・エントランス部分やゲートなどで、同一樹種、形状規格の合った樹木を配植します。
（京都御所の左近の桜、右近の橘のように、樹種の異なる場合は「対植」ともいいます）

3　三本植

　高さや種類の異なった三本の樹木をバランス良く植えることで景をつくり、それぞれが等間隔、同一線上に並ばない不等辺三角形の配植が基本で、「不整列の原則」ともいわれ、石組の三石組にも通じます。

4　列植

　同一樹種、形状、規格の樹木を一線上に配植することを基本とし、隣地側目隠し部分やアプローチまたは道路面の長い花壇などの配植に向きます。

5　群植

　比較的広いスペースなどでは高木のバラバラの樹種ではなく同一の樹種を集団で配植（3本、5本〜）し、全体感での演出効果を狙ったり、また、低木の場合は、単一樹種、混植は問わずに、植込み密度を上げて寄植する手法です。

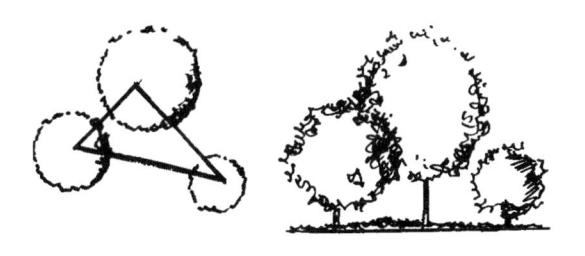

3　植栽計画のフロー

　住宅植栽の場合、敷地の大きさ、建物間取り、ユーザーの庭でのライフスタイル等を含め、さまざまな要件が絡み合ってくるなかで、基本的な配植形式、配植手法をどう応用していくかが重要といえます。植物の持つさまざまな樹形、幹、枝葉、花などによる季節感やイメージの演出から奥行感の表現、隠したり、視線をそらしたりする効果等に配慮しながら、一般的には高木、中木、低木という形での配植を進めていきます。

　当然のことながら、建物内部からの視野も念頭に入れながらの配植位置の決定が必要となりますので、ソファー、座卓机などの位置にも配慮することが必要です。

① 建物内部からの視野と動線ゾーニング

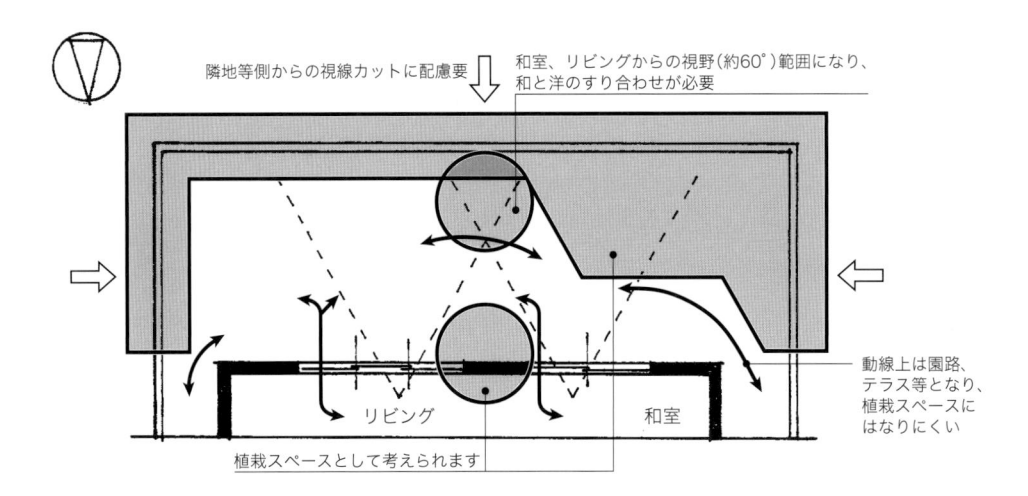

隣地等側からの視線カットに配慮要

和室、リビングからの視野（約60°）範囲になり、和と洋のすり合わせが必要

リビング　和室

植栽スペースとして考えられます

動線上は園路、テラス等となり、植栽スペースにはなりにくい

② 高木配植

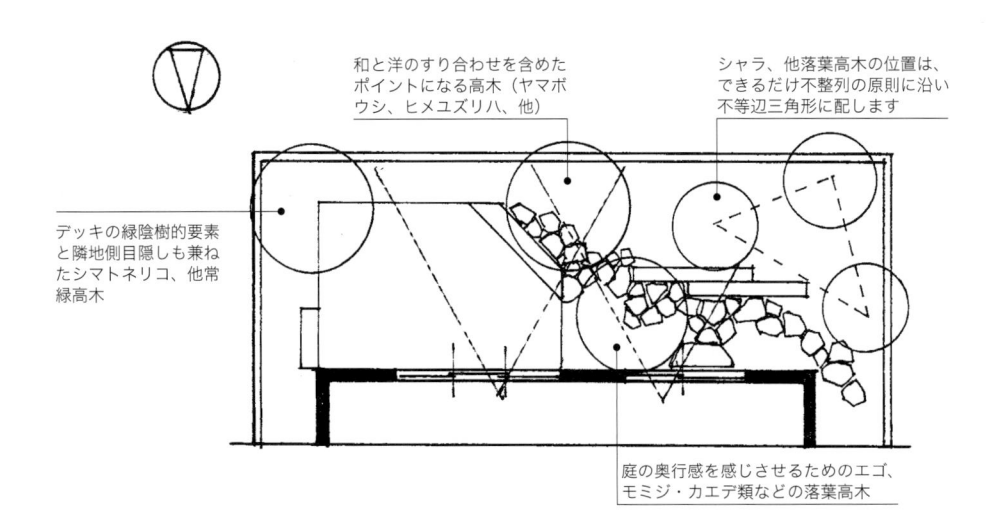

和と洋のすり合わせを含めたポイントになる高木（ヤマボウシ、ヒメユズリハ、他）

シャラ、他落葉高木の位置は、できるだけ不整列の原則に沿い不等辺三角形に配します

デッキの緑陰樹的要素と隣地側目隠しも兼ねたシマトネリコ、他常緑高木

庭の奥行感を感じさせるためのエゴ、モミジ・カエデ類などの落葉高木

第2章　現地調査と植栽計画図の作り方

③ 中、低木配植

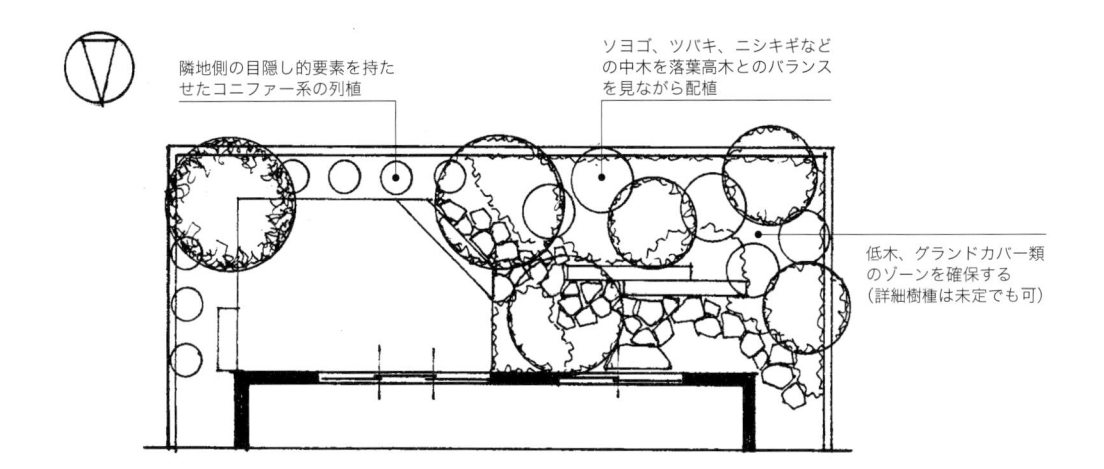

隣地側の目隠し的要素を持たせたコニファー系の列植

ソヨゴ、ツバキ、ニシキギなどの中木を落葉高木とのバランスを見ながら配植

低木、グランドカバー類のゾーンを確保する（詳細樹種は未定でも可）

④ 平面完成図

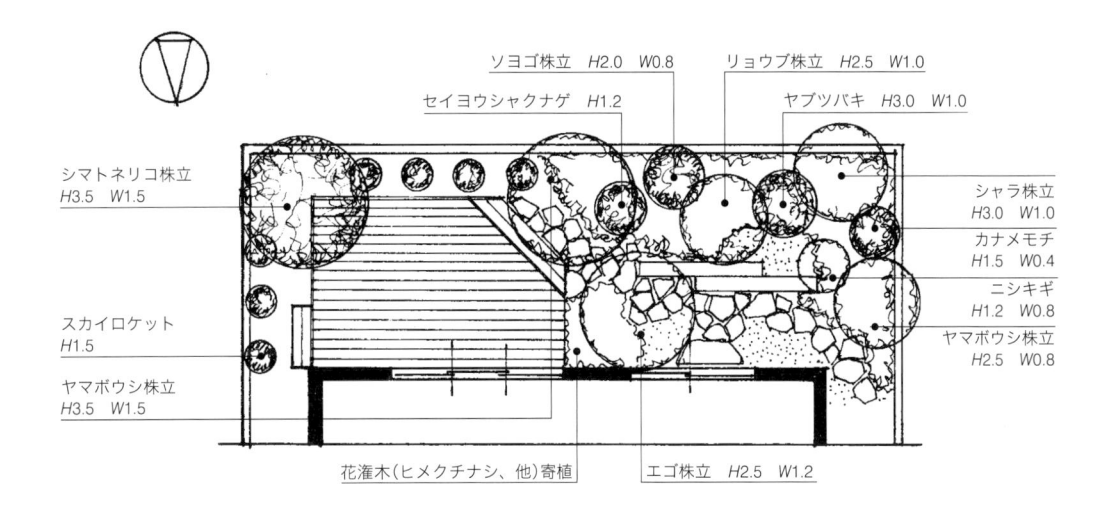

ソヨゴ株立　H2.0　W0.8
リョウブ株立　H2.5　W1.0
セイヨウシャクナゲ　H1.2
ヤブツバキ　H3.0　W1.0
シマトネリコ株立　H3.5　W1.5
シャラ株立　H3.0　W1.0
カナメモチ　H1.5　W0.4
ニシキギ　H1.2　W0.8
スカイロケット　H1.5
ヤマボウシ株立　H2.5　W0.8
ヤマボウシ株立　H3.5　W1.5
花潅木(ヒメクチナシ、他)寄植
エゴ株立　H2.5　W1.2

⑤ イメージ図

55

2.7 低木(潅木)、グランドカバーの配植選定と植栽密度

POINT
◆低木の植栽密度は樹種の特性に合わせて決定
◆配植図面は1/50スケール

　高・中木は計画時からある程度の樹種を固定して進めていきますが、低木およびグランドカバー類に関しては、どちらかといえば、図面と見積がほぼ確定してからの樹種決定が一般的といえます。公園などの官需物件やゼネコン等一部物件は、当初から低木やグランドカバー類の種類、サイズ等が決定していますが、戸建住宅植栽では、積算時においても花潅木・下草○○ m² などという形が多く、細かい部分は固定されていないケースが多いということです。

　もちろん、実際に材料発注やユーザーの了承をいただくためにも花潅木では済まないので、当然のことながら、具体的な種類やサイズの決定作業が必要といえます。

1 低木・グランドカバーの選定要因

　低木・グランドカバー類は、高木・中木の下層空間および地表面を占めていて、以前は低木中心の木本性植物が主で、グランドカバー類も芝生、ササ、苔、リュウノヒゲ等など種類も限られていました。しかし、最近は草本性の草花も含めた形での使用も増え、今までにない葉や花の色や特性を持ったさまざまな植物も増えています。

◎植物の耐性、特性別低木・グランドカバーの樹種

生長の早い	ウツギ、エニシダ、ユキヤナギ、ハギ、レンギョウ、コデマリ、キソケイ、ヤマブキ
生長の遅い	ツゲ、キャラボク、センリョウ、キリシマツツジ、アズマシャクナゲ
メンテナンスが楽	アオキ、アセビ、ヒイラギナンテン、ユキヤナギ、レンギョウ、ビョウヤナギ、ドウダンツツジ
病害虫に強い	アオキ、アジサイ、アセビ、アベリア、ウツギ、ウメモドキ、ナンテン、ヒイラギナンテン、ユキヤナギ、レンギョウ
耐乾性の強い	ハイビャクシン、ボケ、エニシダ、ハマヒサカキ、アベリア、コグマザサ、
陽樹	オオムラサキツツジ、キリシマツツジ、ボケ、レンギョウ、ドウダンツツジ
陰樹	ヒイラギナンテン、アオキ、アセビ、センリョウ、マンリョウ、ヤブコウジ、ヤマツツジ、シャガ、シダ類

◎植物の持つ季節感（葉、花、実）別低木・グランドカバーの樹種

新緑の美しい（黄）		キンメツゲ、メギオーレア
紅葉および通年（赤）		ガマズミ、ドウダンツツジ、オタフクナンテン、ニシキギ、アカバメギ
香りのある		ジンチョウゲ、クチナシ、ロウバイ、オガタマ
花	2〜4月上旬	ロウバイ、ユキヤナギ、トサミズキ、ヒュウガミズキ、ボケ、レンギョウ
	4月中〜5月下旬	コデマリ、ヤマブキ、ガマズミ、サツキ、ツツジ類、エニシダ、ウツギ、シモツケ
	6〜8月	クチナシ、ビョウヤナギ、ヒペリカム類、アジサイ、アベリア、ブットレア
	9〜10月	チャ、ハギ
	11〜12月	カンツバキ "シシガシラ"、エリカ
実	赤	アオキ、ウメモドキ、ガマズミ、コトネアスター、ナンテン、ピラカンサ、マンリョウ、センリョウ、ヤブコウジ
	黄、青〜紫	センリョウ（黄色）、ナンテン（黄白色）、ピラカンサ（黄色）、ムラサキシキブ（紫、白色）

56

第 2 章　現地調査と植栽計画図の作り方

　植栽の基本的配植は、格子線の交点に千鳥状とし均整のとれた形とします。m²あたりの植栽本数は 100 ～ 400mm 間隔位が一般的で、材料の種類や規格形状、生長の早さやメンテナンス、予算（コスト）などにも関連しています。

　最近は宿根草などを当初の見栄えをよくするために通常より密植する場合もありますが、2 ～ 3 年で混み合ってどうしようもないケースも出てきますので将来の生長した大きさをイメージしての配植密度の決定が望まれます。

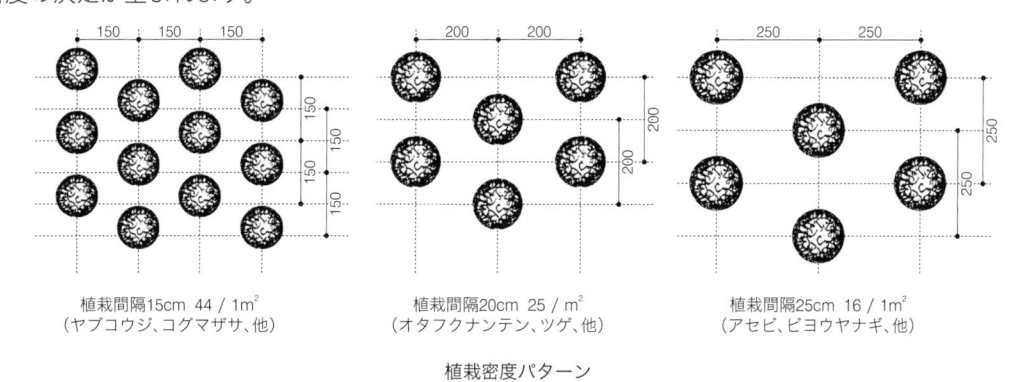

植栽間隔15cm　44 / 1m²
（ヤブコウジ、コグマザサ、他）

植栽間隔20cm　25 / 1m²
（オタフクナンテン、ツゲ、他）

植栽間隔25cm　16 / 1m²
（アセビ、ビヨウヤナギ、他）

植栽密度パターン

2　低木・グランドカバーの選定フロー

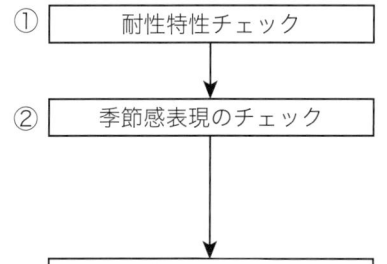

① 耐性特性チェック
・植込み場所をふまえ、イメージ構成のなかでマッチした樹種の選定

② 季節感表現のチェック
・全体のなかでベースになる樹種を決めていく
　[例：ヒラドツツジ、シャリンバイ、ハマヒサカキ、ドウダンツツジ、他]
・必要に応じ、ポイント的に花の目立つ低木を配植
　[例：レンギョウ、ユキヤナギ、ハギ、西洋シャクナゲ、他]

③ 植込み密度および原価チェック
・植付時に多少粗く植えても目立ちにくい生長の早い種類を効果的に活用
　[例：ユキヤナギ、レンギョウ、アベリア、他]
・基本的には、後方の植物が高くなるボーダーガーデン的植込みで刈込みの形とする

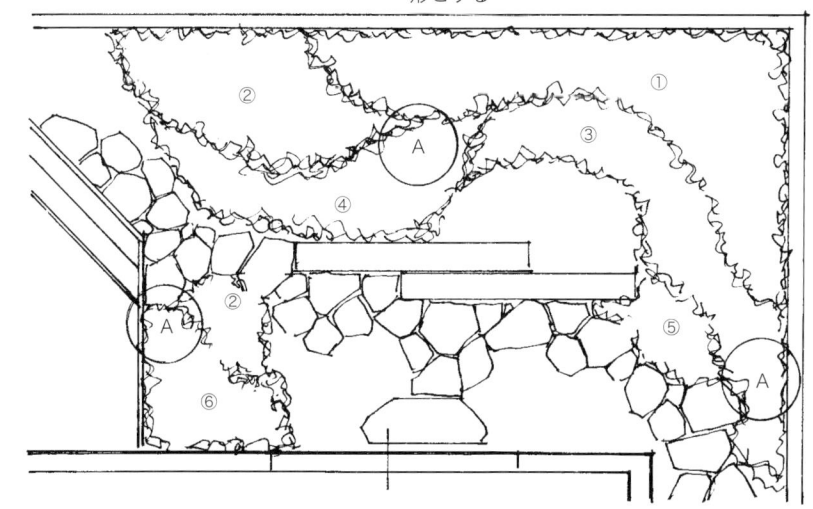

①ヒラドツツジ　H0.4　W0.4
②アセビ　H0.3　W0.2
③ヒメクチナシ　H0.2　W0.3
④ハイビャクシン　L0.4
⑤ヤブコウジ　10.5P
⑥ドウダンツツジ　H0.4　W0.2

A 必要に応じユキヤナギ、ハギ、ヤマブキ、レンギョウ、他
　補充分

配植図面事例
※配植図面は 1 / 100 ではわかりにくい場合もありますので、1 / 50 スケールが適当といえます。

57

2.8 樹木の根鉢と植込場所

POINT
◆樹木の地上部だけではなく、根鉢も要チェック
◆植込み時に支障をきたさないためには？

根鉢とは、植物の根と根の間の土を含む鉢状の土の固まりのことをいい、樹木を移植する場合なども含め、樹木の高さや常緑樹、広葉樹の違い、掘り取り時期等によって異なってきます。特に、高木（一般的には植付時の高さが 2.5〜3.0m 以上）の場合は、ある程度の材料別の根鉢の高さや直径を理解したうえで配植位置を考えないと、基礎や配管等が邪魔したり、スペースが狭く植穴が確保できずに、当初の図面位置に植えられないということも多々見受けられます。

また、最近は露地植えの植栽材料だけではなく、大型ポットや不織布ポットに植え込まれているケースも多く、掘り取り・植付時の根鉢の調整が効きにくいという側面もありますので、根鉢と地下埋設物（ガス、水道、雨水雑排水経路）や構造物基礎、他との関係に特に注意が必要といえます。

1 樹木別根鉢の種類

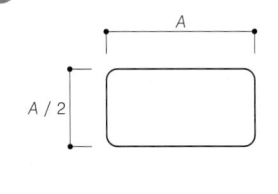

皿鉢
根の浅い落葉樹
ムクゲ、サルスベリ、ネム、ミモザ

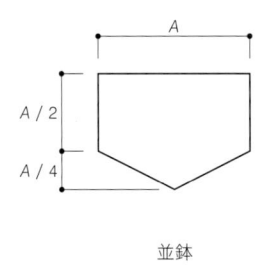

並鉢
一般の広葉、落葉樹、針葉樹
（コニファー類）

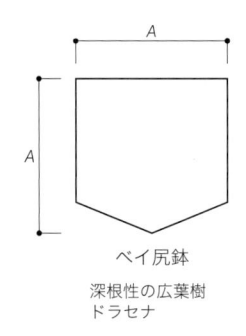

ベイ尻鉢
深根性の広葉樹
ドラセナ

根鉢（皿鉢、並鉢、ベイ尻鉢）

◎植木の高さと鉢径および鉢高

H (m)	1.0〜1.5	1.5〜2.0	2.0〜2.5	2.5〜3.0	3.0〜3.5
鉢 径（cm）	20〜25	25〜35	35〜40	40〜50	50〜60
鉢 高（cm）	15〜18	18〜20	20〜25	25〜30	30〜35

※樹高と鉢寸法の大まかな関係は、並鉢の落葉樹の場合は鉢径が $H/6$、鉢高が $H/10$、常緑樹の場合は落葉樹の 15〜20％増で鉢径が $H/5$、鉢高が $H/7$ です。
※既存樹を移植の場合は、上記寸法より 15〜20％（落葉樹の場合は鉢径 $H/5$、鉢高 $H/7$、常緑樹の場合は $H/4$、$H/6$）大きめに設定します。

2 不織布ポット

樹木をポリエステル製他の不織布ポットに植付栽培する形で、地中用、地上用のタイプに分かれます。出荷時に麻縄等の根巻きによる根鉢をつくる必要もなく、植込み時の根鉢の崩れ等による樹木の傷みも少なく、最近は多くの樹木に利用されて、自然分解型もありますので、ポットのままでの植込みも可能です。サイズも直径 15cm から 3cm 刻みで 45cm まであり、60cm、80cm、105cm の大きさもあります。

3 特に気をつける植栽位置

① 門柱、ブロックおよび RC 壁などの構造物との取り合い

ブロックの基礎フーチングなどが植込み時の樹木根鉢の邪魔にならないように、必要に応じて偏芯

させたり、根鉢の大きさに配慮した樹種選定が必要になります。

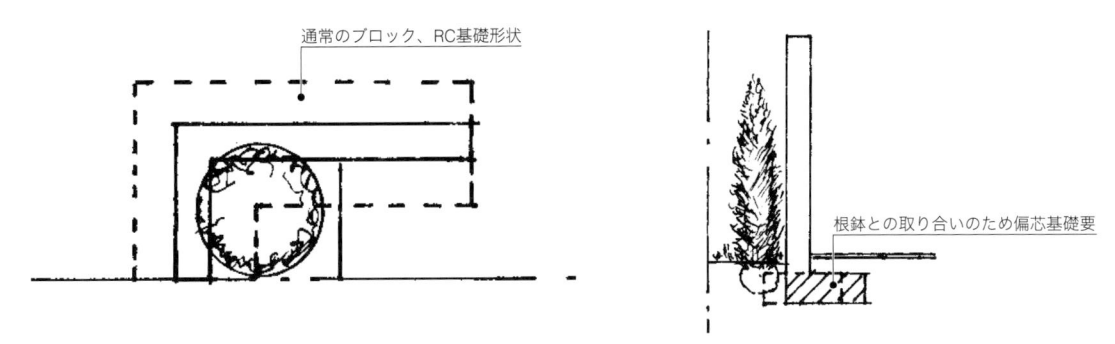

② マクラギ、角柱等の埋込み部

　平面的にみたら余裕があるようなスペースでも、基礎部の根巻きコンクリートが邪魔になったりするケースもありますので注意してください。

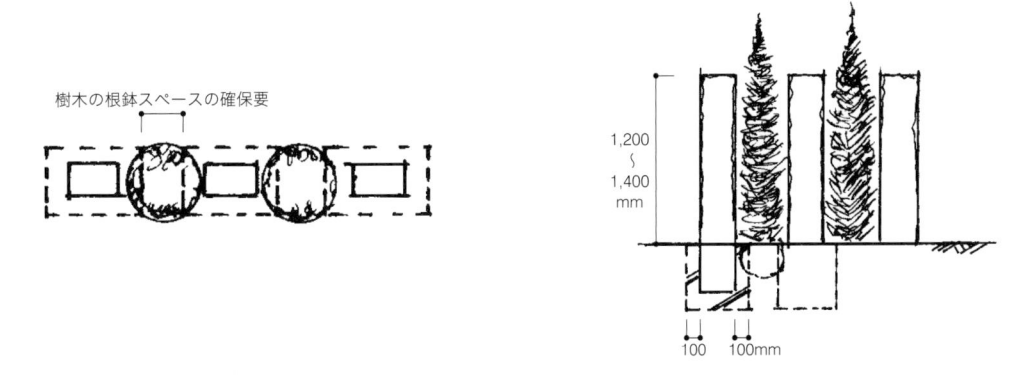

③ 雨水、汚水桝の配管との取り合い

　桝の位置だけではなく、配管の位置、深さにも配慮した植栽位置の決定が必要になりますので、桝の蓋をあけたり、パイプ埋設する位置の確認は必要といえます。

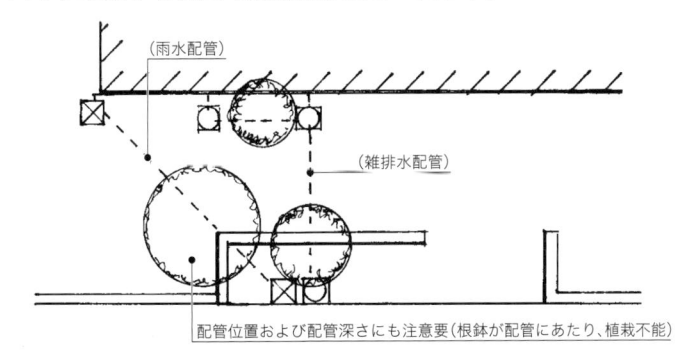

④ その他

　RC車庫上部に植栽をする場合等は、必ずスラブ上部からの盛土高の確認をおこなったうえでの支柱方法等の検討も含めた樹種選定が必要になります。テラス等をくり抜いたサークル状等の植桝に関しても、当初の根鉢が入るスペースだけではなく、場合によっては、枯れた時の植替えのことを考えたら高さ3～3.5mのシンボルツリーでは、根鉢径の倍以上の約80～90cm径は少なくとも必要になります。

2.9 植栽計画に関する各種助成制度と関連法律

POINT
◆施工場所の植栽関連各種条例および助成制度は必ず確認を
◆風致の場合は条例レベルであるので各自治体によって違いあり

1 各自治体の助成制度

　良好な景観と住環境を維持するにあたり各自治体は風致地区条例、地区計画などの各種法律を通じ、緑の保全や補強に取り組んでいます。建築場所や一定の敷地面積以上の新築などには、風致地区条例や各自治体の条例等に基づく植栽（緑化）計画書の提出が建築確認申請時に必要な場合がありますので注意してください。また、生垣や壁面・屋上緑化工事等の助成制度を設けている自治体も増えていますので、植栽計画時には、一度確認されることをおすすめします。

自治体名	内容・規模	問い合わせ先
東京都品川区	【品川区屋上緑化等助成要綱】 ・みどりの条例対象物件は、基準を上回った部分が対象 1m² 以上の緑化、限度額 30 万円 ・要した費用の 1/2 または、フェンス等補助資材　15,000 円/m² の低い方	まちづくり事業部 道路公園課みどりの係 TEL03-5742-6799
東京都杉並区	【杉並区屋上・壁面緑化助成金交付要綱】 ・各項目とも対象工事に要した経費の 1/2 とする ・限度額は屋上、壁面合わせて 100 万円　5,000 円/m² 以内	都市整備部公園緑地課 みどりの事業係 TEL03-3312-2111（内 3447）
横浜市	・助成対象：基盤整備および潅水施設の工事（誘引資材の設置に要した経費を除く）・ツル植物の購入・ツル植物の植栽 ・緑化基準：ツル植物（ただし、草類は多年性のみ）3 株/m 以上で壁面の緑化の合計が 10m² 以上 ・助成金額：対象経費の額の 1/2 ただし、緑化工事費を 3 万円/m² として算出した額、または 1 件あたり 5 万円のいずれか少ない額を上限とする	環境創造局 環境活動事業課 TEL045-671-3447
金沢市	【まちなか屋上等緑化助成制度】 ・壁面緑化：常緑のツル性植物が主体 ・対象経費：緑化区画造成経費および植栽経費 ・助成金額：対象経費の 1/2　100 万円を限度 　　　　　（助成基準額：壁面緑化　5,000 円/m²）	緑と花の課 TEL076-220-2356
名古屋市	【名古屋緑化基金建築物等緑化助成要綱】 ※事業用　助成対象：植栽延長 10m 以上（3 本/m 以上） ・助成金額：植栽工事費の 1/2、単価 1 万円/m² 限度 ・誘引資材設置工事費の 1/2、単価 2 万円/m² 限度 ・合計 50 万円を限度	緑政土木局 緑地部緑化推進係 TEL 052-972-2465
大阪市	【大阪市花と緑のまちづくり推進基金事業】 ・大阪市は 200 万円を限度として、植栽費の 1/2 以内の額と生垣等を設ける際のブロック塀の撤去費（延長 1m 当たり 6,000 円以内）を助成する ・植栽費とは、植物材料（樹木やツタなどの地被植物）、植え付け、客土、支柱の費用である	ゆとりとみどり振興局 緑化推進部 緑化課 TEL 06-6615-0965
神戸市	【神戸市緑化基金】 ・助成基準：公共的道路に接している場所で植栽の延長が 3m 以上であること ・恒久的な工事であること等、ツタなどを 1m につき 2～7 本植栽すること ・助成金額：工事費の 1/2 ・生垣の新設・ツタなどをフェンスに這わせる場合 5,000 円/m²	事業建設局 公園砂防部 計画課 TEL 078-322-5422

（2009 年現在）

2 風致地区条例および地区計画

　風致地区とは、都市の風致を維持するために都市計画によって定められた地区のことで、風致とは樹林地、水辺などで構成された良好な自然景観をいいます。これら自然景観は生活に潤いを与え、緑豊かな住環境を作り出しますが、建築計画時に一定の規制をしないと良好な自然環境が破壊される恐れがあり、それを防止するための法律です。

　植栽計画時の具体的な部分としては、緑地率（緑地面積および必要な植栽本数）などですが、条例レベルですので、各自治体により微妙な違いもあります。事前に施工地域の条例内容等の確認が必要といえます。また、地域の特性に合ったきめ細かな街づくりをおこなう目的の地区計画や各種の緑化に関する条例等もありますので、エクステリア工事部分も含めての十分配慮した形での対応が必要といえます。

❖緑地の算定方法

　敷地面積に各種別に規定されている緑地率を乗じ必要面積を算定し、高木（植栽時の高さが3.5m以上）および中木（植栽時の高さが1.5m以上）の必要本数を算定します（高木および中木の本数の算定では小数点以下第1位を四捨五入）。なお、竹を高中木の必要本数に算入する場合は、竹3本につき、1本として換算します。

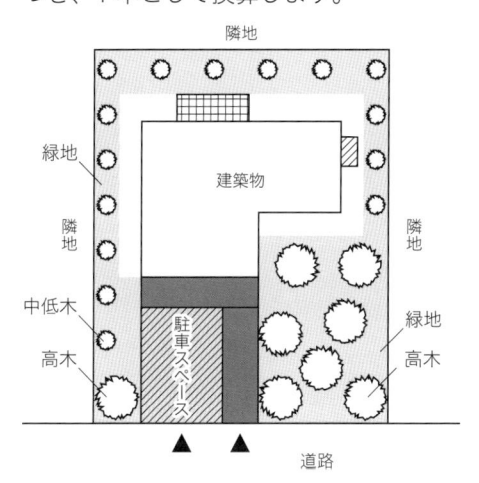

例：第3種風致地区内、敷地面積250m²において建築物を建築する場合
［必要緑地面積］
250m² × 30% = 75.00m²（以上）
［必要高木本数］
250m² × 30% × 1本／10m² = 7.5本→8本（以上）
［必要中木本数］
250m² × 30% × 2本／10m² = 15.0本→15本（以上）

風致地区緑化申請内容の概要（兵庫県の場合）

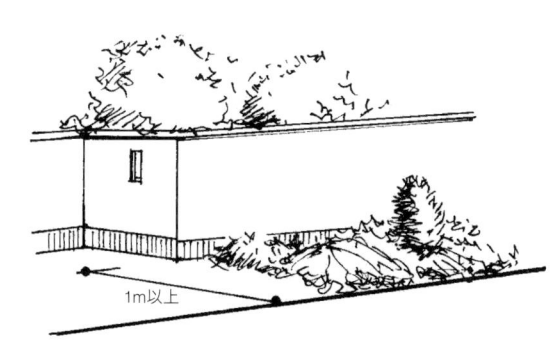

道路から1m以上離して設けるものは特に制限ありません 　　道路から0.6m以上1m未満の距離に設けるものは生垣または透視性のあるフェンスにしなければなりません

（緑化およびエクステリア関連）地区計画の具体事例

> コラム2

タケ、ササ、バンブー類補足

　タケ、ササ、バンブーの基本的な違いは第1章にも述べていますが、ここでは特性、植込み上の留意点を多少補足していきます。

　タケは1回開花植物で、何年目かに開花、枯死することや地下茎を伸ばして繁殖することなどから草本的性質を持つという考え方や草とは違う巨大な形態になることなどにより、林学的立場では樹木として扱ったりすることから「草か木か」という視点もありますが、分類上はイネ科の木というのが一般的見解です。

　地上に出た筍は1日1m以上の生長を続け、40～50日で立派な竹林を構成し、約10～15年位で開花し、枯死します。タケには50～60位の節(ふし)があり、節と節の間を「稈(かん)」といい、節ごとに生長帯があるので、普通の樹木の50～60倍のスピードで生長することになります。大型のタケとして良く使われているものにモウソウチク（直径15～20cm）、マダケ（5～10cm）があり、両者ともマダケ属で外観上の見分けの一つとして節の筋がモウソウチクは1本ですが、マダケは2本認められます。タケを植栽材料として用いる時は種類も多くありますので、タケの全長、稈の太さ、形、色などと植込みスペースの広さ、用途等に配慮した選択が必要になります。

　特長あるタケとしては、キッコウチク（稈の形が亀甲状）、クロチク（稈の色が黒色）、シホウチク（稈の形がやや丸みを帯びた四角形）、キンメイチク（稈に黄色の縦縞が入る）、カンチク（秋から冬にかけ筍が出る）などがあげられます。

　生垣として用いる場合などは、地下茎で伸びずに株立のブッシュ状になるバンブー類のホウライチク、ホウオウチクがおすすめですし、元来タケ、ササは和のイメージですが、オカメザサなどは刈込むことにより洋風イメージへの対応も可能といえます。

　タケ、ササの植込みで必ず気をつけて欲しいことに、地下茎の伸長に対する防御があげられます。小型のタケでも必ずいつか思わぬ所から筍を出しますので、防御法としてはできれば深さ1～1.2m、厚み5～10cm位のコンクリートやPC板、少なくともポリエチレン防竹シートなどにより必要以外の場所への地下茎の伸長を抑えるようにしてください。

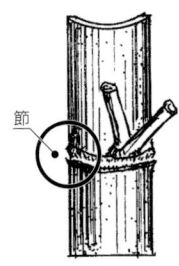

節

マダケ
（節が二輪状）

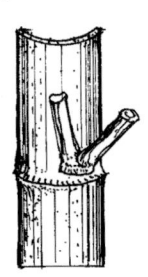

モウソウチク
（節が一輪状）

バンブー類の根元

第 **3** 章

部位別植栽の考え方

壁面緑化のある住宅植栽

01　門廻り

3.1 門廻りの位置パターン別植栽——平行配置、直角配置、斜め配置

POINT
◆門廻りの位置の基本は平行、直角、斜めパターン
◆門廻りの空きスペース、アイストップ等をふまえた植栽演出を

　植栽（緑）の持つ機能としてあげられるものの一つに「建築的視点」ということがあります。このことは、建築物のフォルムが水平線、垂線、対角線、円弧などの整形な幾何学的デザインで構成され、素材的にもコンクリート、鉄、木材などのハードな外観になりやすい部分に対して、植物の持つさまざまなフォルム、テクスチュア、カラースキームなどを組み合わせることによる効果的演出を図るということです。

　同様に建築物のみならず、門や塀などの部分に対しても同じことがいえ、以前は必ずといっても良いほど、門冠りの松やマキなどが植え込まれている現場を多く見かけました。最近は住宅様式、デザイン等の多様化もあって少なくなっていますが、基本的な門廻りパターンに準じ、考えてみます。

植栽前 　　　　　　　植栽完了時

1　平行配置の門廻り

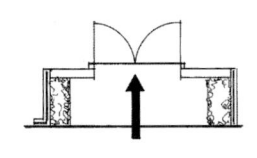

　平行配置の場合はできるだけ門柱前面部の踏み込みスペースを広く取ることにより、ゆとりのある植栽のスペースが生まれます。スペースをあまり取れない場合は壁面後方には必ず植栽が欲しいところですし、壁面デザインとして小窓やスリットを取り、後方の植栽の一部をみせるのも一つの方法です。

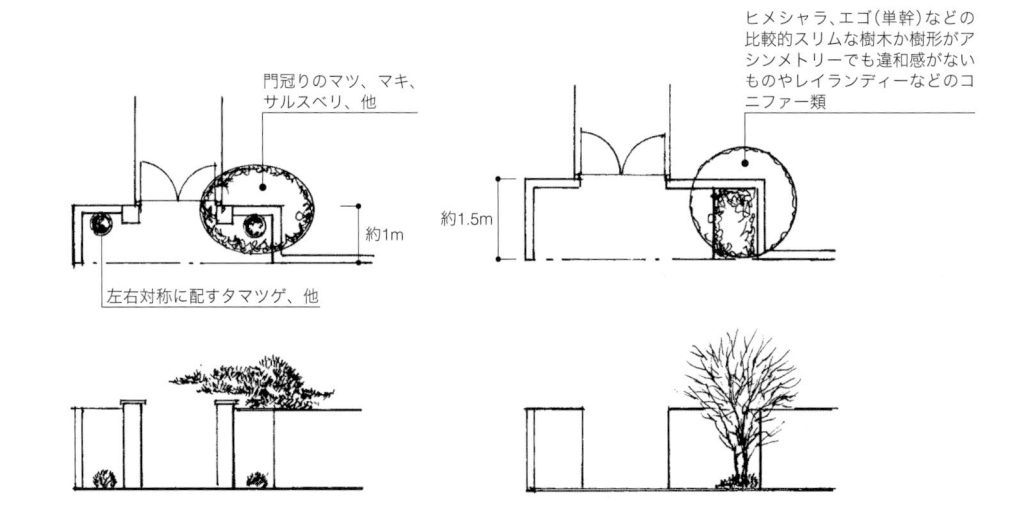

門冠りのマツ、マキ、サルスベリ、他
約1m
左右対称に配すタマツゲ、他

ヒメシャラ、エゴ（単幹）などの比較的スリムな樹木か樹形がアシンメトリーでも違和感がないものやレイランディーなどのコニファー類
約1.5m

第3章　部位別植栽の考え方

01 門廻り

2 直角配置の門廻り

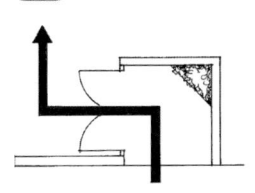

　直角配置の場合は比較的門廻りの植込スペースは取りやすいデザインといえます。人の動線がクランク状になりますので、門扉正面部は庭側に対する目隠し的要素を持つ壁面や植栽が必要となりますし、道路面からの視線も含めた計画が大事といえます。

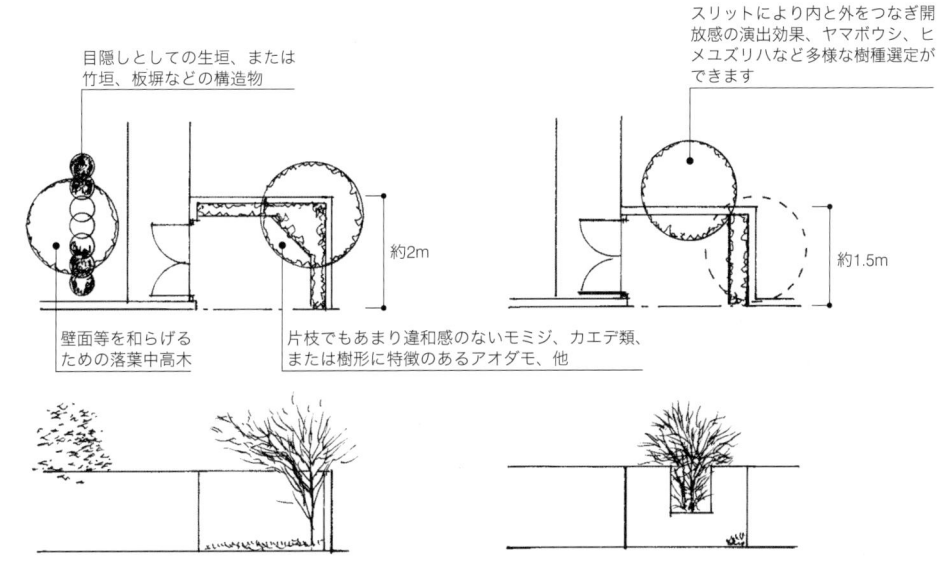

- 目隠しとしての生垣、または竹垣、板塀などの構造物
- 壁面等を和らげるための落葉中高木
- 片枝でもあまり違和感のないモミジ、カエデ類、または樹形に特徴のあるアオダモ、他
- 約2m
- スリットにより内と外をつなぎ開放感の演出効果、ヤマボウシ、ヒメユズリハなど多様な樹種選定ができます
- 約1.5m

3 斜め配置の門廻り

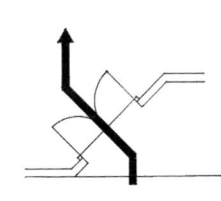

　斜め配置も直角配置と同様に余裕のある植栽スペースがつくりやすいといえます。アプローチの方向性によってはアイストップ的植栽も必要になりますし、植栽スペースにゆとりが取れない場合などはスリットなどを用いての効果的な緑の演出が望まれます。

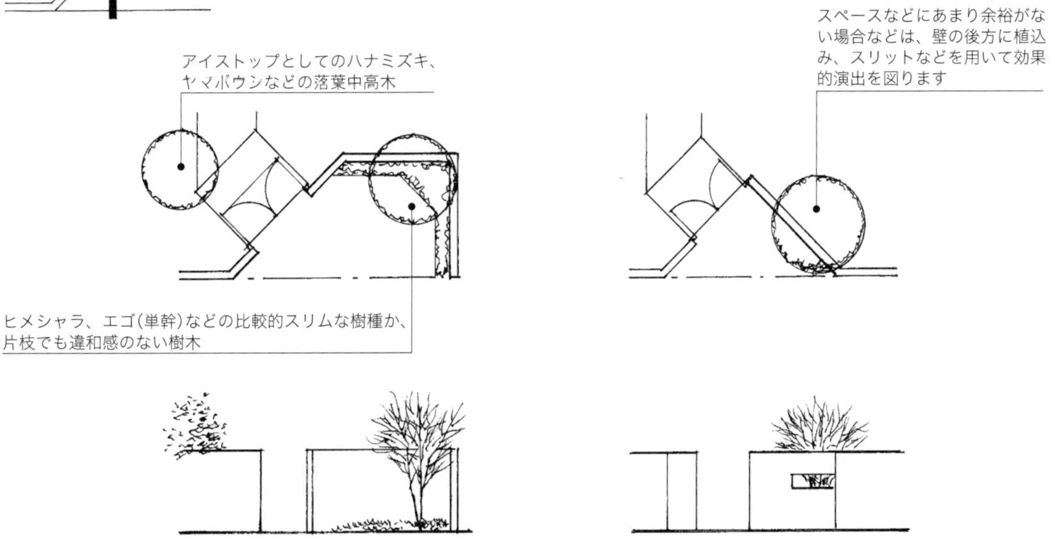

- アイストップとしてのハナミズキ、ヤマボウシなどの落葉中高木
- ヒメシャラ、エゴ(単幹)などの比較的スリムな樹種か、片枝でも違和感のない樹木
- スペースなどにあまり余裕がない場合などは、壁の後方に植込み、スリットなどを用いて効果的演出を図ります

65

3.2 モダン系の門廻りの植栽

POINT
- ◆樹木はできるだけ少なく、シンボリックな高木中心
- ◆低木はできるだけシンプルに低く抑えた形

　モダン系の建物やエクステリアを構成する基本的な特長は、言語イメージとしてはシャープ、スタイリッシュ、すっきり、シンプル、アーバン…他、デザインとしては直線、整形的、面構成、三角形、シンメトリー、キュービック、スクエア（四角、正方形）…他、素材的には金属、RC構造、ガラス…などの人工素材、色彩計画としては寒色系（青）、モノトーン…他、テクスチュア（質感）的にはすべすべしている、ツルっとしている、ピカピカしている…他があげられます。

　植栽計画においても、植物の全体形状から幹、枝、葉、花等の各部分のフォルム、テクスチュア、カラースキーム（色彩配列、計画）を考えながら、植栽を含めた全体イメージが共通のテイストによるまとまりのある一体感を持つようにすることが望まれます。

- 全体構成としては、樹木はできるだけ少なく、シンボリックな高木（H3.5～4.0）をメインとしたシンプルな構成とします。
- フォルム的には、円錐形の樹形を持つ針葉樹ですが、対比効果を考えての自然樹形の落葉樹でも構いません。
- シンボリックな単植ではなくても、針葉樹（H1.5～2.5）の列植もすっきりと整然とした効果を演出します。
- 低木、グランドカバー類はできるだけ低く、または整形に刈り込み、種類はあまり多くは入れずにシンプルな効果を狙います。

中～高木	低木～グランドカバー
ケヤキ、ヤマザクラ、ヤマボウシ、ハナミズキ、カツラ、モミ、トウヒ、レイランディー、スカイロケット	ツゲ類、ハクチョウゲ、ボックスウッド、ハイビャクシン類、ヘデラヘリックス

1 事例──円錐形シンボルツリーと低木の組み合わせ

　RC造打放しとタイル貼の壁面を持つ建物に合わせた一体感のあるエクステリアです。
　シンボルツリーとして円錐形樹形となる針葉樹のトウヒを配し、足元はブルー系のコニファー低木のバーハーバーにて低めに抑えています。

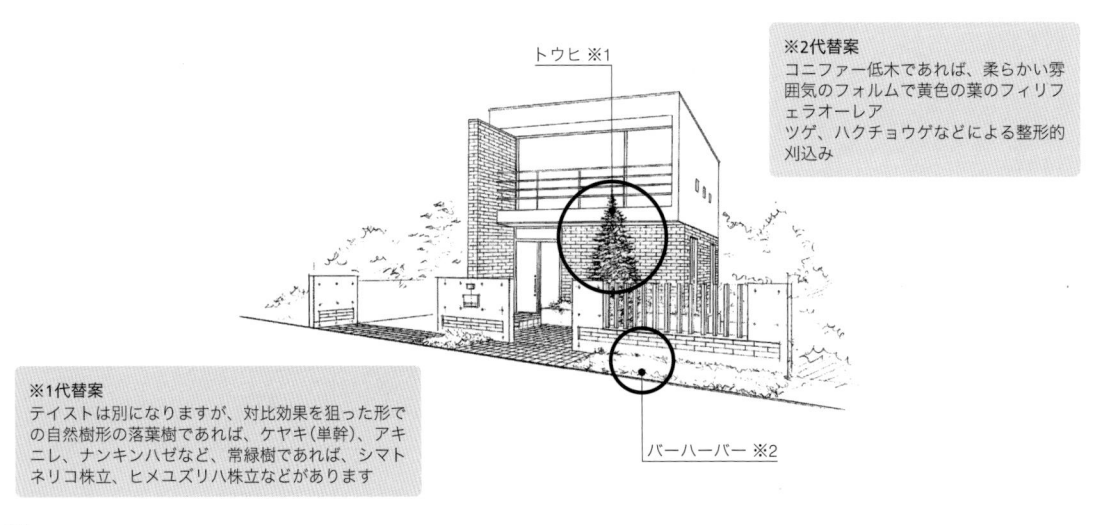

トウヒ ※1

※2代替案
コニファー低木であれば、柔らかい雰囲気のフォルムで黄色の葉のフィリフェラオーレア
ツゲ、ハクチョウゲなどによる整形的刈込み

バーハーバー ※2

※1代替案
テイストは別になりますが、対比効果を狙った形での自然樹形の落葉樹であれば、ケヤキ（単幹）、アキニレ、ナンキンハゼなど、常緑樹であれば、シマトネリコ株立、ヒメユズリハ株立などがあります

第3章　部位別植栽の考え方

01 門廻り

[2] **事例**──自然樹形のシンボルツリーと異なった樹形との対比

白い外壁の一部にアールを持たせた板貼（黒褐色）部が特長のあるデザインとなっています。

アール壁の正面には自然樹形のカツラをシンボルツリーとし、両サイドにトウヒとハウチワカエデと異なった樹形の樹木を対比させることにより全体をまとめています。

※1代替案
落葉自然樹形であれば、ヤマボウシ株立、エゴ株立、シラカンバジャクモンティ株立、ヤマザクラ株立
常緑自然樹形であれば、あまり固い感じはなく柔らかさを感じるシマトネリコ株立、ハイノキ株立

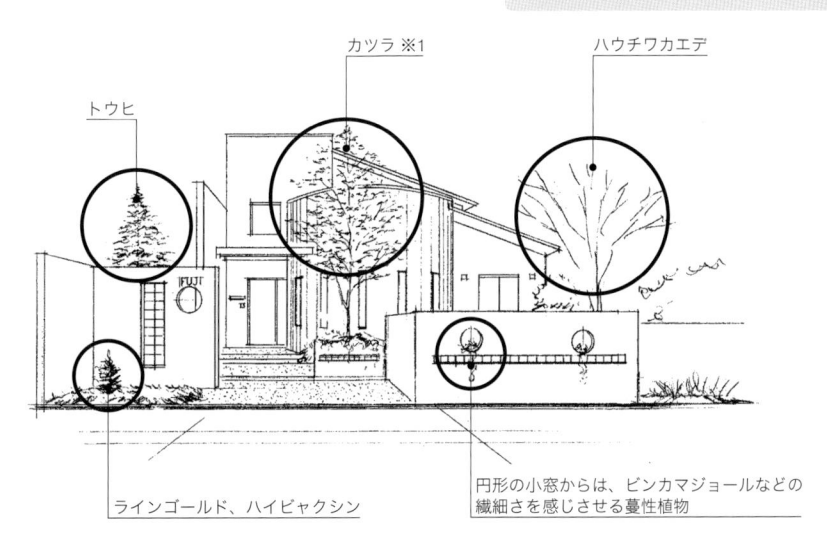

トウヒ　カツラ ※1　ハウチワカエデ

ラインゴールド、ハイビャクシン　円形の小窓からは、ビンカマジョールなどの繊細さを感じさせる蔓性植物

[3] **事例**──モウソウチク林と緑量感のある常緑樹でバランスよく

モダンな現代和風の雰囲気の建物に対して、モウソウチクの竹林と足元はすっきりとハイビャクシンの寄植で構成されています。モウソウチク林とバランスを取るために、右側には緑量感のある常緑のシラカシ株立を配しています。

※1代替案
基本的には常緑樹での緑量感は欲しいところですので、ヒメユズリハ株立、ヤマモモなどがあげられ、少し爽やかで明るい感じであれば、シマトネリコ株立があげられます

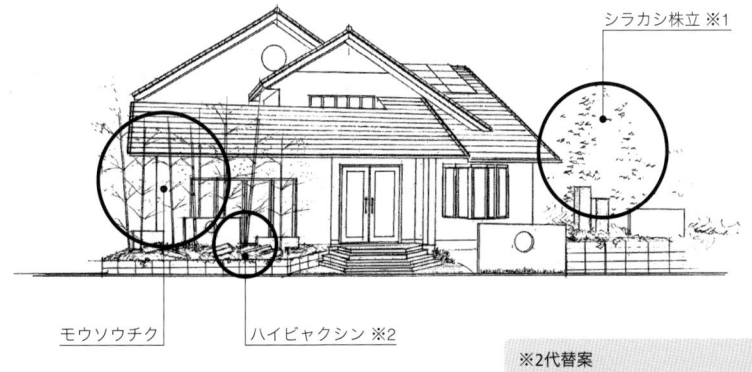

シラカシ株立 ※1

モウソウチク　ハイビャクシン ※2

※2代替案
できるだけ低く、すっきり抑えることがポイントですので、ヘデラヘリックス、リュウノヒゲなどによる対応も可能です

④ 事例──対照的なテイストのシンボルツリーをアクセントに

RC造打放しの建物で、別注扉から手摺、窓枠に至るまでを寒色系の青でまとめられています。シンボルツリーとしては対照的なテイストの自然樹形のハナミズキを植えることにより、アクセント効果を出しています。また、手摺にも非整形な形状のハツユキカズラが配されています。

ハナミズキ ※1

※1代替案
自然樹形でヤマボウシ株立、ケヤキ(単幹)、アキニレなどモダン系と同じテイストであれば、モミ、トウヒ、センペルセコイアなどの円錐形の樹形を持つ針葉樹

ハツユキカズラ

⑤ 事例──タケ類のテイストで対比効果を狙う

RC造打放しの建物の前面にある幅1.2〜1.5mの同じくRC造の植桝をモウソウチクの群植構成としています。本来は、タケ類は和風のテイストではありますが、全く異なったテイストを持つ組み合わせによる対比効果を狙っています。足元はシャガなどの下草とポイント的にウメモドキなどの低木も配しています。

シャガ

モウソウチク ※1

※1代替案
トウヒ、レイランディー等による針葉樹の森のイメージの演出
アオダモ、ハウチワカエデなど幹が曲がっていたりして特徴のある樹木フォルムを持つ樹種により、壁面との対比効果を狙う

第3章　部位別植栽の考え方

01 門廻り

⑥ 事例——整形的な植栽と非整形的な植栽をバランスよく

　RC造の建物に対して、玄関扉と車庫扉の色をポイント的に赤色で処理されています。植栽計画は整形的に刈込まれたゴールドクレストとカイヅカイブキの生垣に対し、法面形状を残し、ヘデラヘリックスのグランドカバーとサブツリー的要素のサルスベリの非整形的な形でまとめています。

※1代替案
ヤマボウシ株立、ヒメシャラ株立などの自然樹形フォルムによる対比効果を狙う
完全に刈り込んだ形ではなく、高さが4m位はあるモミ、トウヒなど針葉樹のシンボルツリーのみとする

ゴールドクレスト ※1
サルスベリ
カイヅカイブキ生垣
ヘデラヘリックス

⑦ 事例——柔らかな感じでまとめたシンボルツリーと足元の宿根草

　モダン系の住宅の特長でもある面構成の壁面に対し、重ね壁の機能門柱にて構成されているファサード部分です。シンボルツリーとして柔らかい感じのフォルムのシマトネリコを配し、足元にはチェリーセージやセダム類などの宿根草で低めに抑えています。

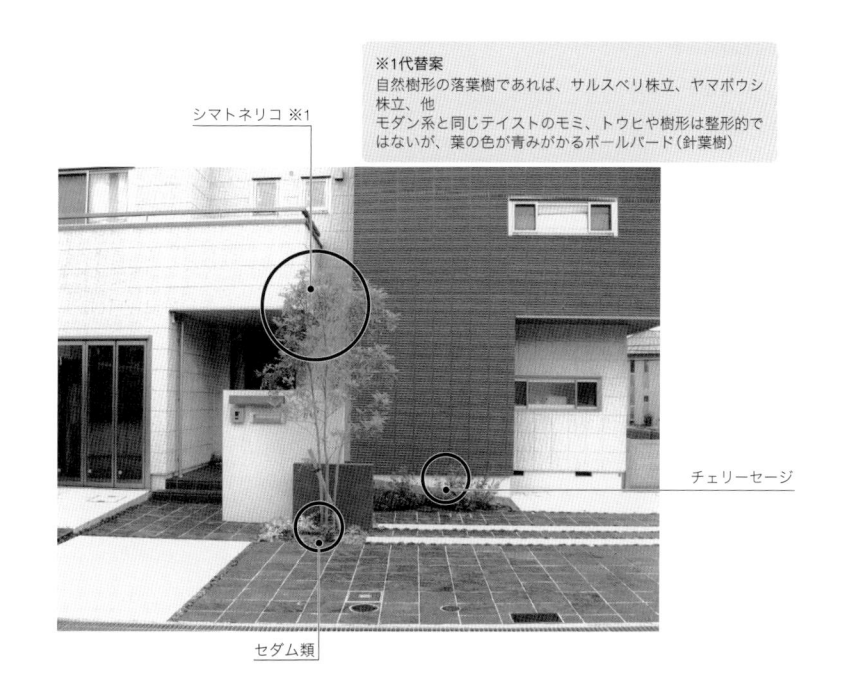

※1代替案
自然樹形の落葉樹であれば、サルスベリ株立、ヤマボウシ株立、他
モダン系と同じテイストのモミ、トウヒや樹形は整形的ではないが、葉の色が青みがかるボールバード（針葉樹）

シマトネリコ ※1
チェリーセージ
セダム類

69

3.3　カジュアル系の門廻りの植栽

POINT
◆カラーリーフ系、斑入りなど変化のある植物が効果的
◆落葉性の低木、草花が多い場合は冬場のシーン演出に配慮

　カジュアル系の建物やエクステリアを構成する基本的な特長は、言語イメージとしては明るい、陽気な、親しみやすい、自然な、気軽な、家庭的な…他、デザインとしては曲線の多用、非整形的、デコラティブ（装飾性）な形、スリット、リズム感、動き…他、素材的には石、砂利、枕木、植物などの自然素材、タイル、煉瓦、テラコッタ（素焼きの土）などの窯業製品やロートアイアン（鍛鉄）などのアンティーク性を持つ金属製品、色彩計画としては暖色系（赤〜黄）、単色より色ムラ…他、テクスチュア的にはマット（光沢のない）、ゴワゴワしている、ザラザラしている…他があげられます。カジュアル系といっても、南欧風、北欧風、北米風、他さまざまなパターンがあり、デザインも多様化していますので、一概にはくくれませんが、開放的な明るい雰囲気を持つ親しみやすい外観と一体感のある植栽計画が望まれます。

- モダン系と比較したら、基本的には樹木の量や種類を多くした全体構成がおすすめといえますが、シンボリックな高木を中心にカラフルで彩りのある低木、グランドカバー等でシンプルにまとめる場合もあります。
- 樹木の葉も明るい壁面とのコントラストからカラーリーフ系や黄、白の斑入り系の葉をうまく使った配植が効果的ですし、グランドカバー類にも彩りのある宿根草や草花等による演出効果が望まれます。
- 樹形的には自然樹形の常緑、落葉樹が中心となりますが、個性的な樹形を持つ椰子類やドラセナなども用いられます。

中〜高木	低木〜グランドカバー
シマトネリコ、ミモザ、オリーブ、アカシアフリーシア、コニファー（カラーリーフ系）、ベニバナトチノキ、ベニバスモモ、ブラシノキ、ドラセナ、キョウチクトウ、フェイジョア、柑橘系	ローズマリー、エニシダ、グラス類（カラーリーフ系）、ニューサイラン、シロタエギク、マーガレット、ヘメロカリス、セダム類

① **事例——カラーリーフで白の外壁を飾る**

　白の外壁の建物に合わせ、塀も少し曲線を持たせた塗壁仕上げのクローズ外構です。
　ファサード部分の植栽は、カラーリーフ系中心のブルーヘブンなどのコニファーやオリーブ、ベニバスモモなどの常緑広葉、落葉樹でまとめています。

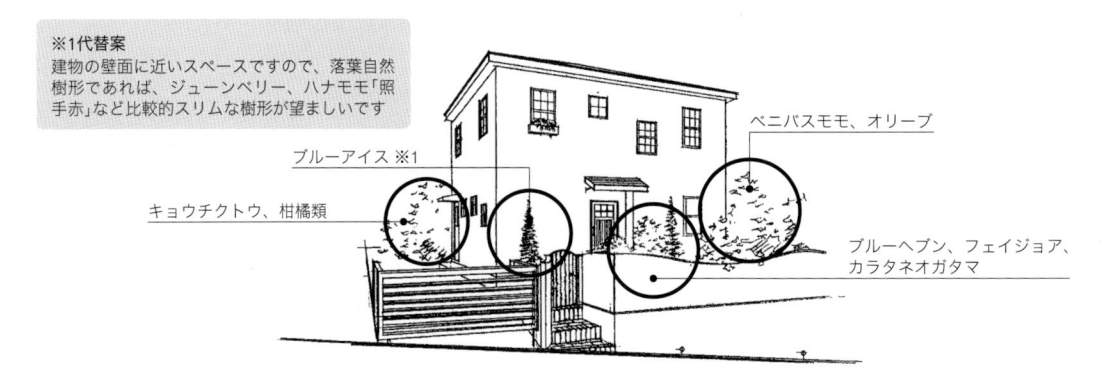

※1代替案
建物の壁面に近いスペースですので、落葉自然樹形であれば、ジューンベリー、ハナモモ「照手赤」など比較的スリムな樹形が望ましいです

ブルーアイス ※1
キョウチクトウ、柑橘類
ベニバスモモ、オリーブ
ブルーヘブン、フェイジョア、カラタネオガタマ

第3章 部位別植栽の考え方

01 門廻り

② 事例──シンボルツリーで奥行感のある演出

　明るいクリーム色の外壁に玄関ポーチ屋根のスパニッシュ瓦が印象的な建物です。エクステリアもフルオープンですので、アプローチデザイン、材料選定、特に緑の使い方により雰囲気も大きく変わります。玄関ポーチへのアイストップ、奥行感の演出としてシマトネリコ（株立）をシンボルツリーとして配しています。アプローチ石貼の曲線に合わせたスリットグリーンも効果的です。

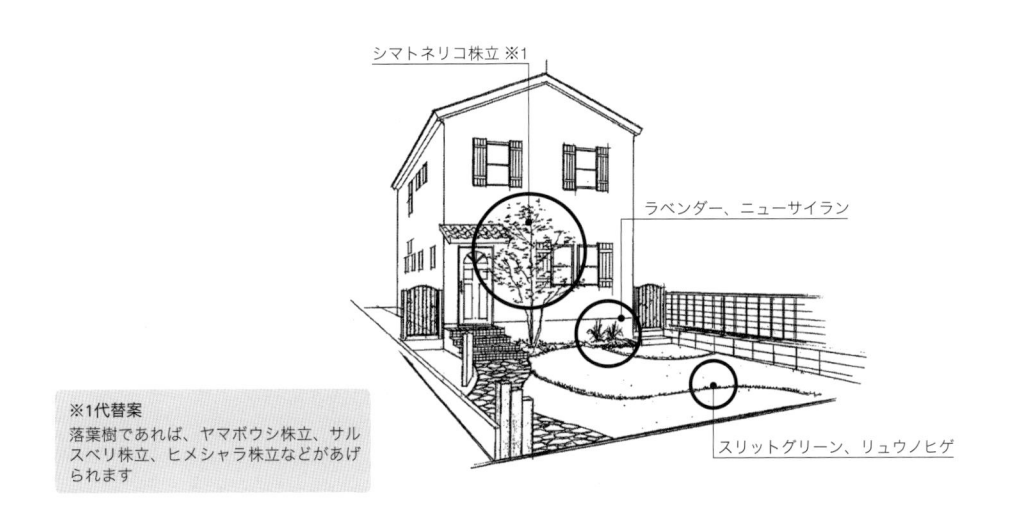

シマトネリコ株立 ※1
ラベンダー、ニューサイラン
スリットグリーン、リュウノヒゲ

※1代替案
落葉樹であれば、ヤマボウシ株立、サルスベリ株立、ヒメシャラ株立などがあげられます

③ 事例──レンガや石貼りを彩るカラーリーフ

　窯変のＳ瓦と同系色のタイルとベージュ系の壁を持つ建物で、エクステリアも同じ瓦を載せた低めの塀を塗壁で仕上げ、アプローチは石貼の曲線で柔らかさを強調しています。レンガ積の門廻り周辺は赤銅葉のドラセナを群植させ、塀の後方にはアカシアフリーシアを中心にカラーリーフ系の樹木で構成しています。

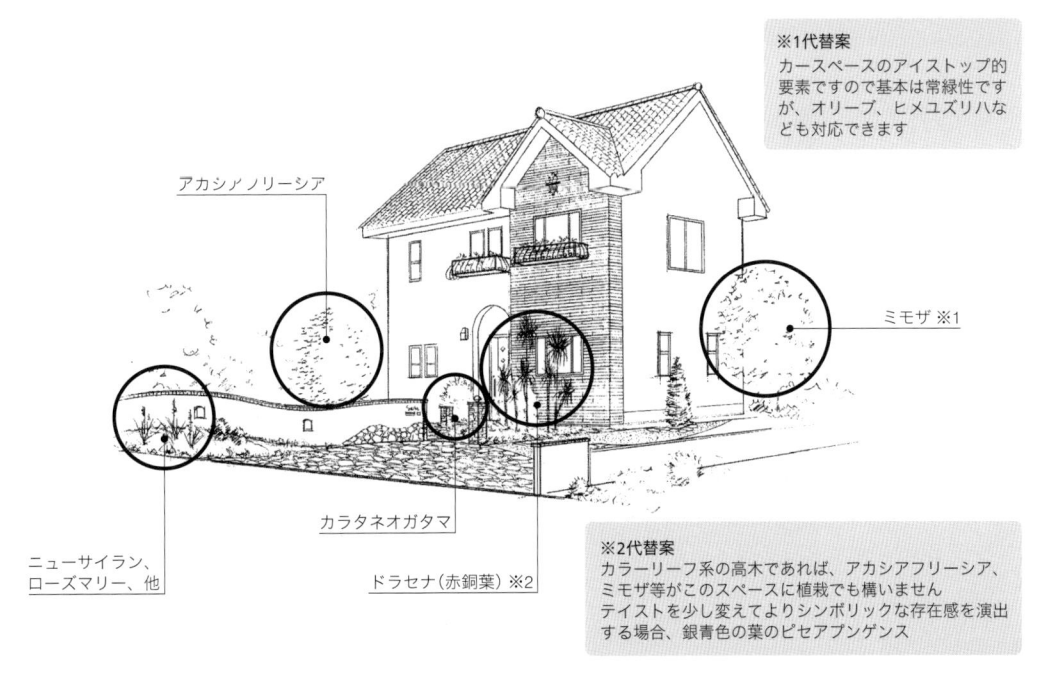

※1代替案
カースペースのアイストップ的要素ですので基本は常緑性ですが、オリーブ、ヒメユズリハなども対応できます

アカシアフリーシア
ミモザ ※1
ニューサイラン、ローズマリー、他
カラタネオガタマ
ドラセナ（赤銅葉）※2

※2代替案
カラーリーフ系の高木であれば、アカシアフリーシア、ミモザ等がこのスペースに植栽でも構いません
テイストを少し変えてよりシンボリックな存在感を演出する場合、銀青色の葉のピセアプンゲンス

4 事例――自然樹形で緑あふれる構成

屋根および外周塀は窯変のS瓦で、外壁の色はベージュ系の明るい雰囲気の建物です。植栽計画は緑陰樹としてのナンキンハゼ、シンボルツリーのベニバスモモ、門廻りのサルスベリ（株立）と自然樹形中心でまとめられ、緑量感のある構成となっています。

※1代替案
同じ赤銅葉のノルウェーカエデクリムソンキングや新芽、斑入りの葉がきれいなノルウェーカエデドラモンティーなど

ベニバスモモ ※1
ナンキンハゼ
ネム
サルスベリ（自然樹形）※2

※2代替案
全体から見てもこのスペースは、基本的には自然樹形の落葉樹が適していますので、ヤマボウシ株立、エゴ株立など

5 事例――自然樹形の株立とコニファーとの対比

アンティークレンガ積の門柱、壁、植桝周辺は、玄関の目隠しも兼ねたモミやブルーヘブンなどの高木とフィリフェラオーレアなどのコニファー系でまとめられています。アプローチサイドには自然樹形のヤマボウシ（株立）がコニファーとの対比を含めて、効果的に演出されています。

※1代替案
同じ針葉樹でまとめていく考え方でいき、葉色を変えた銀青色のモミのイメージのピセアプンゲンスも適しています

ヤマボウシ株立 ※1
ブルーヘブン
モミ ※2
フィリフェラオーレア、ブルーパシフィック

※2代替案
ヤマボウシに合わせた形でのエゴ株立、ヒメシャラ株立などの自然樹形中心の樹木構成としても、アンティークレンガとの調和を含め、対応可能といえます

⑥ 事例——整形的フォルムと非整形的フォルムの対植

建物外壁の一部に貼られているタイルと同系色の擬石貼と塗壁仕上げの門廻りの構成です。アプローチをはさんで両サイドにモミ（整形的フォルム）とヤマボウシ株立（非整形的フォルム）を対植させることによる効果的な演出といえます。

ヤマボウシ株立　　モミ

⑦ 事例——トピアリーと草花で可愛らしく

カジュアル系の門廻りには、可愛いとか彩りがあるという演出が必要といえます。ここでは、キンメツゲのペンギンのトピアリーがポイントになり、足元にはクリスマスローズ、ギボウシなどの宿根性の草花が四季の彩りを与えてくれます。

カシワバアジサイ　　ベニバスモモ幹の部分

ツワブキ

キンメツゲトピアリー　　クリスマスローズ、ギボウシ、オダマキ、ヘメロカリス、他

※宿根性の草花は落葉性が多いので、冬場のシーンを考えながら常緑性との組み合わせなど、落葉時の冬場に対する何らかの演出にも配慮が必要になります

3.4 ナチュラル系の門廻りの植栽

> **POINT**
> ◆ナチュラルテイストにつながる植栽の考え方とは？
> ◆落葉・常緑の割合は7～8：3～2位が基本的目安

　ナチュラル系の建物やエクステリアはカテゴリー的にはソフトな雰囲気を軸に、多少モダン系、カジュアル系的な要素も兼ね備えていますが、基本的な特長は、言語イメージとしては自然な、温もりのある、のどかな、さわやかな…他、デザインとしては自由曲線、直線、非整形的、ラフ、ランダム、ナチュラル感…他、素材的には植物の多用、石、材木などの自然素材が中心、色彩計画としては低明度、低彩度、ダークトーン、色ムラ…他、テクスチュア的にはさらさら、ふわふわ、ひらひら…他などがあげられます。

　植栽計画においても、建物の持つイメージの若干の違いに合わせて全体の樹木の種類や緑量感に配慮することが大事といえますが、基本的にはモダン系、カジュアル系の中間領域としての位置付けで構わないといえます。

- 樹木の量は基本的には多く、自然樹形の雑木が中心となり、落葉樹と常緑樹の割合は7～8：3～2位が望ましいです。
- カラーリーフ系の植物は極力抑えて、四季の移ろいを新緑、紅・黄葉、実の色などで感じさせ、庭のなかの彩りの変化を考えます。
- 花の色を含め、あまりカラフルな彩りは避け、落ち着いた雰囲気のなかでのポイント的な色彩効果を狙います。

中～高木	低木～グランドカバー
コナラ、クヌギ、モミジ・カエデ類、シャラ、ヤマボウシ、クロモジ、マンサク、マユミ、ニシキギ、ミツバツツジ、オオデマリ、アラカシ、ソヨゴ、ヤブツバキ、イヌツゲ、カクレミノ	ハギ、トウダンツツジ、シモツケ、レンギョウ、ヒュウガミズキ、カンツバキ"シシガシラ"、センリョウ、マンリョウ、ハラン、オモト、シダ類、クマザサ、コグマザサ、杉苔

1 事例——開放感のある雰囲気のアプローチ

　モダン和風の建物で、アプローチから玄関に向かってパーゴラ部分からの導入となります。森の中の建物のイメージということで、ドイツトウヒ、メタセコイアなどの常緑・落葉針葉樹をやや多めに配しています。アプローチ周辺は開放感のある雰囲気とするために、カツラなどの落葉樹とシンボルツリーとしてシマトネリコのみを配しています。

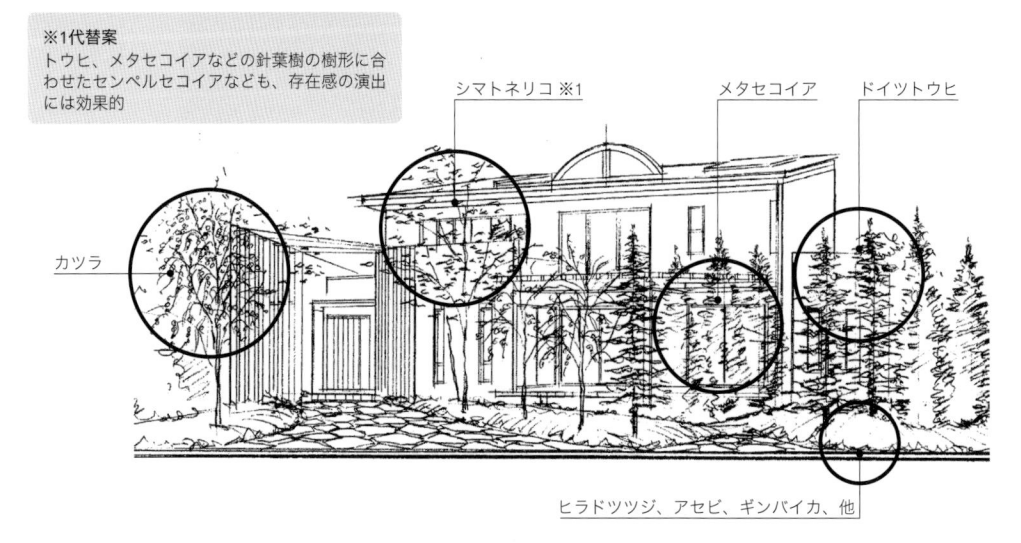

※1 代替案
トウヒ、メタセコイアなどの針葉樹の樹形に合わせたセンペルセコイアなども、存在感の演出には効果的

カツラ　　シマトネリコ ※1　　メタセコイア　　ドイツトウヒ

ヒラドツツジ、アセビ、ギンバイカ、他

第3章　部位別植栽の考え方

② 事例──余裕のスペースでリッチな雰囲気に

　縦格子の扉のあるすっきりとした塀門タイプで、前面部にゆとりのある門廻りです。道路から敷地が斜面のため、建物は少し見えにくいのですが、何よりも緑豊かな自然の中の建物といえます。イロハモミジ、コナラ、アラカシなどの樹木の緑量感、余裕のあるスペースがシンプルな中にリッチな雰囲気を醸し出しています。

※1代替案
雑木林風の植栽計画でまとめられています。樹種を多少変えるくらいで、特に全体イメージを変えない限り、代替案は不要といえます

イロハモミジ、コナラ、アラカシ、他 ※1

トガ"ツガ"

コグマザサ

コグマザサ

③ 事例──足元の植物で季節感を演出

　大屋根を持つモダン和風の建物で、車庫ゲートの横に門廻りが隣接しています。比較的広い植込みスペースですので、ケヤキ株立を3本組とし、緑量感を持たせています。足元はヒラドツツジ、ユキヤナギ、レンギョウなどの大刈込みとし、季節感を演出しています。

ケヤキ株立 ※1

ヒラドツツジ、ユキヤナギ、レンギョウ、他 ※2

※1代替案
常緑樹であれば、かなりボリューム感のあるクスノキの自然樹形を単植するか、センペルセコイア、モミなどの針葉樹の3本組
落葉樹であれば、シラカンバ、ピンオークなどケヤキより樹冠が拡がらない樹種を5〜7本組

※2代替案
よりシンプルでモダンな雰囲気を強調するのであれば、できるだけ単一樹種(ヒラドツツジのみとかヘデラヘリックスなど)の寄植も効果的

01 門廻り

3.5 フォーマル系の門廻りの植栽

> **POINT**
> ◆フォーマルテイストにつながる植栽の考え方とは？
> ◆基本的には、刈込み主体の樹木構成での展開

　フォーマル系の建物やエクステリアを構成する基本的な特長は、言語イメージとしては整然とした、オーソドックス、カチっとした、しっかりとした…他、デザインとしては直線、整形的、シンメトリー、規則性…他、素材的にはコンクリート系や金属系の人工素材が中心、植物の量、種類はモダン系よりは多いがさほど多くはない…他、色彩計画としては低明度、暗い色、無彩色…他、テクスチュア的にはモダン系にやや近い、ツルっとしている、スベスベしているから、多少重厚感を感じさせるゴツゴツ、ゴワゴワ…他があげられます。

　植栽計画においても、基本は建物やエクステリアと一体感のある植栽が望まれますが、人為的に仕立てたり剪定された、いわゆる「仕立物」といわれる門冠りのマツ、マキなどを中心に構成される場合もあります。

- 自然樹形の樹木でも比較的幹や枝のしっかりとした常緑樹をメインに展開していき、幹肌、葉の大小、形などの異なる常緑、落葉の組み合わせで構成します。
- 全体はナチュラル感よりも、多少人為的に刈込み、剪定された樹木による構成でまとめていきますので、自然樹形の持つ良さは前面には出しにくい面もあります。
- 低木、グランドカバーなども比較的種類は少なくして刈込みタイプが基本ですので、草花、宿根草は極力抑え気味となります。

中～高木	低木～グランドカバー
マツ、マキ、ヒイラギ（仕立物）、クロガネモチ、モッコク、カシ類、ツバキ、サザンカ、ヤマモモ、サルスベリ、モミジ・カエデ類、ウメ、ハナカイドウザクラ	サツキ・ツツジ類、ツゲ、レンギョウ、ユキヤナギ、シャリンバイ、クチナシ、カンツバキ"シシガシラ"、アセビ、ヒイラギナンテン

1　事例――樹木構成は柔らかい円形のフォルム

　寄棟の落ち着いた色の外壁を持つ洋風テイストのある建物で、門や塀も建物と同じ仕様でまとめられています。門廻りのヒイラギの仕立物もマツよりは整形的な刈込みができますし、全体の樹木がほぼ柔らかい円形のフォルムで構成されています。道路面の低木もほぼ直線的な形でツゲが刈込まれています。

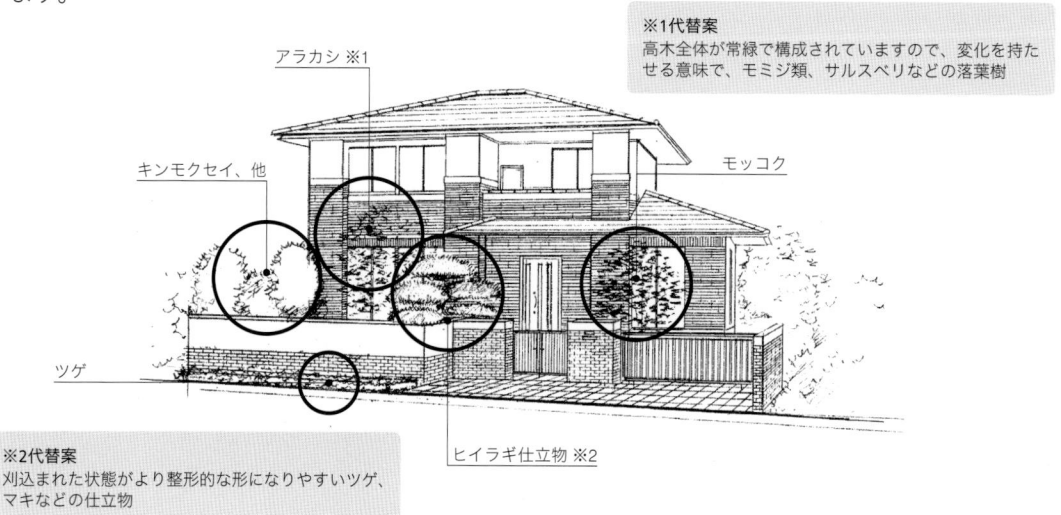

※1代替案
高木全体が常緑で構成されていますので、変化を持たせる意味で、モミジ類、サルスベリなどの落葉樹

アラカシ ※1
キンモクセイ、他
モッコク
ツゲ
ヒイラギ仕立物 ※2

※2代替案
刈込まれた状態がより整形的な形になりやすいツゲ、マキなどの仕立物

第3章　部位別植栽の考え方

② 事例──典型的な仕立物の構成で剪定の美しさをみせる

門冠りとしてマキを配し、隣接するモチノキも仕立物としての形状で和風住宅に見られた典型的な仕立物を中心とした樹木構成といえます。自然樹形の樹木と違って、毎年の手入れは当然必要になりますが、きれいに剪定された状態は美しさを感じさせてくれます。

キタヤマダイスギ

ノムラモミジ ※3

※2代替案
門の左に常緑のマキがありますので、幹の太いサルスベリ、ウメなどの落葉樹でバランスを取ることもあります

クロガネモチ ※2

マキ ※1

※3代替案
位置的には落葉樹となりますし、ノムラモミジは比較的自然樹形のままでも使えますが、ウメ、シダレモミジなど樹形や幹に特長があるものも効果的

※1代替案
門冠りとしては当然のことながらマツの選択肢もあります

③ 事例──おおらかな仕立で多様な樹種もなじみやすく

切妻の屋根ですが、ベランダ形状など多少モダンな側面を持つ建物に合わせ、外周の塀も同系色の色でまとめられているクローズ外構です。

植栽もツゲの仕立物はありますが、あまり細かい仕立ではなく、大きな固まりで剪定されていますので、他のモミジやシラカシともあまり違和感なく全体の雰囲気に溶け込んでいます。

ヤマモモ

シダレモミジ

イロハモミジ ※1

ツゲ仕立物

シラカシ株立 ※2

※2代替案
落葉樹であれば、スペース的にも適応しやすいスリムなヒメシャラ株立、エゴ株立などがあげられます

※1代替案
落葉樹であれば、メインツリーとしての存在感をより強調する場合は、コブシ株立、ヤマザクラ株立などがあげられます
常緑樹であれば、モチの自然樹形、ヒメユズリハ、マテバシイなどの株立樹

3.6 シャッターゲート、アーチ門等が隣接する門廻りの植栽

POINT
◆高さの異なる壁面の段差解消には樹木は効果的アイテム
◆水平ラインと樹木の持つ垂直ラインとの組み合わせ

　エクステリア計画において、シャッターゲート、アーチ門、化粧梁等が隣接する門廻りにおいて、敷地と道路に一定の高低差（H1.2～1.5m以上）がある場合は、門廻りの位置を敷地設計GLに近いところで考えることもできますが、高低差があまりない場合などは、門柱壁面や門扉が隣接したシャッターゲート、アーチ門等との壁面の高さの落差を解消してバランスの良い壁面構成が必要となり、樹木による壁面処理や、壁の段差の解消の効果的演出が大事といえます。

　巻き上げ式シャッターゲート（全高H2.7～2.9m程度）、折戸式ゲート（全高H2.3m程度）に対して、門柱壁の一般的高さはH1.4～1.6m位ですので、隣接する場合は、ゲートとの段差が1.0～1.5m程度は生じます。植込み位置の高さにもよりますが、少なくとも高さが3.0～4.0m位の高木植栽との組み合わせが必要といえます。

① **事例——垂直感のあるデザイン**

　シャッターゲートにH鋼を組み合わせたデザインです。アーチ門をシャッターボックス天端（または下端）に合わせることにより、すっきりと横のデザインが強調されていますので、樹木は垂直感を感じさせるものか、植込みスペースに余裕があれば、すっきりとした株立の落葉樹にも対応できます。

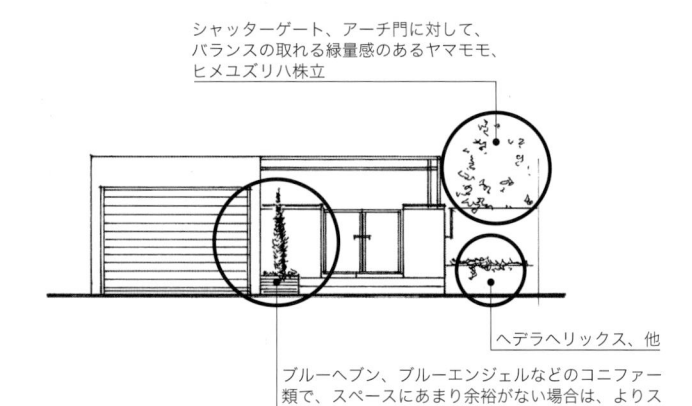

　　シャッターゲート、アーチ門に対して、バランスの取れる緑量感のあるヤマモモ、ヒメユズリハ株立
　　ヘデラヘリックス、他
　　ブルーヘブン、ブルーエンジェルなどのコニファー類で、スペースにあまり余裕がない場合は、よりスリムなスカイロケットまたはチャボヒバ

② **事例——門壁の高さを解消する**

　シャッターゲートに隣接する門壁の幅に余裕を持たせることにより、シャッターと門壁の高さの解消のための高木植栽スペースが確保できます。塀との奥行感を演出したりするのには比較的広い植込みスペースですので、株立のヤマボウシなどの落葉高木が適しています。

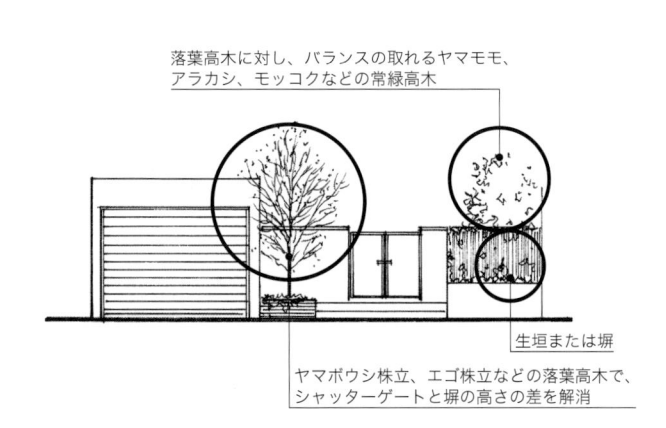

　　落葉高木に対し、バランスの取れるヤマモモ、アラカシ、モッコクなどの常緑高木
　　生垣または塀
　　ヤマボウシ株立、エゴ株立などの落葉高木で、シャッターゲートと塀の高さの差を解消

③ 事例──背後に高木を配し、空間のつながりをみせる

　門廻りの後ろにトウヒなどの高木植栽を配しているケースです。シャッターゲートと角柱との間は大きめのスリットか柱建てのような感じで、樹木が見えるような処理により、空間としてのつながりが出てきますので、より望ましいといえます。

モミ、トウヒなどのシンボリックな常緑針葉樹、またはヤマボウシ、エゴなどの株立の落葉高木

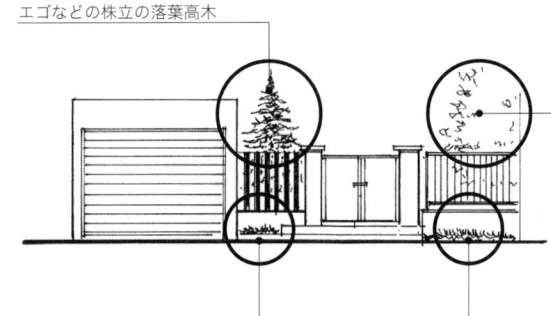

シャッター横の樹木が常緑樹であれば、エゴ、ヤマボウシなどの落葉樹で、落葉であれば、ヤマモモ、ヒメユズリハなどの株立で緑量感が欲しいところです

足元はできるだけすっきりした感じのヒペリカムカリシナム、セイヨウイワナンテン、ヘデラ類などで低くおさえる

④ 事例──仕立物を中心に

ツゲ（仕立物）　マツ（門冠り）
サツキ　アセビ（凡天仕立）

　冠瓦を載せただけのシンプルな和風の塀門タイプの門廻りです。高さも2m近くありますので、門冠りのマツや仕立物のツゲ、軽く刈り込まれたアセビなどを中心に構成しています。足元はすっきりと整形的に刈込まれたサツキを配しています。

⑤ 事例──足元にボリューム感を出す

ゴールドクレスト
カイヅカイブキ

　シャッターボックス下部から伸びるタイル貼の化粧梁の横のきれいに刈込まれたゴールドクレストやカイヅカイブキのボリューム感が心地良いバランス感を演出しています。

⑥ 事例──樹木のボリューム感を演出

シャッターゲートに隣接した陸屋根タイプの門廻りです。

左側の植込みスペースを高くすることで、樹木のボリューム感を強めていますし、門扉奥の緑量感のあるレイランディーが存在感を演出しています。

ヤマボウシ株立／レイランディー／オタフクナンテン、サツキ

⑦ 事例──存在感のあるメインツリー

車庫に隣接する陸屋根タイプの門廻りで、屋根のスラブの一部をくり抜いてメインツリーとしての存在感のあるエゴ株立が印象的です。足元にはヒペリカム、ハイビャクシンなどが配されています。

エゴ株立／ヒペリカムカリシナム、ハイビャクシン

⑧ 事例──個性的な門には緑量感で対応

やや大きめに突出して見える三角形の鉄骨アーチ門ですが、左サイドのアラカシ、ヤマモモの緑量感により一定のバランスを保てていると思われます。

アラカシ、ヤマモモ

第3章 部位別植栽の考え方

01 門廻り

⑨ 事例──緑のラインを活かす

　鉄骨造によるシャッターゲート、門廻りが一体化されたエクステリアです。

　水平、垂直ラインが強調されるなか、スカイロケットの縦のラインがさらに効果的な演出につながっています。

ハナズオウ　スカイロケット　ヤマモモ　サツキ

⑩ 事例──コンクリートを緑量感で覆う

　個性的な形を持つRC壁の門廻りです。コンクリートの無機質な部分と背景のレイランディーなどの濃い緑と緑量感が奇妙なバランス感を演出しています。

レイランディー　エメラルド

⑪ 事例──コニファーで一体感を出す

　RC造の円柱の上部に木製の化粧梁という形状の門廻りです。

　階段部から玄関部分への目隠しとしてのエメラルドや、建物側のレイランディーのコニファーで一体感を演出しています。

レイランディー　エメラルド

3.7 和風門廻りの植栽——腕木門、数寄屋門等

POINT
◆植栽計画は仕立物または雑木林風植栽に大別
◆きれいに手入れされたマツなどの仕立物も捨てがたい魅力？

　冠木門(かぶき)、腕木門(うでき)および形状が類する和のテイストを持つ屋根付門のことを総称して和風門とか数寄屋門と呼びます。以前は、和風住宅などでは良く見かけられましたが、最近はさまざまなイメージの外観を持つ建物が増えたこともあり少なくなっています。しかし、日本古来の和風住宅の門廻り周辺の植栽知識の基本的な考え方は必要といえます。

1 和風門の種類

　和風門の一般的寸法は、袖壁や屋根の長さなどにもよりますが、全体の長さは少なくとも2,400～4,800mm位はあり、通用口、車庫スペース等を併設している場合などはかなりの長さになり、また、屋根の幅も1,200～1,800mmは出てきますし、高さも2,400～2,800mmにはなります。和風門設置の場合は、基本的にはクローズ外構となりますので、隣接する瓦塀や板塀等近辺の処理も含め、植栽の考え方としてはシャッターゲート、アーチ門に類するところも多いといえます。

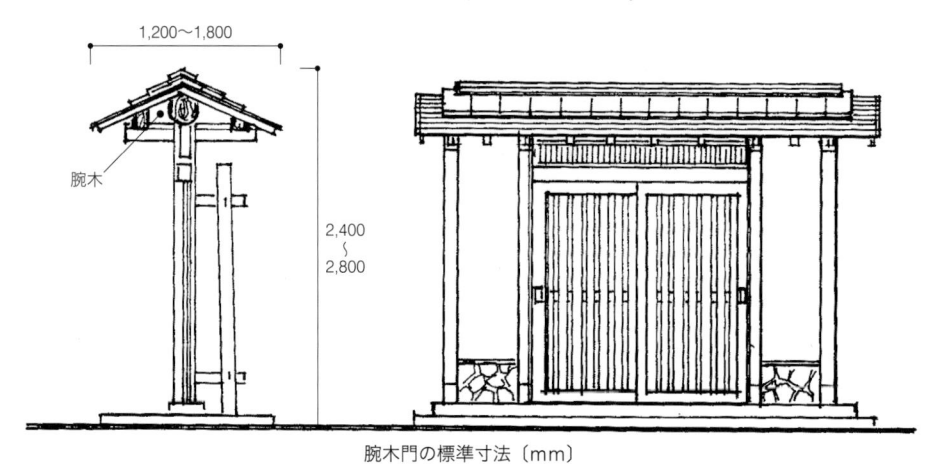

腕木門の標準寸法〔mm〕

2 和風門廻りの植栽の考え方

　植栽の考え方として大別すれば、マツ、マキ、ダイスギ、モチノキ、ウメなどを人為的に仕立てた形の「仕立物」中心の構成と、コナラ、シャラ、モミジ、カシ、ソヨゴなどの雑木類の自然樹形中心の植栽計画に分かれます。

　建物や和風門の形状等にもよりますが、庭木の王者ともいわれるクロマツやダイスギなどの仕立物中心で構成し、門冠りや周辺に配することにより醸し出される和風建築、和風門周辺の風格は、樹木の刈込み、剪定等のメンテナンスが大変とはいえ、捨てがたいものといえます。

　建物のイメージが数寄屋門風であったり、多少モダン和風のテイストを感じさせられるような場合は、自然樹形中心で全体を雑木林風の雰囲気でまとめることにより、マツとかマキなどの持つ一本一本の樹木の持つ付加価値ではなく、樹木全体での一体感や雰囲気の演出効果を望めます。多少モダンテイストを持つ場合などは、量はそんなには必要ではありませんので、アオダモ、モミジなど幹の形状や樹形に特長のある樹種で、高さもできれば$H4.0～5.0m$位のものをポイント的に配するのも効果的といえます。

第3章 部位別植栽の考え方

01 門廻り

①事例──自然樹形でシンプルな構成

建物の屋根を利用したシンプルな雰囲気のイメージに沿い、自然樹形のすっきりした株立のエゴをメインツリーとしていますが、ヤマボウシや幹の面白い形のアオダモなどでも対応できます。

(写真ラベル：エゴ株立、サツキ寄植)

②事例──仕立物と自然樹形でバランスを

和風門の背景には縦のラインを強調したキタヤマダイスギを配し、左の植込みスペースにはボリューム感のあるヤマボウシでバランスを取っています。ヤマボウシの代替品としては、株立状のサルスベリなどもあげられます。

(写真ラベル：キタヤマダイスギ、ヤマボウシ)

③事例──仕立物をメインに

重厚感のある和風門と築地塀で高さ5m位はあるイトヒバの仕立物がメインで、全体をツゲ、ウメなどで構成されています。和風門の後方にボリューム感のある樹木が欲しいところです。

(写真ラベル：ツゲ、イトヒバ)

02 アプローチ・階段スペース

3.8 アプローチデザインのパターン別植栽—直線、S字、クランク

> **POINT**
> ◆各パターンの形状から見えてくる視覚的要素とは?
> ◆ポーチから門廻りを見た「見返り」のシーンにも配慮

「アプローチ」とは一般的には門廻りから玄関ポーチまでの園路(通路)の部分をいいます。クローズ外構の場合は、アプローチという部分が比較的明瞭に判断できますが、オープン外構の場合は、扉もなく機能門柱(表札、ポスト、カメラホーン等の門廻りの機能を集約した壁面に類するもの)の設置位置がカースペース等に組み込まれたりしていて、明確な領域設定がわかりにくい場合もありますが、玄関までの人の動線スペースをアプローチ空間として位置付けています。

アプローチの考え方のなかには、「短い距離をいかに長く感じさせるか」「長い距離をいかに短く感じさせるか」や、門廻りと玄関までの奥行感をどう感じさせるかなどにおいて植栽計画による効果的な演出に寄与する部分も多くあります。また、アプローチはメイン通路ですので、歩行性と同時に安全性も求められる部分ですので、刺のある植物やとがった葉を持つ植物などはできるだけ避ける必要があります。

基本的には門廻りから玄関まで「直線」「S字」「クランク(直角)」の三つのパターンを主としての組み合わせが一般的ですし、門廻りから玄関までの距離(長さ)も南側、北側道路等の接道している状況によっても変わりますので、状況に応じた植栽計画が必要といえます。

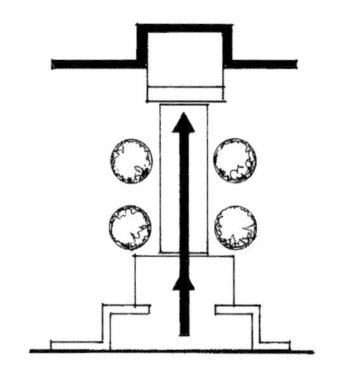

1 直線パターン

門廻りから玄関ポーチまでのアプローチが直線の場合は、デザイン的には単調になりがちといえます。アプローチの距離(長さ)にもよりますが、両サイドにツゲ、サツキなどの玉物をリズミカルに配したり、視線上に奥行感を感じさせるような樹木を配したり、中間点位に少し広いスペースと樹木を効果的に配することが必要となります。

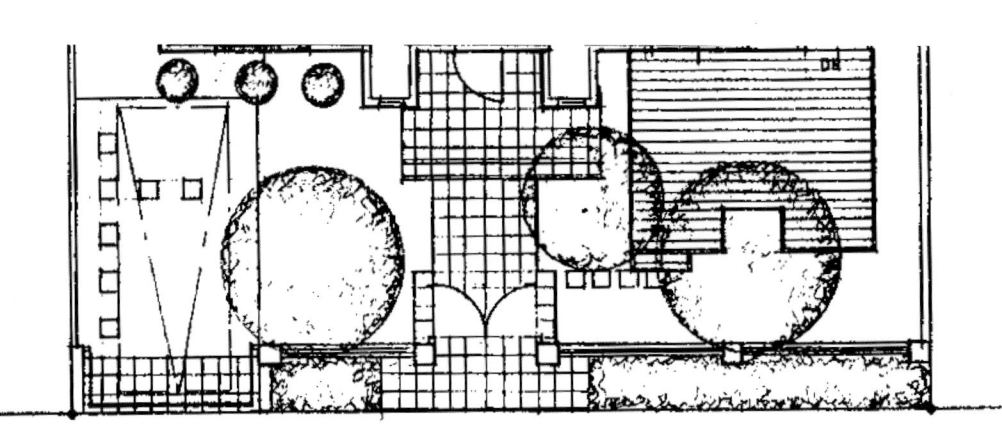

02 アプローチ・階段スペース

タマツゲまたはタマイブキ H0.4 W0.4
（高さがもう少し欲しい場合は、ツゲ凡天仕立物 H0.6、コノテヒバ H0.8、他）

クサツゲ、オタフクナンテン等の整形的な寄植

ヘデラヘリックス、ヤブラン、草花類、他

門廻り周辺樹木

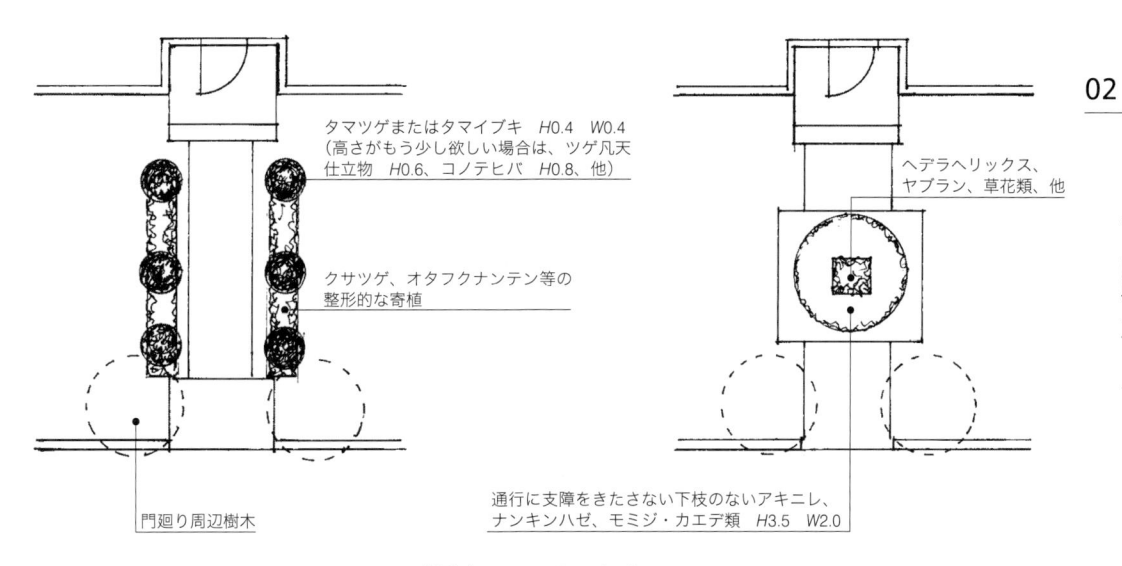

通行に支障をきたさない下枝のないアキニレ、ナンキンハゼ、モミジ・カエデ類 H3.5 W2.0

整形式フォーマルテイスト

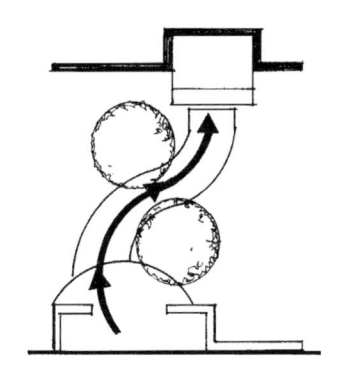

2　S字パターン

柔らかなエレガントな雰囲気のアプローチとなりますので、動線上のポイントをおさえた植栽が望まれます。クランク（直角）ほどではありませんが、建物内部へのアイストップ的要素と柔らかさを兼ね備えたエゴ、ヤマボウシなどの落葉樹主体で、あまり枝葉が通行の邪魔にならないことも大事といえます。

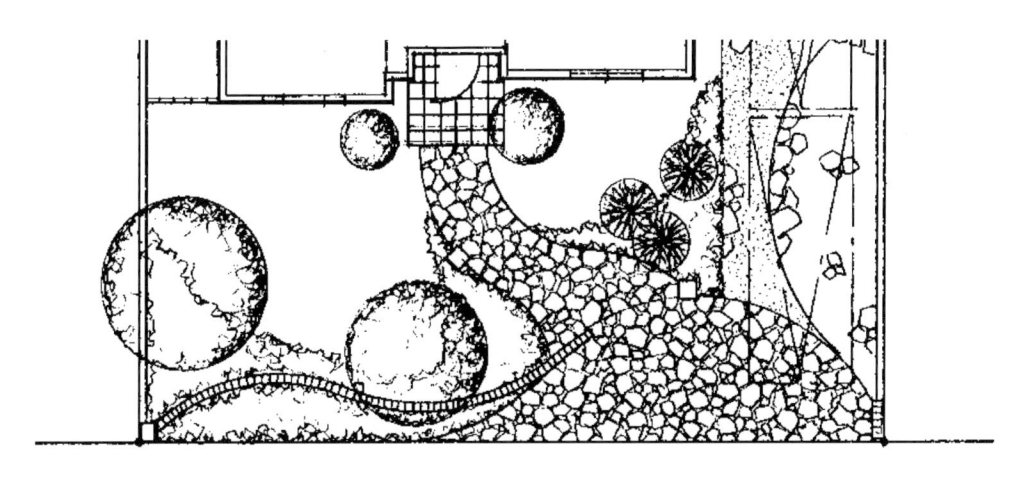

【カジュアルテイスト 図中ラベル】
- アイストップとしてのヤマボウシ、エゴなどの落葉、常緑であればシマトネリコ H3.0 W1.0
- マクラギ、石貼など土間に変化を持たせる
- ヒメユズリハ、マテバシイなどの常緑株立樹 H3.0 W1.0
- 門廻り周辺樹木
- ヒペリカム、セイヨウイワナンテン、他グランドカバー寄植

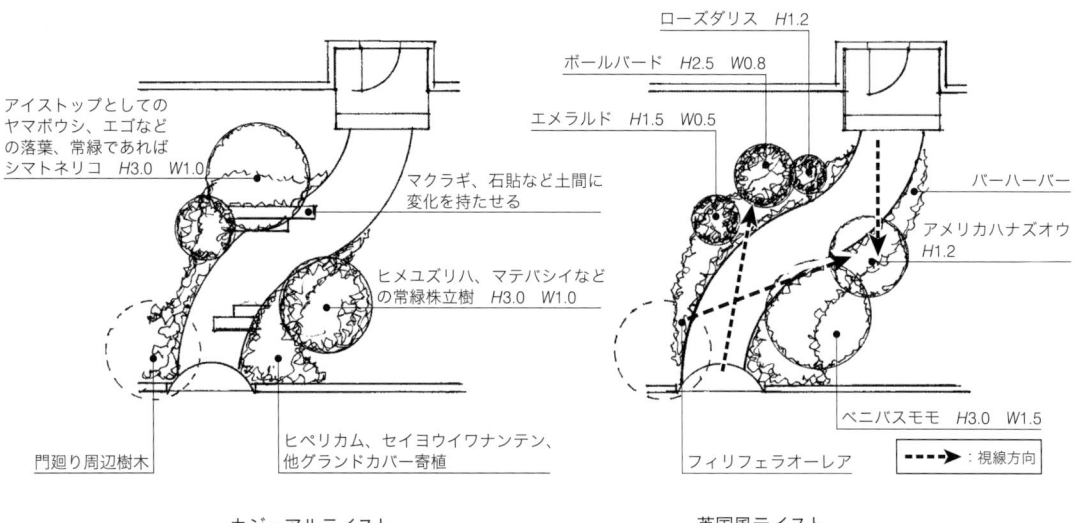

カジュアルテイスト

【英国風テイスト 図中ラベル】
- ローズダリス H1.2
- ボールバード H2.5 W0.8
- エメラルド H1.5 W0.5
- バーハーバー
- アメリカハナズオウ H1.2
- ベニバスモモ H3.0 W1.5
- フィリフェラオーレア
- ･･･▶ ：視線方向

英国風テイスト

3　クランク（直角）パターン

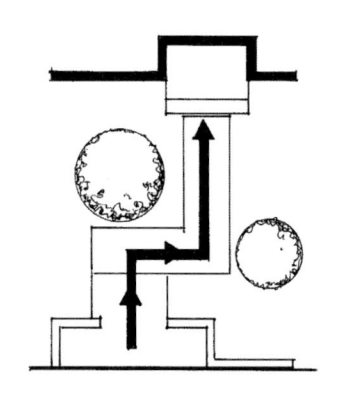

　直線で構成されているために、少し堅い感じのあるフォーマルな整然としたアプローチですので、樹木は少し量感のあるヤマモモ、モッコクなどの常緑樹が主体となりますが、株立のしっかりとした落葉樹でも対応可能といえます。

　多少、和のテイストが強くなりますが、アイストップを兼ねた部分に景石と組み合わせたマツ、マキなどの仕立物も適しています。

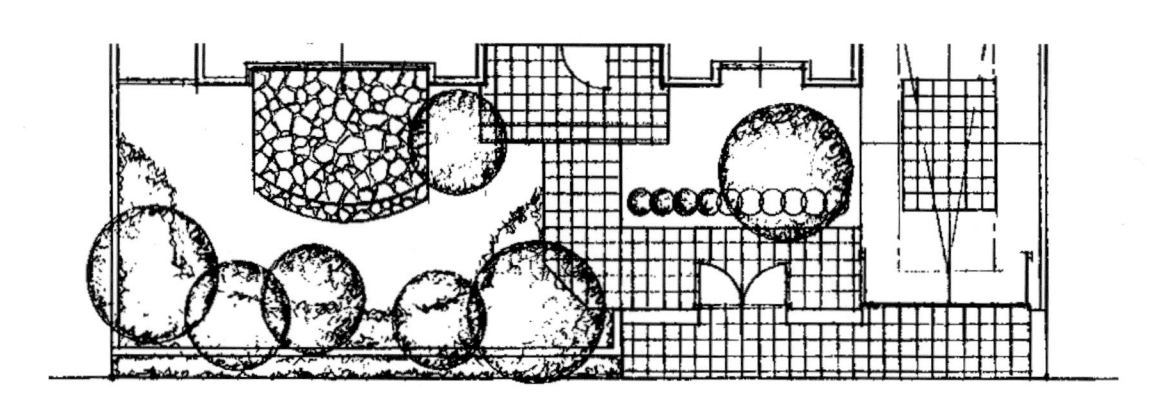

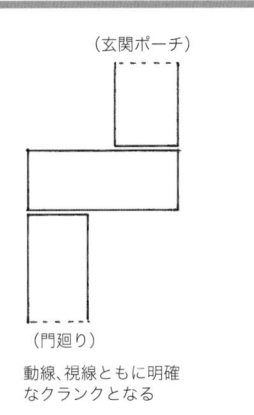

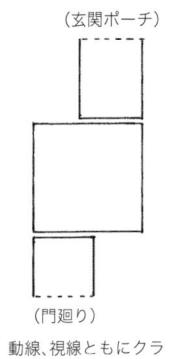

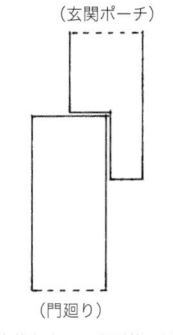

第3章 部位別植栽の考え方

02 アプローチ・階段スペース

（玄関ポーチ）　　　　（玄関ポーチ）　　　　（玄関ポーチ）

（門廻り）　　　　　　（門廻り）　　　　　　（門廻り）

動線、視線ともに明確　動線、視線ともにクラ　基本的なクランク形状ではあ
なクランクとなる　　　ンクとなる　　　　　　るが、多少斜め曲りの動線

クランクパターン事例

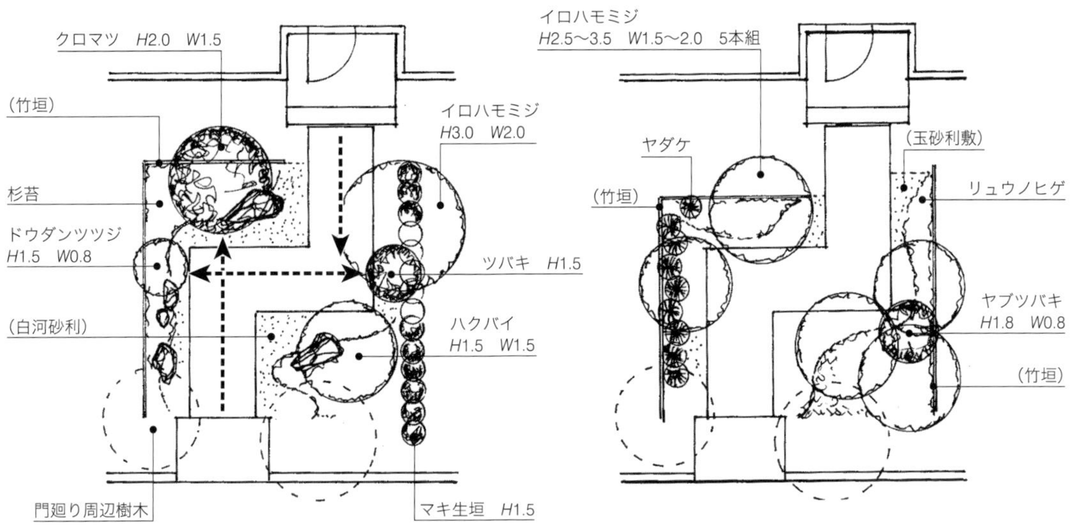

クロマツ H2.0 W1.5
（竹垣）
杉苔
ドウダンツツジ H1.5 W0.8
（白河砂利）
門廻り周辺樹木
イロハモミジ H3.0 W2.0
ツバキ H1.5
ハクバイ H1.5 W1.5
マキ生垣 H1.5

和風テイスト

イロハモミジ H2.5〜3.5 W1.5〜2.0 5本組
ヤダケ
（竹垣）
（玉砂利敷）
リュウノヒゲ
ヤブツバキ H1.8 W0.8
（竹垣）

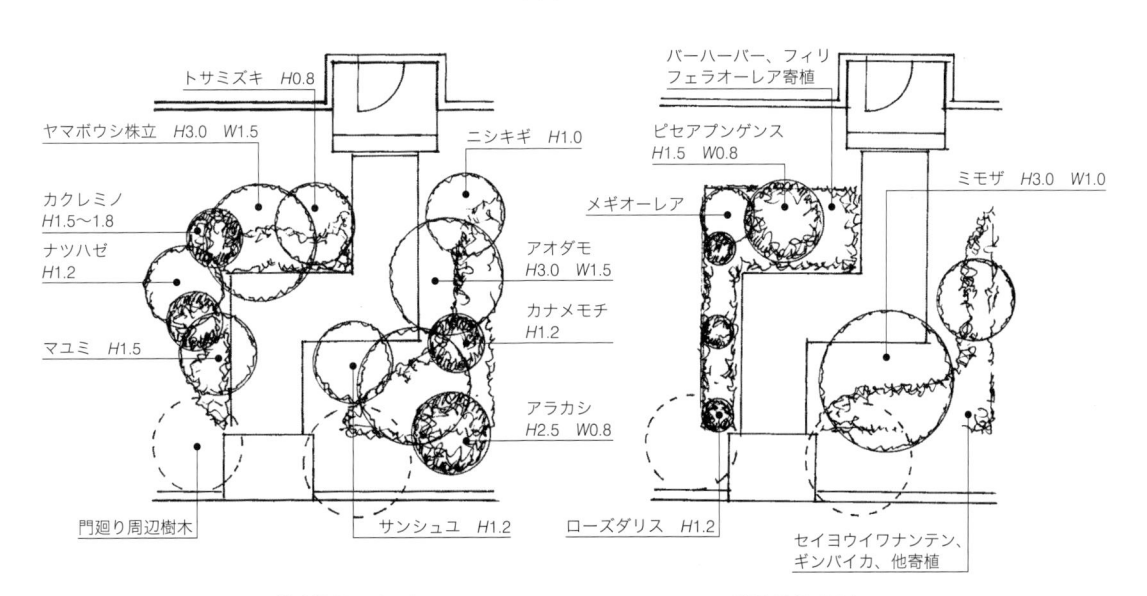

トサミズキ H0.8
ヤマボウシ株立 H3.0 W1.5
カクレミノ H1.5〜1.8
ナツハゼ H1.2
マユミ H1.5
門廻り周辺樹木
ニシキギ H1.0
アオダモ H3.0 W1.5
カナメモチ H1.2
アラカシ H2.5 W0.8
サンシュユ H1.2

雑木林風テイスト

バーハーバー、フィリ
フェラオーレア寄植
ピセアプンゲンス H1.5 W0.8
メギオーレア
ミモザ H3.0 W1.0
ローズダリス H1.2
セイヨウイワナンテン、ギンバイカ、他寄植

南欧風テイスト

3.9 階段スペース等の植栽

> **POINT**
> ◆少し工夫のある階段スペースの緑の演出とは?
> ◆照明や誘導灯との効果的な組み合わせもポイント

　階段部や階段側壁周辺も、少しの工夫で効果的な植栽演出が可能な部分といえます。本来は階段部分には手すりや照明等を含め、いかに安全に昇り降りできるかということが大事であることは言うまでもありませんが、踏面部分の一部や側壁サイドに少しの緑があるだけで、雰囲気も大きく変わりますし、単調な階段がデザイン的にも変化を与えてくれます。最近は、階段やアプローチ部分に配管配線等の不要な蓄光式の埋込みライトも多く用いられていますので、夜間の照明効果と植物の組み合わせなども効果的な演出をしてくれます。

　植栽スペースとしては、踏面の幅(平均的に300 mm)を考えれば、歩行に支障をきたさないということが前提ですので、植込み幅や植物の種類の選択には注意が必要といえます。

　階段やアプローチを歩くたびに、踏まれて香りを放つペニーロイヤルミントなどのミント系や、ローズマリー等の芳香性のある植物を配することで、癒しの階段にもなります。高低差のかなりある宅地の階段側壁は、両サイドからかなりの圧迫感、威圧感を感じますので、壁面にヘデラ、トケイソウなどの蔓性植物を這わしたり、トレリス等による壁面緑化の考え方も必要になるといえます。

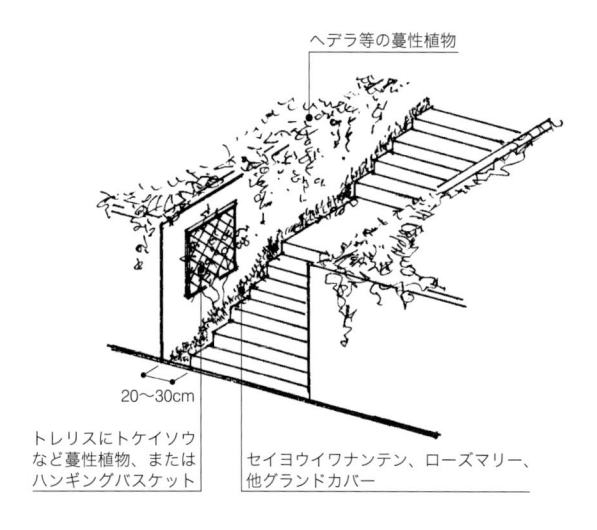

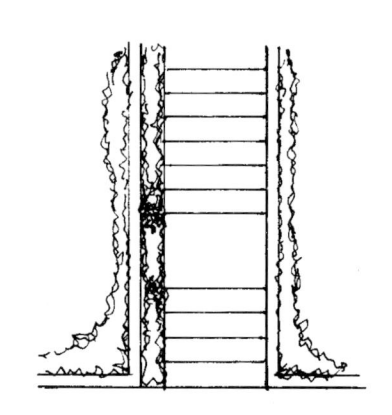

ヘデラ等の蔓性植物

20〜30cm
トレリスにトケイソウなど蔓性植物、またはハンギングバスケット
セイヨウイワナンテン、ローズマリー、他グランドカバー

高さのある階段側壁

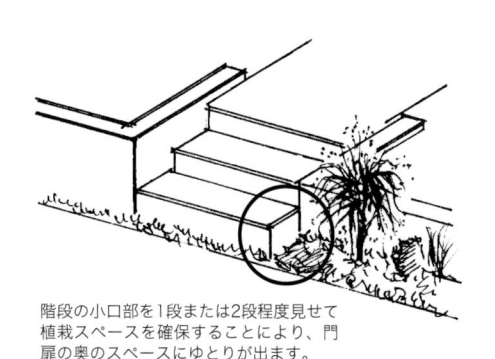

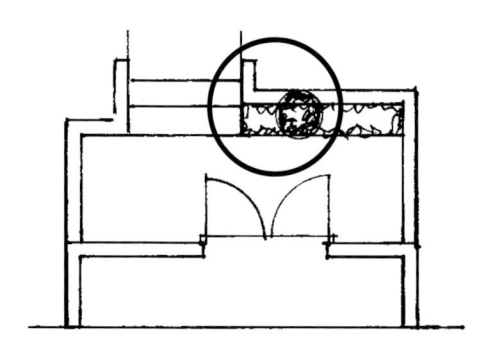

階段の小口部を1段または2段程度見せて植栽スペースを確保することにより、門扉の奥のスペースにゆとりが出ます。

階段小口部処理

第3章　部位別植栽の考え方

02 アプローチ・階段スペース

ヒラドツツジ寄植

スティパ(オーナメントグラス)

1　事例——オーナメントグラスでリズミカルに

階段の側面を傾斜に合わせた低い土留をし、両サイドにヒラドツツジの植込みがなされています。

階段と土留の狭いスペースですが、オーナメントグラスを交互に植込むことにより、動きのあるリズミカルな楽しい階段スペースに仕上っています。

コンテナ寄植

リュウノヒゲ

2　事例——リュウノヒゲで安全面も考慮

階段の蹴上げと踏面との取り合いのところに7〜8cmのスペースをつくり、リュウノヒゲを植込んでいます。意匠的にも変化を与えてくれますが、階段の昇り降りの安全面からわかりやすいという効果もあります。

また、コンテナなどの鉢物をポイント的に扱うことも大事といえます。

ヤマモモ、サツキ寄植、ツゲ玉物

シャラ株立、サツキ寄植

3　事例——階段の両サイドをゆとりある空間に

階段の蹴上げを少し低く抑えて両サイドの法面を緩やかにし、両サイドに余裕のある植栽スペースをつくっています。

ヤマモモやシャラなどの高木を両サイドに配しても、ゆとりのある空間が生まれていますし、斜めに刈込まれたサツキの寄植が足元をすっきりと引き締めています。

03 垣・塀・フェンス等
3.10 生垣の種類と利用法

POINT
◆生垣の用途、高さ別に適している樹種とは？
◆生垣の植込み場所と刈込み作業性は要チェック

　生垣は植物を使った塀の一つとして位置付けられますが、ブロック塀や金属製のフェンスなどとは異なり、植物の持つナチュラル感や柔らかさと、幹、葉、花などの持つさまざまなフォルム、色彩、四季の変化などから生き生きとし、人の目にも優しい緑豊かな印象を与えてくれます。
　また、生垣は用途や植栽場所に合わせ樹種の選択や植付間隔が異なったり、樹種により曲線を持たせたり、出面を変えたりデザイン的な刈込み形状もできますので、単に塀という壁面処理以外への対応も可能といえます。

1　生垣の用途、高さと適合樹種

　生垣の用途は一般的には塀と同じく境界（官、民）の明示化や、プライバシーを守るための目隠しや、人の侵入を防ぐための防犯面等があげられます。生垣に使われる樹種により異なりますが、樹木は自然に放置すればある一定の高さ（例えば、カシなどの高木であれば15～20m以上）になりますが、剪定などで枝葉を切り詰めることにより高さのコントロールができ、カシでも1m前後から2～3mの高さの生垣まで対応可能といえます。

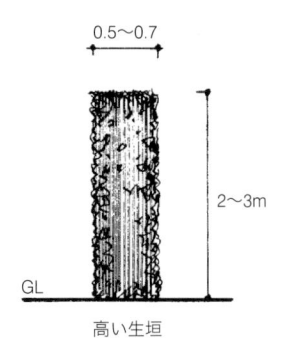

高い生垣（幅 0.5～0.7、高さ 2～3m）

シラカシ、アラカシ、ヒマラヤスギ、サンゴジュ、シイノキ、ヒバ類、レイランディー、イヌマキ

［利用場所例］
・隣地側開口部等に対しての完全な目隠し
・坪庭部分の隣地側目隠し
・敷地内の物置、洗濯干場などへの目隠し

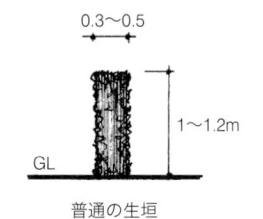

普通の生垣（幅 0.3～0.5、高さ 1～1.2m）

ヒイラギモクセイ、プリペット、レッドロビン、サザンカ、シラカシ、アラカシ、キンメツゲ

［利用場所例］
・道路面、隣地側の境界
・敷地内、アプローチとデッキ、テラス、庭との区切り

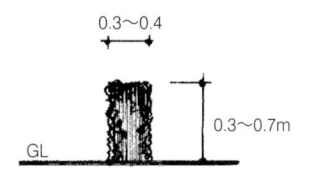

低い生垣（幅 0.3～0.4、高さ 0.3～0.7m）

スドウツゲ、ドウダンツツジ、ハクチョウゲ、アベリア、クチナシ

［利用場所例］
・アプローチ両サイドへの植込み

生垣（高さ別）と適合樹種

2　生垣のデザイン処理

　生垣の高さと葉の大きさのバランス感は、一般的には葉が大きいほど高さにも対応できるといえますし、低い生垣ほど葉が小さい方が違和感は少ないといえます。広葉樹形であれば葉が小さい樹種ほど低い生垣に対応できるとともに、アールやスリットなどをデザイン的に処理した生垣に向いているといえます。

　生垣は刈込めば刈込むほどきれいですので、葉が小さければ小さいほど葉の切り跡が目立ちにくいといえます。針葉樹の場合は、葉が針状、鱗片状の小さな葉の集団ですので、刈込んだ後は葉の切り跡も目立ちにくく、高い生垣までの対応が可能といえます。

トピアリー感覚で生垣にもさまざまなデザインを楽しむことができます

高さ0.6～1.2m位の大刈込み仕立の起伏を持たせ、生垣としての役割も兼ねています。種類の異なる花木を混植することにより、季節感の演出も可能です

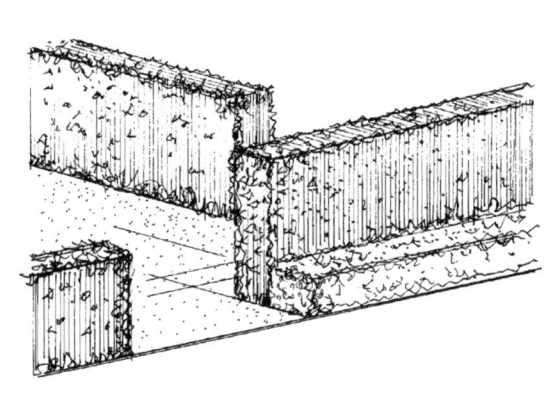

生垣の高さ、方向性、樹木の種類に変化を持たせることにより、景（景色）を楽しむことができます

生垣の出面に変化を持たせながら、ベンチを効果的に配置しています

落葉樹生垣の高さを利用し、アーチ形状としています

一般的な生垣の形

3　生垣の植込み間隔と材料チェック

　生垣の植込み間隔（ピッチ）は生垣の高さにより異なりますし、通常は植付時には枝葉が密集していない状態ですので、2〜3年の刈込みを経て完成させていくといことが一般的です。できるだけ早期に緑量感のある生垣にしたい場合でも将来の根の生長等を考えればあまり植込み間隔を狭めるのではなく、むしろ、ひと回り大きなサイズ（例えば、高さ1m位の生垣の高さであれば、H1.2〜1.3m位の材料）を植込んで上部をカットすることにより、生垣としての見栄えは大きく変わります。

　植物は基本的には上へ上へと生長しますので、植込み時に下の枝が貧弱な場合などは、下枝の緑量感が少ない形の生垣になる場合がありますので気をつけてください。

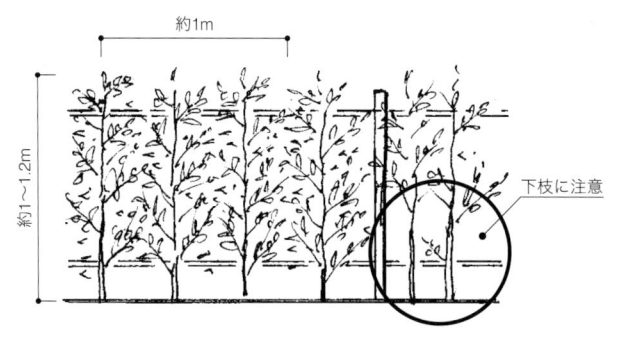

生垣高1〜1.2mで3.5本/m、1.5〜2.0mで2〜3本/mを目安とします。　　　　生垣の天端カット

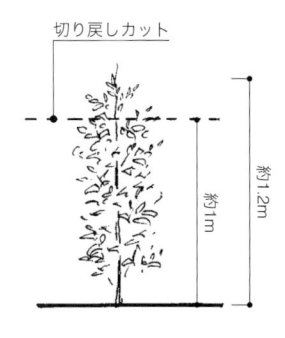

4　生垣の植込み位置とメンテナンス

　生垣の場合、植込み当初の葉張り（幅）は小さくても、将来的には30〜70cm位にはなりますし、両側面と天端の刈込みを前提としていますので、刈込み作業のスペースや後の掃除等にも配慮する必要があります。

　道路、隣地側の境界線に植込む場合は、隣地側、道路側のスペース、状況によっては作業がしにくい場合や、隣地に入らせてもらわないと作業ができませんので、基本的にはその辺りへの生垣は避けた方が良いのではと思われます。

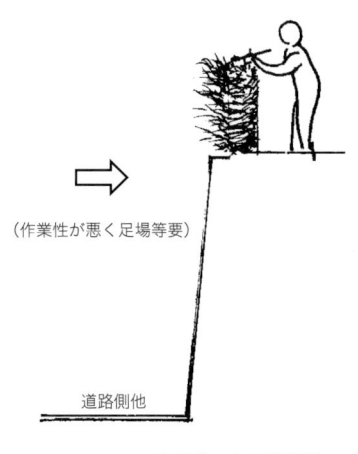

高低差のある道路側　　　　隣地側作業

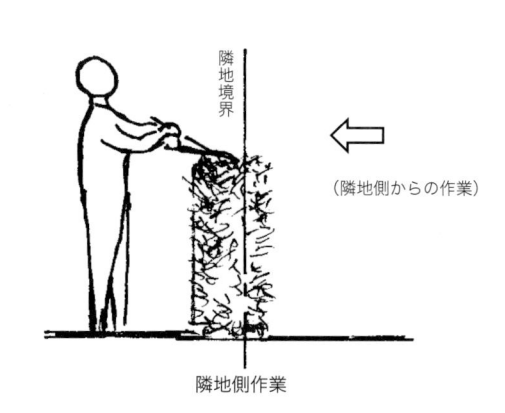

5 生垣事例

　生垣の種類にも流行があり、使用される樹種にも変化が見られ、最近はカイヅカやウバメカシなどの生垣は減少し、レッドロビン、シルバープリベッドなど葉色に特長のある明るい感じのものが好まれるケースが増えています。また敷地の狭小地化にともない生垣の長さも短くなってはいますが、道路面は建物のテイストや目的に合った生垣がほしいところです。

03 垣・塀・フェンス等

フイリマサキ生垣
マサキの斑入り種で、黄色の葉が特長といえます。耐陰性もあり、排気ガスなどにも強く、生長も早いし洋風向きといえます。

レッドロビン生垣
春先に鮮やかな赤い新芽が特長で、生長もすこぶる早く、高さも2m位までは対応でき、明るい感じの洋風向きです。

ヒマラヤスギ生垣
やや青味のかかった繊細な感じのする針葉樹の生垣で、高さも3m位までは対応できますし、洋風からモダンな感じの和風にも適しています。

サンゴジュ生垣
大きめの照葉と赤い珊瑚に似た色の実が特長で、果樹園の防風生垣などにも使われます。テイスト的には和洋どちらも対応できます。

カイヅカ生垣
昔から良く使われた生垣の一種ですが、横幅がかなり肥大化してきますので、こまめな刈込みが必要といえます。テイスト的には和風といえます。

ウバメガシ生垣
備長炭の材料としても知られるカシの種類で、生長も早く、何より強健な樹木で刈込みにも耐えます。テイスト的には和風といえます。

3.11 塀のスリット、開口部の植栽

POINT
◆さまざまなスリット形状による植栽演出効果
◆スリットにより「内と外」をつなぐ空間処理

　スリットという言葉は、本来、細い隙間という意味合いですが、塀などの場合は多少幅広い形まで含めた位置付けで塀の単調さやデザイン性を高めるためにもしばしば用いられますし、塀で分断される空間の「内と外」をつなぐという効果も兼ね備えています。

　スリットの形状、幅の大きさ等に変化を加えたり、塀とスリット部分の植物のコンビネーション効果を考えることにより、より全体の雰囲気を高めるという演出も可能といえます。

1 スリットと植栽の組み合わせ事例

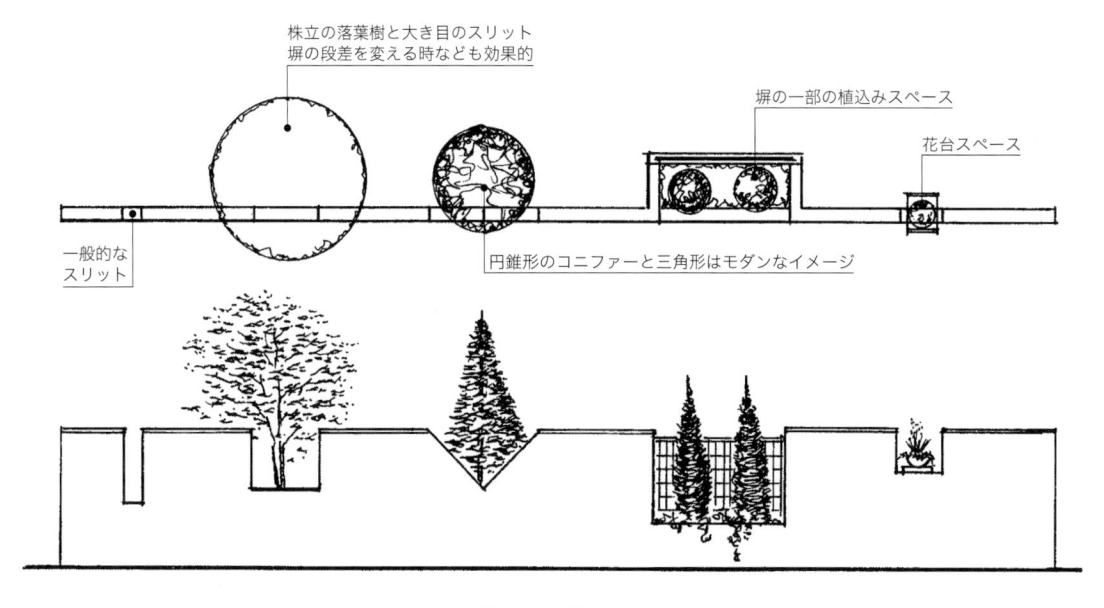

株立の落葉樹と大き目のスリット
塀の段差を変える時なども効果的

塀の一部の植込みスペース

花台スペース

一般的なスリット

円錐形のコニファーと三角形はモダンなイメージ

立面でのスリット

① 事例——塀から枝葉をのぞかせる

　空洞ブロック積の塀からは、蔓性植物や内部に植え込まれたツツジやツワブキなど樹木の枝葉が演出効果を高めています。

　また、塀の後方に照明灯などを配することにより、空洞ブロックの隙間からの光や植物の微妙なシルエットが、昼間とは異なった夜間の演出効果をみせてくれます。

ツワブキ　ツツジ

第3章　部位別植栽の考え方

03 垣・塀・フェンス等

ヤマボウシ

コバノランタナ

フィリフェラオーレア

2 事例──大きなスリットの効果

　塀の高さが変わる部分の大きなスリットの部分は、後方のヤマボウシとのコンビネーション効果を考えています。

3 事例──スリットへの植込み

　薄くスライスした御影石の塀の15cm位の隙間（スリット）の部分にセダム類を植込んであります。
　植栽基盤は繊維や不織布で構成され、潅水は点滴式のドリップホースで処理されています。

マンネングサ、他セダム類

4 事例──下垂植物で内と外をつなぐ

　大きく開口されたRC造の塀からヘデラなどの植物が垂れ下がるとともに、敷地内に植込まれた植栽が内と外をつなぐ効果も演出しています。

ヘデラヘリックス、ローズマリー（クリーピングタイプ）

95

3.12 フェンス、トレリス、パーゴラなどの植栽

POINT
◆フェンスの植物(蔓性植物)を効果的に使う
◆ブロック基礎などの構造物に対して配慮が肝要

　フェンス、トレリス等の柵やパーゴラなどの棚状の構造物には、一般的には蔓状に伸びる植物(総称して蔓性植物)の習性を活かした形での植栽計画が中心になります。蔓性植物といっても、常緑性、落葉性と大別され、アサガオやスイカズラなどのように木や壁やフェンスに蔓を巻き付けていくタイプ、ブドウやヒョウタンなどのように巻きひげを絡ませるタイプ、ノウゼンカズラやツタなどのように付着する気根(付着根)や吸盤を出して張り付いていくタイプなど、よじ登ったり、覆いかぶさる形態もさまざまです。

　以前は、藤棚といわれたように、パーゴラや棚にはフジなどを用いるケースも多かったのですが、最近は、ブドウ、キュウィなどの果樹から始まり、フェンスの植物といわれるようにさまざまな蔓性植物が用いられていますので、絡ませる構造物の素材から各々の植物の特性に配慮した材料選定が必要といえます。また、フェンスや柵の場合は、境界部に接する場合が多く、フェンス、トレリス等を設置するブロック等の基礎部分が植物の植込みに支障をきたす場合もありますので、そのあたりにも注意が必要といえます。

1 フェンス、トレリス等設置構造物基礎との取り合い

　隣地側にトレリス仕立ての蔓性植物や他の植込みをする場合、ブロックなどの基礎が邪魔にならないように留意してください。

　通常のブロック積の根入りベタ基礎の場合でしたら、GL(地盤面)から10～15cm程度の土しか確保できませんので、植物の生育には不適といえます。少なくとも25～30cm位の土の確保が必要になりますので、基礎の形状を変えるか、根入りを20cm以上確保するか、植桝の設置を考えてください。

　高さが30～40cm位の植桝をつくり植栽する場合は、基礎の部分に排水用のボイト管(φ50程度)を約1m間隔で設置してください。

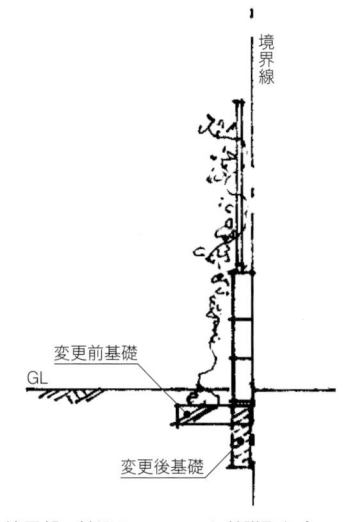

境界部の植込みスペースと基礎取り合い

2 フェンス、トレリス、パーゴラなどに向く代表的樹種

常緑性	ジャスミン類、ハーデンベルギア、ツキヌキニンドウ "ハニーサックル"、ヘデラ、トケイソウ、モッコウバラ、ムベ、ヤマホロシ(半常緑)
落葉性	アケビ、ノウゼンカズラ、ツタ、ツルアジサイ、クレマチス(常緑性あり)、ニガウリ "ゴウヤ"、ヘチマ、ユウガオ、キュウィフルーツ、ブドウ

第3章　部位別植栽の考え方

3　現場事例

ツルバラ

1 事例──板塀に絡ませたツルバラ

玄関扉の目隠しを兼ねた板塀にツルバラを絡ませています。道路面からのアイストップと玄関側からの見返り部分としての効果も持たせた演出といえます。

03　垣・塀・フェンス等

セイヨウイワナンテン　　テウクリウム（銀葉のハーブの一種）

2 事例──板塀の隙間の樹木の葉

板塀の約3cm前後の隙間から敷地内に植栽された樹木の葉が出てきて、板塀に変化を与えています。デザイン的に横板の一部をなくし、より空間を空けるのも一つの方法です。

ヤマホロシ

3 事例──アメリカンフェンスと花

ウッドデッキ、パーゴラからのアメリカンフェンスに清楚な感じの白紫色の花を咲かせるヤマホロシが伸びています。白のフェンスに良く似合っています。

④ **事例――ツルバラとフェンス**

ポール仕立てのツルバラを中心としたバラを使った庭が、フェンスを巻き込んだ形でのシーンとなっています。フェンスに絡ませることにより、一体感をより醸し出してくれます。

ツルバラ

カロライナジャスミン

⑤ **事例――境界フェンス**

隣地側との境界フェンスに黄色の花を咲かせるカロライナジャスミンを絡ませてあります。崩芽力も強く、生長も早いので2～3年ごとに蔓の一部を抜いたり、切ることをおすすめします。

ヘデラヘリックス

⑥ **事例――ラチス状のフェンス**

既製のフェンスを補助資材としてヘデラヘリックスを登はんさせています。3～4年もするとラチス状のフェンスは全て覆われた形の植物の壁になると思われます。

第 3 章　部位別植栽の考え方

03　垣・塀・フェンス等

モッコウバラ

⑦ **事例──パーゴラとバラ**
　半常緑性でトゲのないモッコウバラをパーゴラに絡ませてあります。勢い良くシュートが伸び、生長も早く、建物の壁面などに誘引しても面白いですし、春先にはうすい黄色、白などの小ぶりな多くの花が咲きます。

ハツユキカズラ

⑧ **事例──横桟フェンスとハツユキカズラ**
　横桟フェンスに絡ませているハツユキカズラです。春先のピンクの新芽と白い斑入りの葉がとてもきれいで、生長も早いので、目隠しの緑の壁としても対応できます。

クレマチス

⑨ **事例──トレリスと蔓性植物**
　デッキ面のトレリスに絡ませている蔓性のクレマチスは、花も大きく華麗な雰囲気を演出してくれます。本来は、落葉性ですが、常緑性もありますし、何より花の色が豊富です。

3.13 狭い空間（隣地側他）の植栽

> **POINT**
> ◆植栽材料の選定基準はスリムで、生長が遅く、剪定しやすいもの
> ◆和風1.2m前後、洋風1.5m以上あれば緑の演出可能

都市部の住宅地等を含め、最近は敷地が狭小地化する傾向もあり、敷地と建物配置からみたら、極端に庭や植栽スペースが少ないところも多く見受けられます。ただ、面積は少なくても少し工夫したり植栽樹種の選定に配慮したら、隣地側に対する建物内部からの視線カットを含め、緑による効果的な演出が可能といえます。

敷地内での狭い空間といえば、一般的には隣地側との空きスペース（0.6〜1.2m）や道路に接道していても比較的狭いスペース（1.2〜1.5m）等があげられますが、植栽計画においては、樹木の生長、落葉等含め、枝葉が少しは出ても構わない道路面と枝葉が出ない方がよい隣地面では多少異なります。

1 狭い空間に向く樹種

狭いスペースの場合の植栽材料の選定基準は、基本的には「生長しても幅（葉張）が出にくい」「生長が比較的遅い」「人為的に樹形をコントロールしやすい」などがあげられ、特に隣地側などに植栽する場合は、枝葉があまり隣地側に広がらなく、できるだけ落葉や花が落ちないということを念頭においての樹種選定が必要といえます。

常緑樹 （タケ、特殊樹含む）	チャボヒバ、スギ、ヒノキ、コウヤマキ、ボーガシ（アラカシ、シラカシの棒状タイプ）、カクレミノ、タケ類（クロチク、ダイミョウチク、他）
落葉樹	ヒメシャラ、ホウキモモ、ケヤキ「武蔵野」、ヤマボウシ、エゴノキ

2 隣地側の狭いスペースに対する植栽

植栽スペースの設定は、建物内部の開口部からの視線を中心に考えていき、必要に応じた隣地開口部等の目隠し、視線カットや建物外周部の動線計画もふまえたうえでの植栽計画が大事といえます。

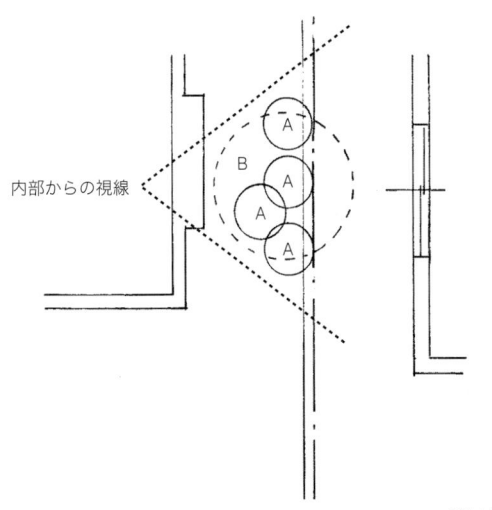

A：常緑の列植で、完全に目隠しが必要な場合
アラカシ、シラカシ、チャボヒバ、レイランディー、他

B：完全に隠さないで、視線カット程度で良い場合は落葉樹でも構いません。
イロハモミジ、エゴ、ヤマボウシ、他
できれば株立の樹木で、ただし、あまり隣地側には枝葉が出ないように整枝、剪定が必要です。

隣地側に対する植栽事例

3　テイスト別の狭いスペースの植栽

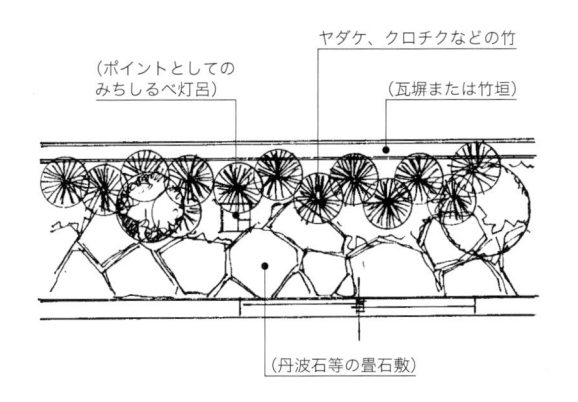

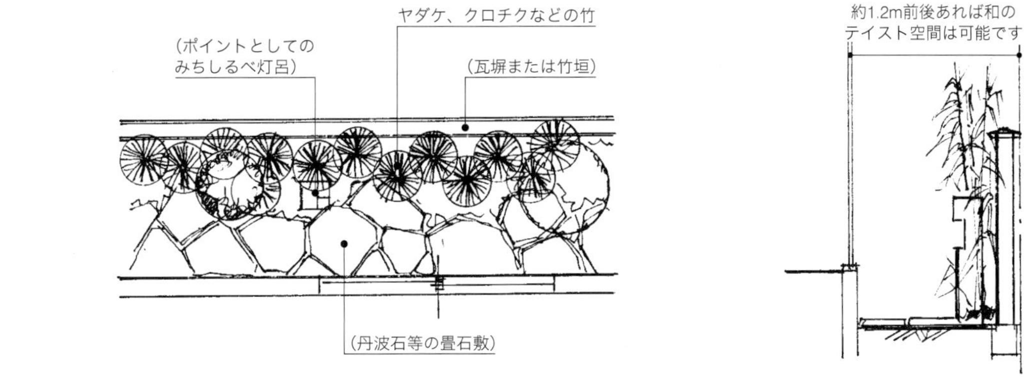

（ポイントとしての
みちしるべ灯呂）

ヤダケ、クロチクなどの竹

（瓦塀または竹垣）

（丹波石等の畳石敷）

約1.2m前後あれば和の
テイスト空間は可能です

和風テイスト　平面・断面

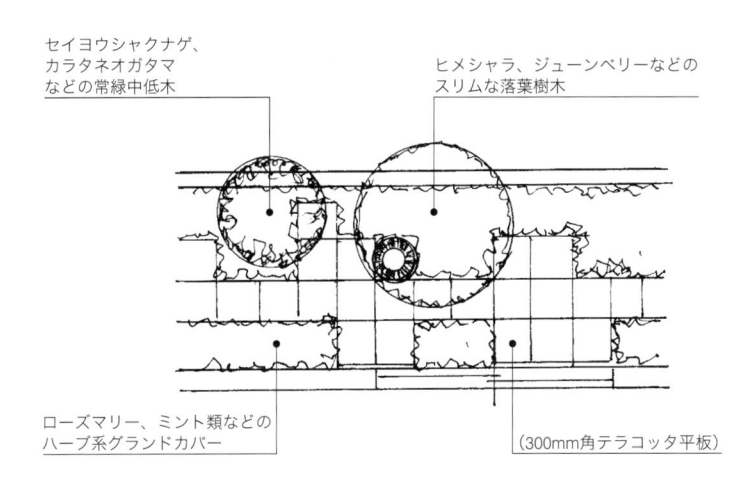

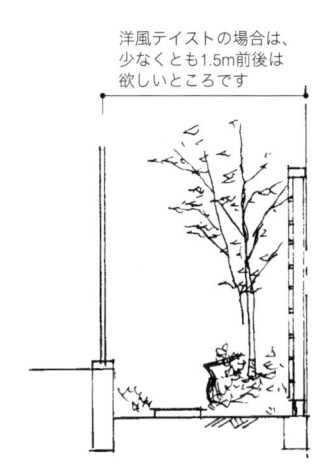

03　垣・塀・フェンス等

セイヨウシャクナゲ、
カラタネオガタマ
などの常緑中低木

ヒメシャラ、ジューンベリーなどの
スリムな落葉樹木

ローズマリー、ミント類などの
ハーブ系グランドカバー

（300mm角テラコッタ平板）

洋風テイストの場合は、
少なくとも1.5m前後は
欲しいところです

洋風テイスト　平面・断面

4　現場事例

チャボヒバ

クロチクと杉苔

3.14 法面部分の植栽

POINT
- ◆法面処理は擁壁のみでなく、植栽で考えてみよう
- ◆斜面は、土の流出や根鉢の処置などにも配慮が必要

　宅地の造成状況により、道路面や隣地面をRC擁壁等の土留をしないで法面（斜面）の状態のままで残して販売し、建築時に何らかの土留をする場合も多くあります。建築計画や法面の高さにもよりますが、必ずしもRCや石積等の擁壁（土留）をして宅地を平坦にするだけではなく、法面を活かした形での植栽計画を考えることにより、擁壁など造設のコストも軽減されますし、何より、道路面などにおいては緑豊かな街並みづくりにも貢献できるといえます。

　法面の形状や高さは1m未満から2～3mを超えるものまでさまざまですので、状況にあった植栽計画や、法面における樹木植付時の根鉢処理、芝生の貼り方などを含めた計画が必要になります。

1　1m未満位の法面植栽

　造成時の法面は、道路面、隣地面を含め一般的には30°（安息角）程度で処理されており、隣地側に対しては敷地の有効活用、動線等の確保を含め、何らかの擁壁の施工が一般的です。しかし、建物配置等にもよりますが、道路面に関してはロックガーデン風、芝生と低木寄植組み合わせなどの植栽を効果的に用いるのも一つの方法です。

　植込み当初は、土が流れたりもしますので、法尻部分をレンガ1～2段か栗石他で処理しておけば、植物の生長に沿って落ち着いてきます。

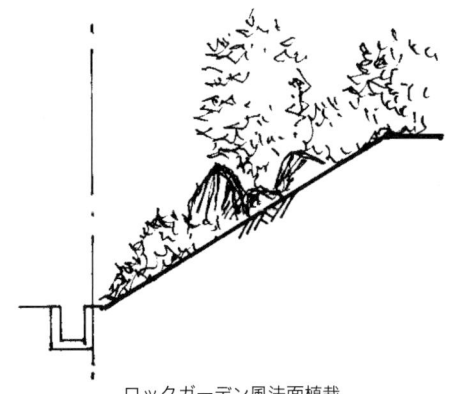

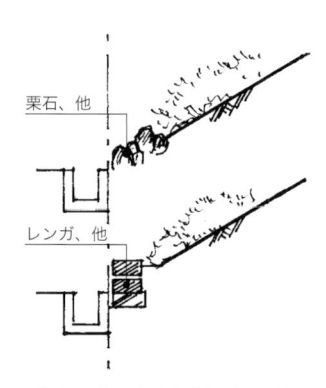

ロックガーデン風法面植栽　　　法尻部分の土砂流失防止処理例

法面部分への低木コニファー類の植栽

第3章 部位別植栽の考え方

マクラギ利用の法面植栽

石積の天端を下げ、法面上への植栽

04 法面・擁壁

2　2〜3mを超える位の法面植栽

　2〜3mを超える位の高さの法面であれば、擁壁の施工位置、時期（建物着工前、完成時）によっても異なりますが、施工方法、コストも大きく変わりますし、できれば法面を活かしたままでの雑木林風の散策や果樹園としての利用、斜面を活かした階段状のテラスや植栽スペース等の計画などが望まれます。植栽材料等に関しては特にこれということはありませんが、特に高木などは比較的風を受けやすいので、支柱等への配慮は必要といえます。

法面部植栽事例

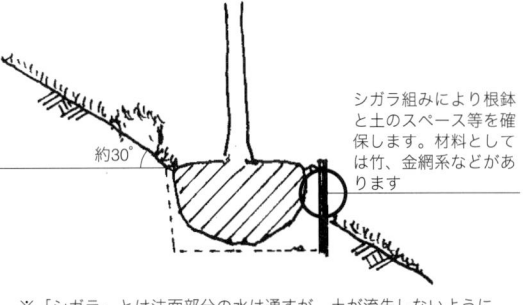

約30°

シガラ組みにより根鉢と土のスペース等を確保します。材料としては竹、金網系などがあります

※「シガラ」とは法面部分の水は通すが、土が流失しないように、するための竹、丸太、金属ネット等による簡易土留

金網によるシガラ組み

103

3.15 擁壁（土留）前の植栽

POINT
- ◆高い擁壁などの威圧感解消には植栽が最適
- ◆道路面に関しては少なくとも15〜20cm位の植栽スペースを

　道路面に高い擁壁（H1.5〜3m以上）を施工する場合は、どうしても威圧感のある単調な雰囲気になりやすいので、化粧型枠からさまざまな表面仕上げ等を含めた意匠的な工夫をしますが、緑（植物）を効果的に用いることにより、威圧感、単調さの解消につながる場合が多いといえます。

　擁壁の前面部に少しの植栽スペースをつくったり、壁面の一部にトレリス、ハンギングバスケットなどを仕掛けたり、擁壁の天端からヘデラなどの蔓性植物を垂れ下げたりすることにより、植物の持つさまざまなフォルムや葉、花の色などが壁面に大きな変化を与えてくれます。

1 擁壁前面部植栽

　壁面の高さにもよりますが、少なくともプランターの幅程度の15〜20cm位を後退することにより、低木から草花までの植栽は確保できますし、壁面の高さが2〜3mを超えるような場合は、できればスリムな高木が植えられる程度の30〜45cm程度は欲しいところです。

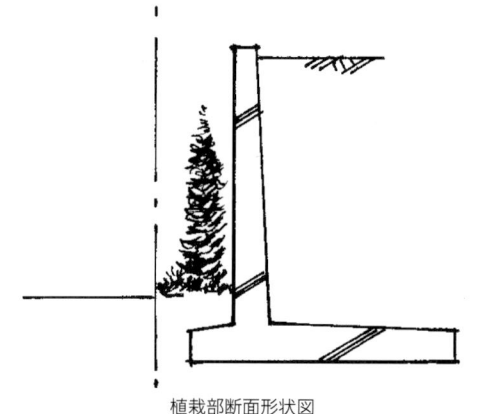

植栽部断面形状図

擁壁前面部植栽事例

威圧感を感じさせる擁壁

擁壁前面部植栽事例

2 蔓性植物利用

広い意味では壁面緑化の一部ですが、擁壁にヘデラ、ビンカマジョールなどの蔓性植物を垂れ下がらせたり、壁面にワイヤーなどの補助部材を用いて這い上がらせたり、壁面を覆いつくすことも可能といえます。

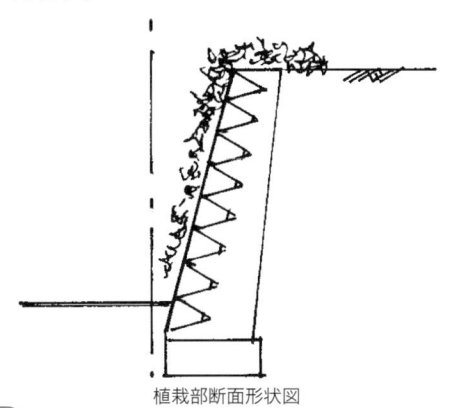

植栽部断面形状図

ヘデラカナリエンシス

3 その他の事例

古い石積などの場合、サツキやツゲなどを石と石の目地部等に植えてあるのをよく見かけますが、植物が生長するにつれてそれなりのボリューム感も出てきますし、石積の固さを和らげてもくれます。また、擁壁などを2段擁壁にすることにより、ひな壇状の植栽スペースも可能といえます。

石積目地部へのサツキ、ツゲ植栽

低い土留と一体化させた植栽

間知石積下部への植栽

擁壁前階段下部への植栽

3.16 駐車スペースの形態別植栽

POINT
◆車の動線、扉の開閉等をふまえ、植栽可能スペースの検討
◆縦列との組み合わせは高木による空間演出がポイント

宅地の面積や形状は都市部、地方により違いはありますが、カースペースとして最近は車2台分が一般的で、多いところは3～4台も珍しくないような状態といえます。2台分としても約30m² 前後は必要となり、それに自転車のサイクルスペースも含めたらかなりの面積を占めることになりますので、コンクリート土間の収縮目地の視点からも、スリットグリーンやレンガ、タイル、石貼などにより、無機質な広いだけの土間に何らかのデザイン性を持たせているのが一般的です。

カースペースの広い空間に植物を用いて壁と土間のデザインをつくることにより、植物の持つ柔らかさと四季の変化、奥行感、立体感などさまざまな効果的演出が可能といえます。

1 駐車スペースの基本パターンと植栽可能スペース

カースペースにおける植栽可能スペースは、高木に関しては人や車の出入りの動線および扉の開閉に支障をきたさない部分であり、芝生やリュウノヒゲなどの地被類グランドカバーに関しては極端な場合、全ての土間部で可能といえます。ただし、車の出し入れ動線、扉の開閉、車からの人の出入り等は個々のケースにより異なりますので、十分な配慮が必要といえます。

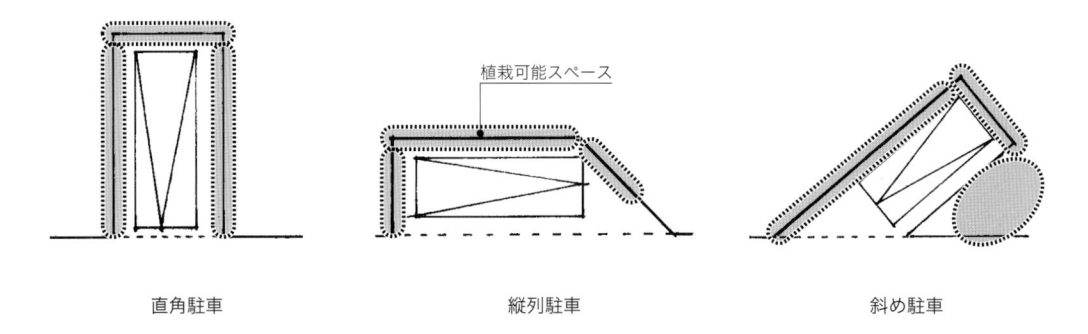

直角駐車　　　　　縦列駐車　　　　　斜め駐車

2 構造物基礎と植栽スペースの取り合い

隣地側スペースおよびカースペース奥の土留や塀の基礎根入りと植栽スペースとの取り合いについては植込み樹木の根鉢等とも関連してきますので、部分により基礎フーチングを偏芯したりベースにコア抜き等による植込み部の排水処理等が必要といえます。

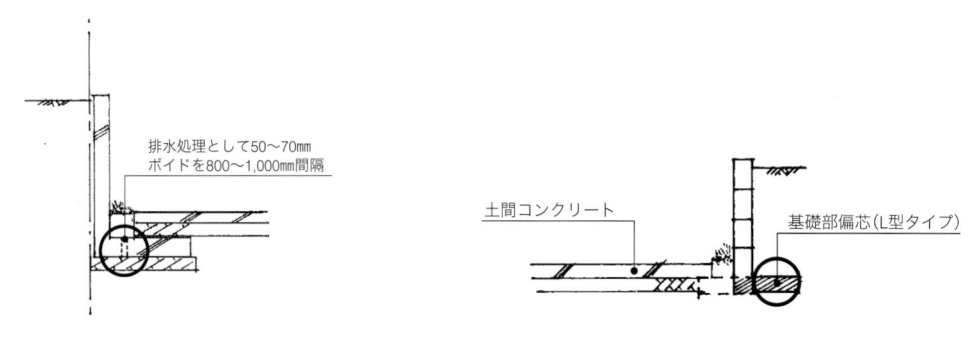

排水処理として50～70mm
ボイドを800～1,000mm間隔

土間コンクリート　　　基礎部偏芯（L型タイプ）

隣地側逆L土留部分　　　カースペース奥土留部分

3 直角駐車

　直角駐車の場合は両サイドと後方が中心となりますが、カースペースとアプローチを共有する2台分スペースの場合等は、奥行が約10mと長くなるため、中間地点の植栽や隣地側に対する壁面、フェンス等にもトレリス等による植栽計画が望まれます。

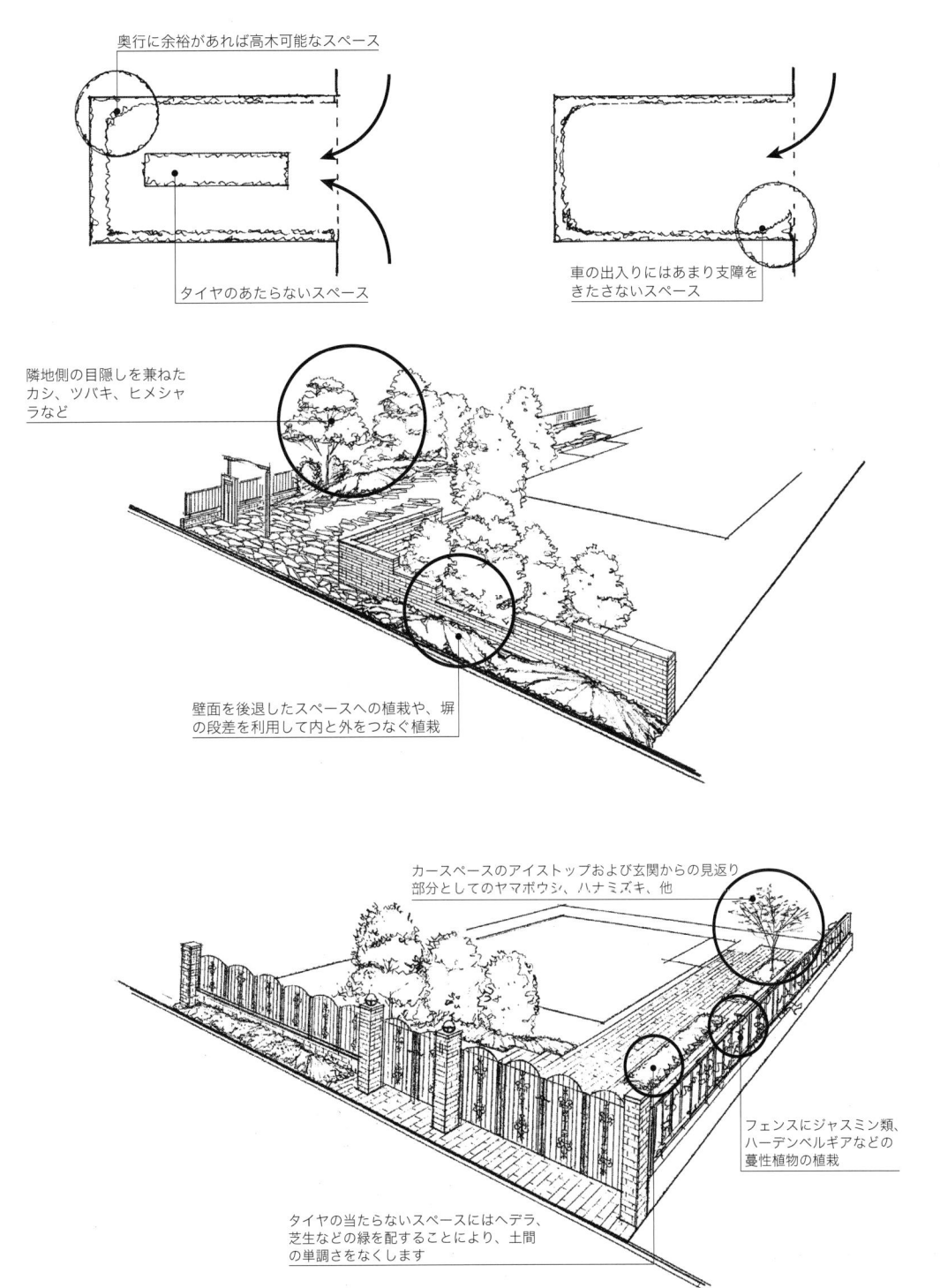

05 駐車スペース

- 奥行に余裕があれば高木可能なスペース
- タイヤのあたらないスペース
- 車の出入りにはあまり支障をきたさないスペース

- 隣地側の目隠しを兼ねたカシ、ツバキ、ヒメシャラなど
- 壁面を後退したスペースへの植栽や、塀の段差を利用して内と外をつなぐ植栽

- カースペースのアイストップおよび玄関からの見返り部分としてのヤマボウシ、ハナミズキ、他
- フェンスにジャスミン類、ハーデンベルギアなどの蔓性植物の植栽
- タイヤの当たらないスペースにはヘデラ、芝生などの緑を配することにより、土間の単調さをなくします

4　縦列駐車および他との組合せ

　縦列駐車の場合は、車の全長＋1.5〜2mは必要となり、車のない時などは特に間延びした単調な空間になりがちですので、車の動線等に支障のないスペースには高木を配しての立体感の演出などが望まれます。

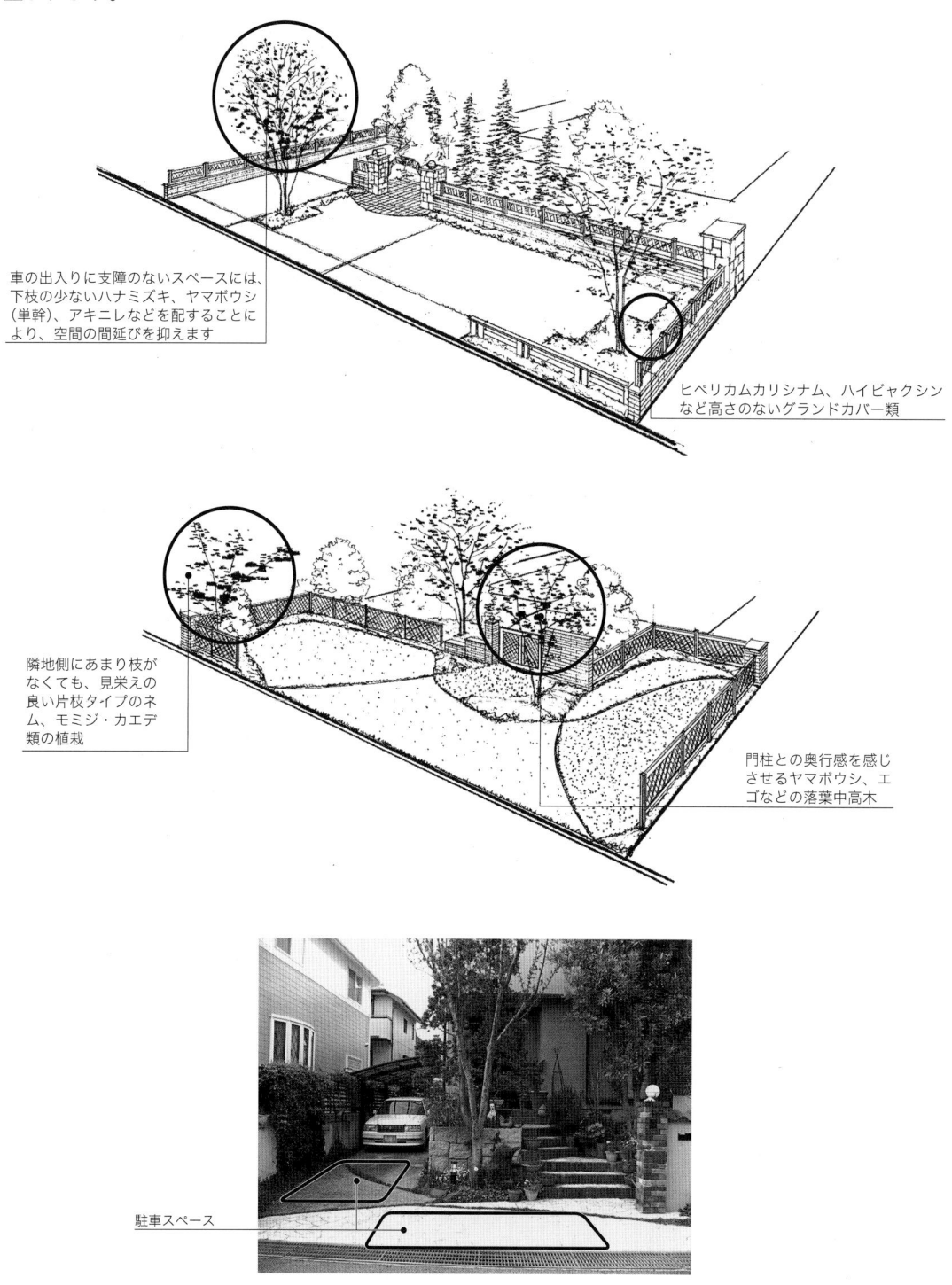

車の出入りに支障のないスペースには、下枝の少ないハナミズキ、ヤマボウシ（単幹）、アキニレなどを配することにより、空間の間延びを抑えます

ヒペリカムカリシナム、ハイビャクシンなど高さのないグランドカバー類

隣地側にあまり枝がなくても、見栄えの良い片枝タイプのネム、モミジ・カエデ類の植栽

門柱との奥行感を感じさせるヤマボウシ、エゴなどの落葉中高木

駐車スペース

縦列、直角駐車（3台分）事例

第3章　部位別植栽の考え方

5　斜め駐車

斜め駐車の場合は、道路に対して斜めに入るため車の出入りに必要のない三角形のスペースが残ります。このスペースを植栽スペースとすることにより、立体感、奥行感などの演出も可能となります。

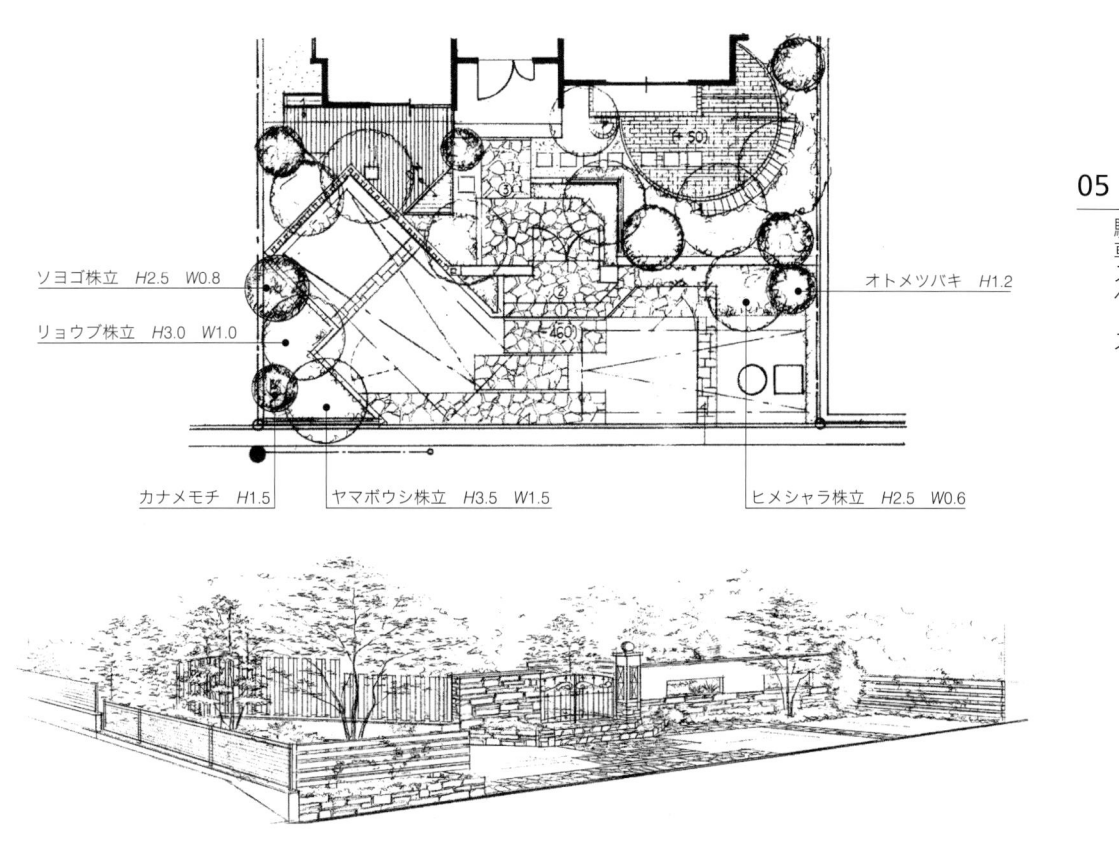

05　駐車スペース

ソヨゴ株立　H2.5　W0.8
リョウブ株立　H3.0　W1.0
オトメツバキ　H1.2
カナメモチ　H1.5
ヤマボウシ株立　H3.5　W1.5
ヒメシャラ株立　H2.5　W0.6

斜め駐車と縦列駐車組合せ事例　平面・パース図

6　植栽の植込み位置

敷地と高低差がある場合などは、樹木の植込み位置を敷地側に合わせるだけではなく、カースペースの土間側に合わせることにより、高さの変化や土留、塀の内と外をつないだ一体感の雰囲気を演出する効果もあります。

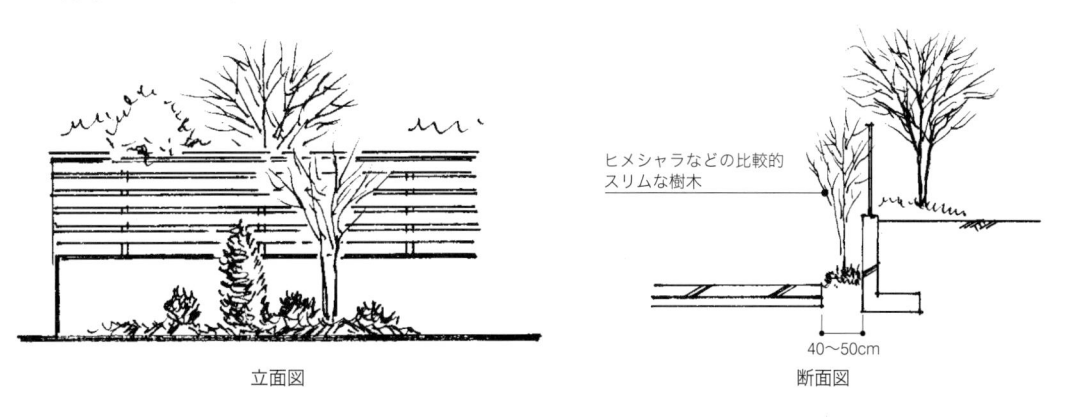

ヒメシャラなどの比較的スリムな樹木

40〜50cm

立面図　　　断面図

3.17 駐車スペースの植栽の留意点と事例

POINT
◆ユーザーの手を借りての、植栽の完成も選択肢
◆駐車スペース内の植栽は「床面ゾロ」がおすすめ

　植栽や造園工事はある意味ではDIYというか、一般のユーザーでもガーデンセンター等で材料を購入して自分で植込んだり、レンガを積んだりすることもできますし、むしろ、かなりのユーザーが自分で植栽をされるケースもあります。

　もちろん、クレーン車等が必要な大きな樹木等はなかなか手をつけにくくても、低木はもとより高さが2〜3m位までは、植込みスペースを残してさえあれば十分可能なわけで、言い換えれば、「ユーザーの手を借りて工事を完成させる」ということができるということです。

1　植込みスペースの確保

　予算等の関係で一緒に工事ができなくても、最終的に必要な植栽スペース等は必ず確保しておくことが大事で、全面コンクリートの土間等に仕上げてしまえば、コンクリートを一部解体してまでというのはなかなか困難となります。

全面コンクリートの土間　　　　　　　植込みスペースを残してある土間

2　植込みスペースの高さは「床面ゾロ」

　広いスペースであれば植桝等で高さを上げることもありますが、扉の開閉、車の進入時に邪魔になったりもしますので、基本はカースペース土間の床面と同じ高さ「床面ゾロ」がおすすめです。多少、植物がはみ出したりしてもカットすれば済みますし、より自然な雰囲気といえます。

　ただし、タイヤの車止めを兼ねた高さ15cm内外の植桝程度であれば特に支障はないと思います。

床面ゾロの植栽

第 3 章　部位別植栽の考え方

予備カースペースとしての芝生貼 　　　　柔らかい曲線の低い法面植栽を持つカースペース

05 駐車スペース

3　スリットグリーン

　スリットグリーンの幅はリュウノヒゲであれば 7 〜 8cm、芝生であれば 10 〜 12cm 位が、全体の面積やスリット形状等にもよりますが一般的といえます。また、リュウノヒゲの場合はタイヤの踏圧を受けるところと受けないところでは生長が大きく異なりますので、一定の刈込み等が必要になります。

タイヤ踏圧を受けている部分 　　　　タイヤ踏圧を受けていない部分

4　植栽事例

駐車スペースの現場植栽事例

3.18 カーポート屋根などへの植栽

> **POINT**
> ◆カーポート屋根や前面部にも緑の工夫を
> ◆屋根の植物としてはハーデンベルギア、モッコウバラなどがおすすめ

　掘込み式車庫やビルトイン車庫と異なり、オープンスペースでカーポート屋根を造設する場合、建物やエクステリア部分を含めた全体の雰囲気になかなか馴染みにくい、違和感を感じるケースは多々あります。巻上げ式シャッター等があり、後方のカーポート屋根などが見えにくい場合は別ですが、簡易カーポートのみがストレートに見える場合などは、その部分だけが浮いているように見えたりもします。

　ナチュラル系の雰囲気を求める場合は、屋根部分の簡易的なゲート等を併設し、モッコウバラ、ハーデンベルギアなどの蔓性植物で覆ったり、絡ませたりするのも一つの方法といえます。視覚的に見ても、カーポート屋根本体がストレートに見えるのと、植物などに目を奪われたり、そらしてくれてあまり気にならないという効果もあります。ただし、屋根などにあまり負荷がかからないようにすることや屋根の上の落葉の掃除などを含め、多少手間もかかりますので、そのあたりのことはユーザーの理解が必要なのは言うまでもありません。

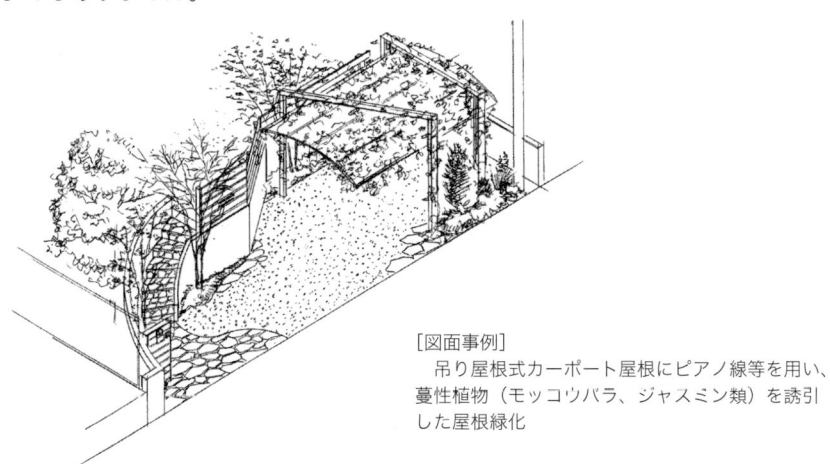

［図面事例］
　吊り屋根式カーポート屋根にピアノ線等を用い、蔓性植物（モッコウバラ、ジャスミン類）を誘引した屋根緑化

1　カーポート屋根上部を覆う植栽

　全体がナチュラルな自然の空間みたいな雰囲気に仕上げていきたい場合は、部材も鉄骨造や木造等で別注にはなりますが、蔓性植物に覆われて全体に溶け込んだ形のカーポート屋根も可能といえます。

緑量感のある樹木と一体感のあるカーポート屋根

第 3 章　部位別植栽の考え方

上部が蔓性植物にて覆われている木造カーポート部分

建物屋根と一体化した、将来的には蔓性植物で覆われていくカースペース屋根

2　カーポート屋根前面部への植栽

　カーポート屋根の前面部分に鉄骨やアルミ角材等で蔓性植物を誘引できるようなアーチをつくることにより、屋根本体が直接見えにくいという効果を持たせます。できるだけ生長が早く、繁茂しやすい常緑性の蔓性植物やモッコウバラ、ツルバラなどが適しています。

両側面のトレリスに蔓性植物を植込み、アーチ部分まで植物を伸ばしていきます

カーポートの屋根が見えにくいように、シャッターボックス周辺および化粧梁をつくり、蔓性植物などを絡ませます

3　カーポート屋根下部への植栽

　カーポート自体を見えにくくするという効果は少ないですが、ブドウやキュウィなどの蔓性の果樹を這わせるのも一つの方法です。ブドウなどは特に雨がかからないので生育環境も適した形となり、何より収穫の季節が待ち遠しいものです。

駐車スペースの現場植栽事例

3.19 浴室周辺の植栽

POINT
◆隣地からの視線カットと浴室内から見える範囲のチェック
◆浴室外部の計画土間（地盤面）高も重要なポイント

　最近は浴室を2階の眺望の良い位置などに計画する場合もありますが、一般的には北側などの1階の水廻りに隣接して配置され、隣地側とのスペースにもあまり余裕がないケースが多いといえます。

　浴室の開口部の状況により、浴槽からの眺めを楽しむための植栽や小さな庭の空間をつくったりしますが、何より配慮する点は、浴室内部に対しての隣地側からの視線をどうカットするかということです。せっかくの植栽等が、外部からの視線を気にして常にブラインド等により閉じられていることがないような計画が望まれます。

　植栽材料の選定にあたっては、基本的には北側などの日当りが少なくても生長しやすい耐陰性の強い樹木が中心になります。また、浴室を利用する場合は一般的には夜間が多いので、照明計画も合わせての検討が必要であるのは言うまでもありません。

1　計画時のポイント

　浴室内での外部を見る位置（浴槽に入った時、浴室床面から腰掛けている時）により、開口部から見える範囲や高さをまず確認し、必要に応じた目隠しとなる樹木や塀などの構造物の位置、高さの確認を最初におこない、浴室内部のテイストに合わせた平面計画をおこないます。

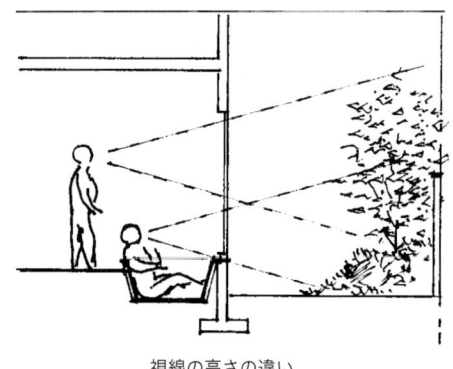

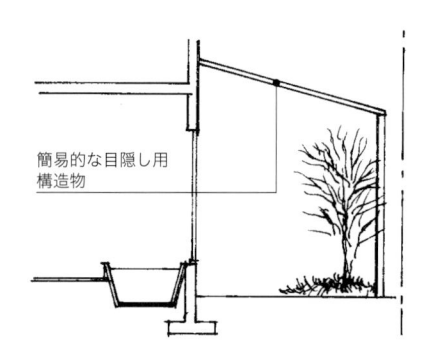

視線の高さの違い　　　　隣地側（2F他）の視線カット

　浴室外部の土間（地盤面）の高さを変えることにより、浴槽からの拡がり感をより感じることができますし、特に浴室からの出入口がある場合などは、デッキ、テラス等を併設した植栽も一つの方法といえます。

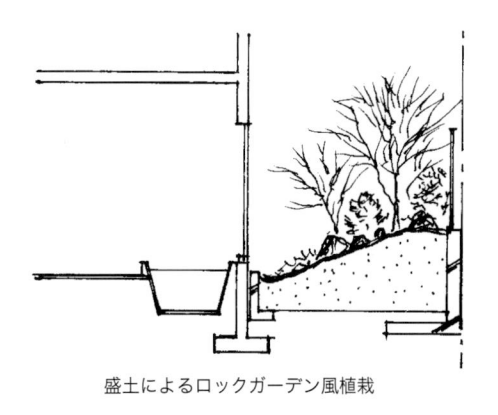

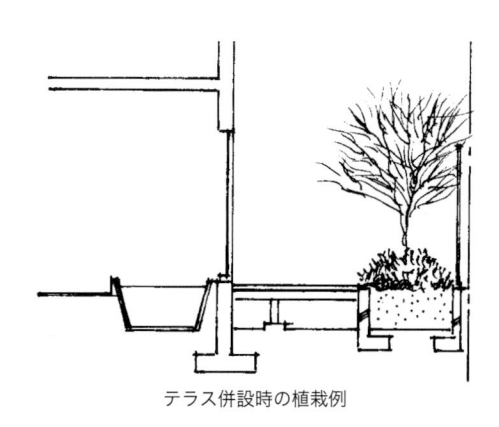

盛土によるロックガーデン風植栽　　　　テラス併設時の植栽例

第3章 部位別植栽の考え方

2 図面事例

ヤブツバキ　H2.5　W1.0
アラカシ　H1.8　W0.6
ヤマボウシ株立　H2.5　W0.8
アラカシ　H2.0　W1.0
シャラ株立　H2.5　W0.7
カナメモチ　H1.2
アセビ　H1.5
アオダモ　H3.0　W1.5

雑木林風テイスト事例〔m〕

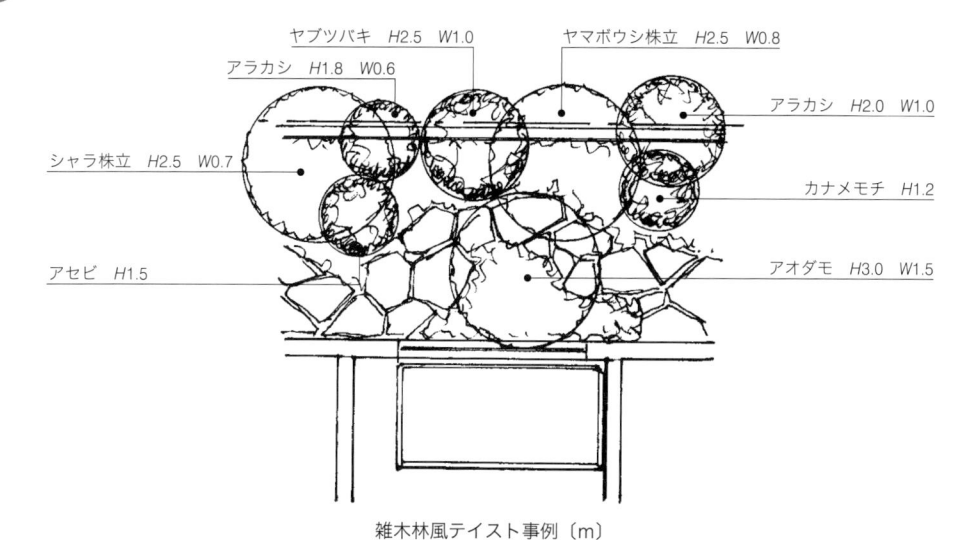

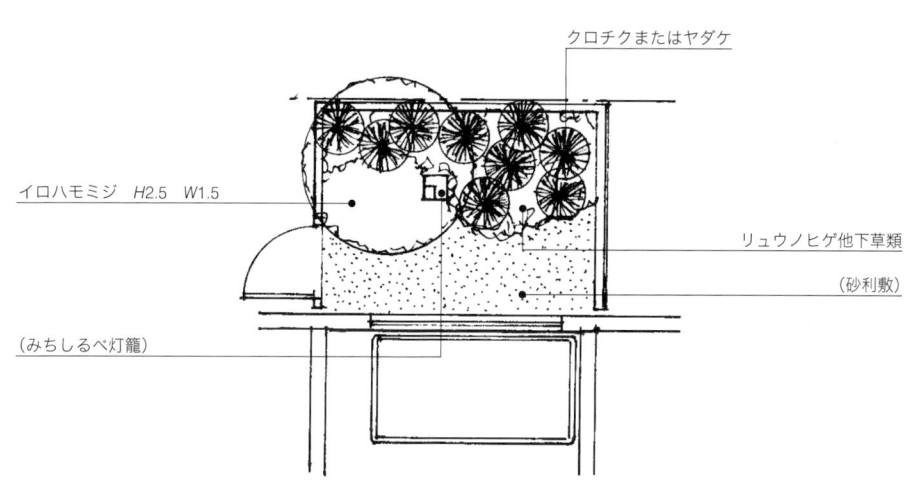

クロチクまたはヤダケ
イロハモミジ　H2.5　W1.5
リュウノヒゲ他下草類
(砂利敷)
(みちしるべ灯籠)

和風テイスト事例〔m〕

06　坪庭・中庭

3 現場事例

雑木林風植栽

115

3.20 坪庭、中庭の植栽

> **POINT**
> ◆目隠し、建物からの見え方、軒の出などは基本的チェック項目
> ◆植栽以外の構造物との組み合わせもポイントの一つ

坪（壺）庭、中庭共に建物の間や周囲を建物に囲まれた比較的小さな空間であり、明確な定義はありませんが、大まかには下記のように位置付けています。

- 坪庭　：建物と建物との間や、敷地の一部に作られた規模の小さな庭で、どちらかといえば北側に面していて、明かりと風通しを目的とした和のテイストが強い傾向の空間で、室内からの鑑賞的な眺めを重視しています。
- 中庭　：建物と建物の間に作った庭や周囲に建物のある庭で、一般的には坪庭よりも広い空間で南側に面していたり、建物からの人の動線（出入り、動き）もあり、鑑賞的な部分にのみではなく、より生活の場としての要件を持ち合わせています。スペイン風の建物などに見られるパティオ（Patio）などに代表されるように、洋風のテイストの強い空間といえます。

1　現地調査時の留意点

① 目隠し位置および必要な動線

一般的に坪庭の位置は隣地側に面した部分になりますので、何らかの目隠しが必要といえますし、坪庭内のメンテ、建物周囲の動線、配置寸法等もふまえた目隠し等の位置選定が必要といえます。

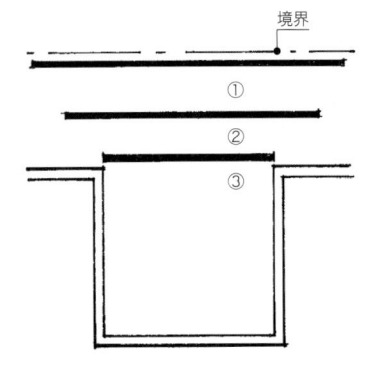

①比較的広いスペースの場合で、動線を取り込んだ形の坪庭計画
②建物外周および坪庭への動線を分離した坪庭計画
③建物内部からの出入りの動線で対応するか、目隠しの構造物の一部に扉の設置による坪庭計画

② 開口部と目線の位置

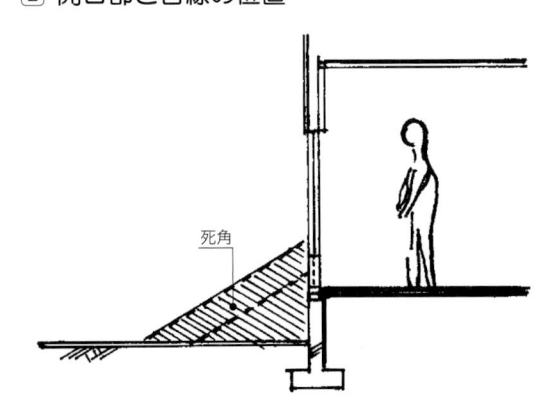

玄関ホール等から坪庭部分を見る場合、開口部の形状により、死角の部分が出てきますので、平面計画時には必ず立ち位置と見え方の確認が必要といえます。また、坪庭を囲む複数の部屋（位置）から見える場合、景の眺めのポイントをどこからとするかの検討も必要といえます。

③ 軒の出

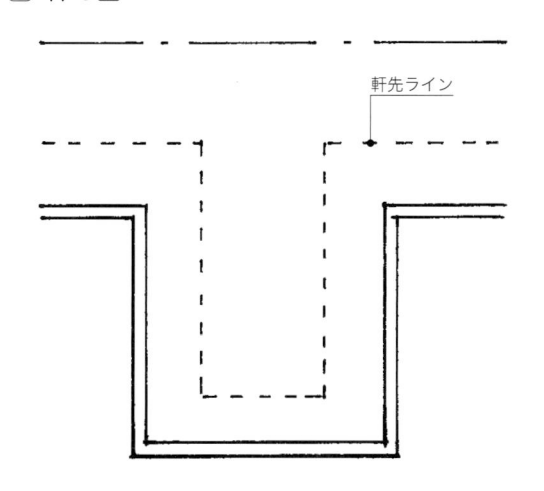

坪庭部分の屋根形状、軒の出の有無、長さ等は事前のチェックが必ず必要といえます。基本的には、軒下は雨もかかりませんし、植物にとっての環境は適していませんので、そのあたりに配慮した植栽平面計画が望まれます。

全面が屋根に覆われているような場合は、樹木の傷みを前提に、脱着、取替えできる鉢植えによる計画も選択肢の一つといえます。

軒先ライン

2 適合樹種

坪庭は北側に面しているケースが多いため、日照も限られ、風通しも悪く湿気が多い環境になりやすいので、耐陰性や耐湿性のある植物が中心の構成となります。狭いスペースですので、多くの樹種ではなく、単一樹種（例えば、クロチク、ヤダケの群植他）や、耐陰性のあるサザンカ、ツバキなどの常緑広葉樹、イロハモミジ、ハウチワカエデ、シャラなど樹形のまとまりやすい、一本でも絵になるような樹木が向いています。

中庭の場合は広さもありますし、生活をより快適にしてくれるような樹木による日照や風のコントロール等の効果も期待されます。スペースにもよりますが、中庭にヤマボウシ、カツラなどの落葉広葉樹を配することにより、夏は建物内への日射を防ぐ緑陰樹となり、冬は落葉して日当りの良い空間を確保できます。

ただ、周囲が建物に囲まれている中庭の場合などは、植付した樹木が枯れたりした場合の植替え時の搬入経路等も配慮した樹種選定が必要といえます。また、露地植えのみではなく、コンテナやプランターによる植栽など必要に応じた形での選択も必要といえます。

◎坪庭・中庭の適合樹種リスト

常緑中高木 （タケ類他含む）	ツバキ、サザンカ、カクレミノ、モッコク、ソヨゴ、スギ、ダイスギ、ヤツデ、シュロチク、タケ類（モウソウチク、クロチク、ヤダケ、他）
落葉中高木	モミジ・カエデ類、ヤマボウシ、シャラ、ヒメシャラ、アオダモ、リョウブ、エゴノキ、ガマズミ、サンシュ、他
低木、グランドカバー	アオキ、ナンテン、アセビ、カンツバキ"シシガシラ"、センリョウ、マンリョウ、クマザサ、コグマザサ、シャガ、ギボウシ、ドウダンツツジ、ウツギ、アジサイ、他

3 植栽以外の構造物

坪庭はもともと和のテイストが強いこともあり、竹垣、灯籠、石組、蹲踞（つくばい）、延段など和風の構造物も多用されていましたが、最近はモダンな雰囲気にアレンジした形での利用も増えています。

灯籠なども通常の形で利用するのではなく、一部を使ってオブジェ的雰囲気を出したり、みちしるべ灯籠などにクラッシュタイルを貼ったり、竹垣にしても元来オリジナリティの強い形ですので、思い切って斬新なデザインをしたり、塗壁との組み合わせなど新しい造形が増えていますので、植栽の効果的演出のためにも、他の構造物との組み合わせがより大事といえます。

みちしるべ灯籠に　　　流木との組み合わせ 　　　役物瓦、鬼瓦等の利用
クラッシュタイル貼

4 図面事例

建物外壁に囲まれた吹き抜けの坪庭で、通風性、日照等の条件が悪いなかですので、極力ポイント的な植栽によるモダン和風とナチュラルな2パターンです。モダン和風の表現としては、一部にリュウノヒゲを植えこんだ市松敷の黒と白の平板敷、取り替え可能な鉢植えのシュロチクを配しています。ナチュラル感の表現としては自然樹形のヤマボウシをメインとし、延石とゴロ太敷などで、足元はすっきりと表現しています。

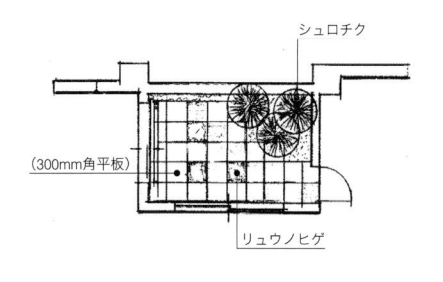

平面図 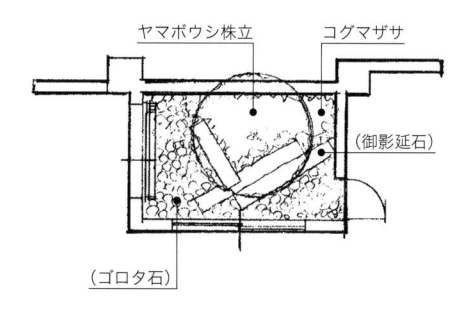　　　　　　　　　　　　平面図

パース 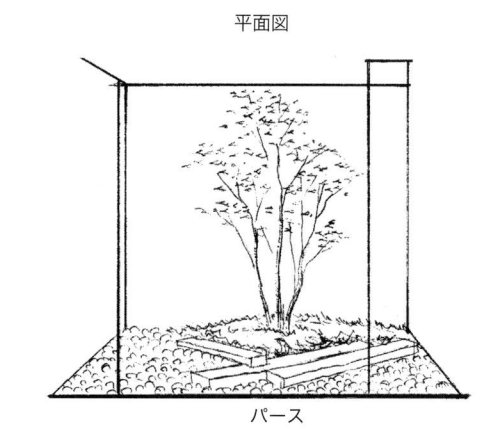　　　　　　　　　　　　パース

第3章　部位別植栽の考え方

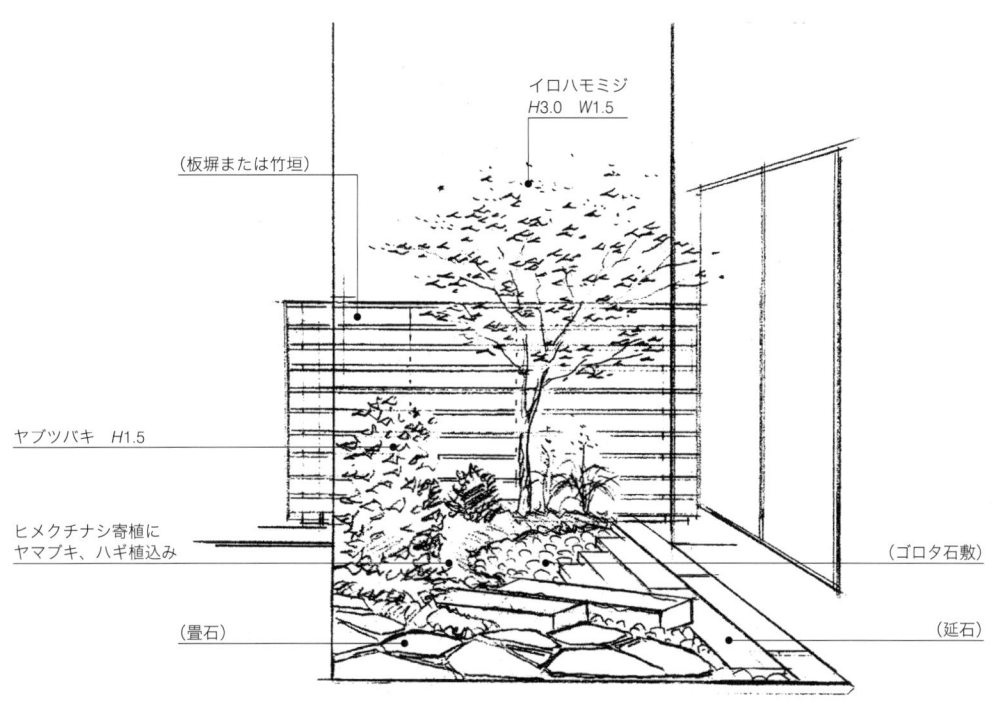

06 坪庭・中庭

イロハモミジ　H3.0　W1.5
（板塀または竹垣）
ヤブツバキ　H1.5
ヒメクチナシ寄植に
ヤマブキ、ハギ植込み
（畳石）
（ゴロタ石敷）
（延石）

和風テイスト〔m〕

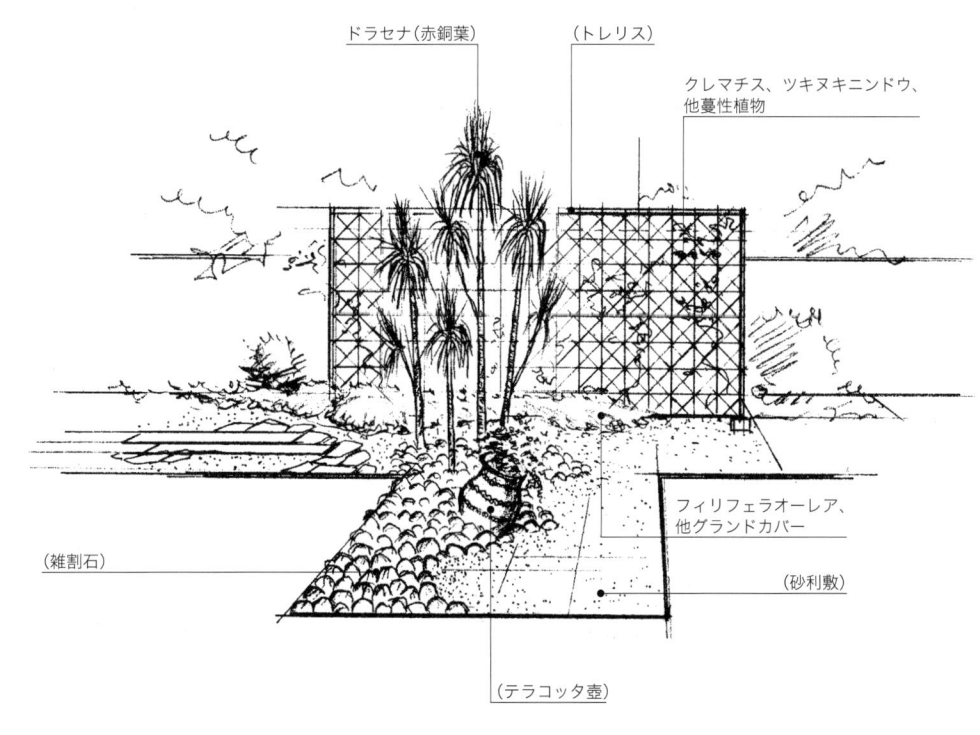

ドラセナ（赤銅葉）
（トレリス）
クレマチス、ツキヌキニンドウ、
他蔓性植物
（雑割石）
フィリフェラオーレア、
他グランドカバー
（テラコッタ壺）
（砂利敷）

洋風テイスト

119

3.21 デッキ、テラス周辺の植栽

> **POINT**
> ◆デッキ高に合わせた植栽レベルは効果的演出方法
> ◆デッキ、テラス周辺には緑陰樹を

　庭の概念が鑑賞本位の「見る庭」から個々のライフスタイル、ライフステージに合わせた「使う庭、介在できる庭」に変化してきたと同様に、建物のみではなく敷地全体を含めた生活の場としてのウッドデッキ、テラスを中心としたアウトリビング空間を取り込んだ提案が増えてきています。

　ウッドデッキ、テラスの使い方は住む人によって多種多様で「ゆっくり、気軽に楽しむタイプ」「大勢でワイワイ、ガヤガヤ楽しむタイプ」…などあり、「スモーキングデッキ」「ティーデッキ」「BBQ（バーベキュー）テラス」などのネーミングを持っていたりもしますので、個々のスタイルに合わせた空間における効果的な植栽（緑）の演出が望まれます。

本でも読みながらゆっくり、気軽にのんびりと楽しむタイプ

気の合う友達と大勢でワイワイ、ガヤガヤ楽しむタイプ

1 デッキ、テラスの緑陰樹

　リビング、和室等の間取りは一般的には南側に面した間取りに構成されていますので、デッキ、テラス周辺に植えられる樹木は、夏の強い陽射しから陰を作ってくれたり、冬場は太陽光線を取り込めるような下枝の少ない落葉高木が「緑陰樹」として適しています。緑陰樹としての機能を持たせるには、植付時で少なくとも H3.0～3.5m 以上は必要となりますし、根鉢の大きさも 40～50cm 位はありますので、植桝サイズおよび枯れたりした場合の植替えの作業性に対しても配慮が必要です。

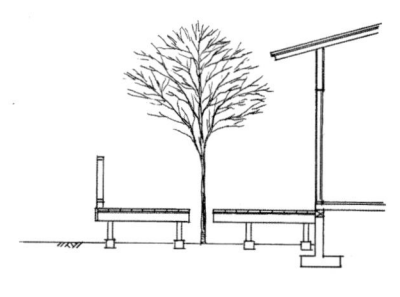

　敷地の広さやデッキ、テラス周辺の植栽位置により多少異なりますが、比較的広いスペースがあればケヤキ、アキニレ、ナンキンハゼ、カツラ、アカシア類などが適しています。

緑陰樹とデッキ

2 アプローチ等に隣接するデッキ、テラスの植栽

　南面道路に接道している建物は、南面にリビング、和室などの間取り構成となる場合が多く、玄関の位置によっては南面の庭をアプローチが横断することになり、必然的に建物内部やデッキ、テラス

第3章 部位別植栽の考え方

の生活空間を覗かせるような形になります。プライベートな空間として維持するためにも、何らかの塀、垣などで完全に目隠しする場合と、完全に目隠しはできなくても樹木により視線を一部カットしたり、目につきにくくするなどのアイストップ効果等をねらうことになりますが、できるだけ緑の生垣での目隠しを含めた形での効果的な植栽計画が望まれます。

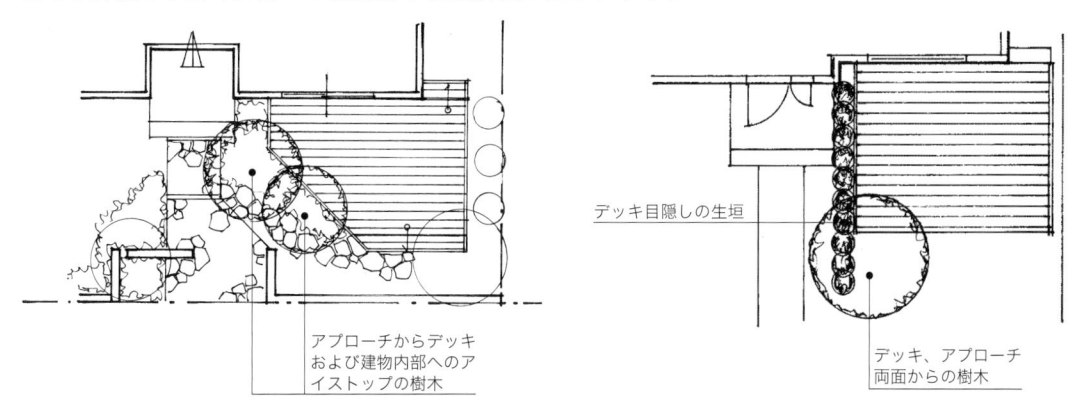

アプローチからデッキおよび建物内部へのアイストップの樹木

デッキ目隠しの生垣

デッキ、アプローチ両面からの樹木

アプローチからデッキ側植栽図面事例

3 デッキに隣接する植栽 GL の嵩上げ

デッキの場合は、一般的に建物内部の床レベルと合わせますので、デッキ床の延長線の高さでの植栽計画をおこなうことにより、植栽を取り込んだ一体感や拡がり感が生まれます。

デッキと植栽 GL の高さが同じ

4 デッキ、テラス併設フェンス、柵への植栽

デッキ、テラスに併設するフェンス、柵の場合は、目隠しやアイストップとしての目的の他にハンギングバスケットを掛けたり、蔓性植物を絡ませたりするなどさまざまな植物を演出していくことができます。

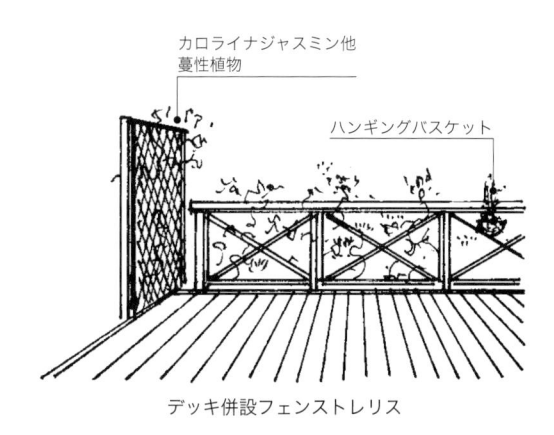

カロライナジャスミン他蔓性植物

ハンギングバスケット

デッキ併設フェンストレリス

5 図面、現場事例

1 デッキの一部をカットしての緑陰樹

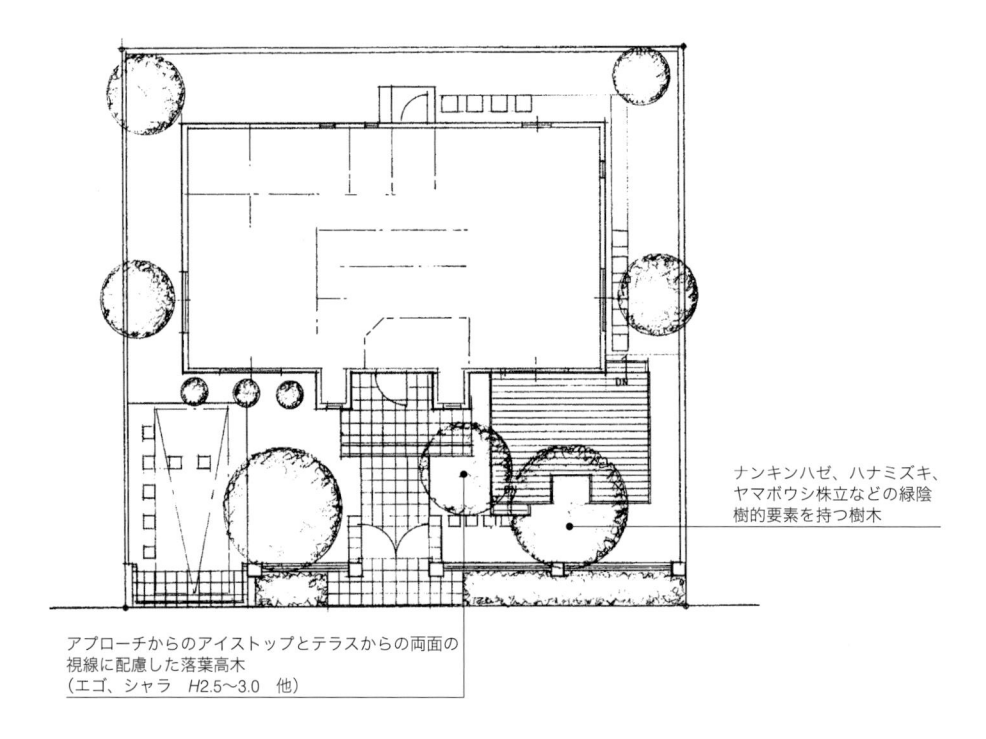

ナンキンハゼ、ハナミズキ、ヤマボウシ株立などの緑陰樹的要素を持つ樹木

アプローチからのアイストップとテラスからの両面の視線に配慮した落葉高木
（エゴ、シャラ　H2.5〜3.0　他）

2 シンメトリーに構成されたテラスと植栽

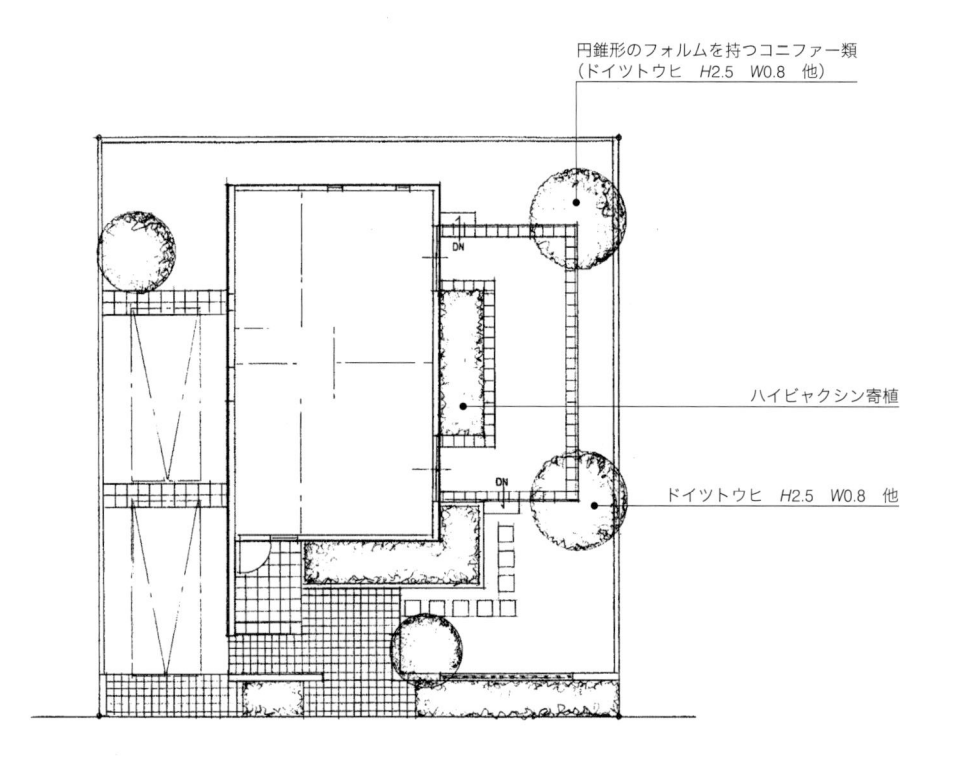

円錐形のフォルムを持つコニファー類
（ドイツトウヒ　H2.5　W0.8　他）

ハイビャクシン寄植

ドイツトウヒ　H2.5　W0.8　他

第3章 部位別植栽の考え方

③ パーゴラ併設デッキと緑陰樹（ナンキンハゼ）のある植栽

モッコウバラ

ナンキンハゼ　H3.5

④ バーベキューコーナーのあるテラス周辺の植栽

エゴ株立　H3.0〜3.5
3本組

芝生

⑤ デッキから眺める雑木林風植栽

ヤマザクラ株立　H4.5

モミ　H2.5〜3.0

ソヨゴ　H3.0

マユミ、ヤマブキ、アセビ、他中、低木、グランドカバー

07 デッキ・テラス・ベランダ・バルコニー

123

3.22 ベランダ、バルコニーの植栽

POINT
◆ベランダ等の場合はコンテナ植栽、脱着可能と風対策が基本
◆計画場所のドレイン、排水方向、軒の出等の調査は確実に

　ベランダ、デッキの場合、一般的には植物を直接植込みにくいことが多いのと、後々のメンテナンスや補修等のことを考えれば、脱着可能で取り外したり、移動しやすいコンテナ（植木鉢、容器）中心の植栽計画が主流といえます。

　戸建住宅の場合2～3階位までですが、マンションなどの高層階ではかなりの風が吹いたりもしますので、コンテナ、プランター設置方法や樹種の選定に対しての風対策は必要です。葉の薄い落葉広葉樹（モミジ類、シャラ、他）やシマトネリコのような葉の薄い一部常緑広葉樹は強風に当たると葉がカサカサした傷んだ状態になりやすいので、できるだけ避けた方が良いといえます。

　住宅のベランダ、バルコニー部分には散水栓などの給水引込がない場合が一般的ですので、潅水方法やできるだけ潅水が少なくて済むような耐乾性（乾燥に強い）のある植物の選択も大事といえます。

1　計画上のポイント

　ベランダ、バルコニーの手すりの形状（柵、壁）によっては、何らかの背景処理が必要になりますし、排水方向、ドレインの位置、ベランダ等の部分に屋根があるかないかも植栽スペースを含め、全体計画と関連してきますので確認が必要といえます。また、マンション等によりベランダ、バルコニーの植栽工事に対して、何らかの規制等を設けている場合もありますので、管理組合への確認も必要になります。

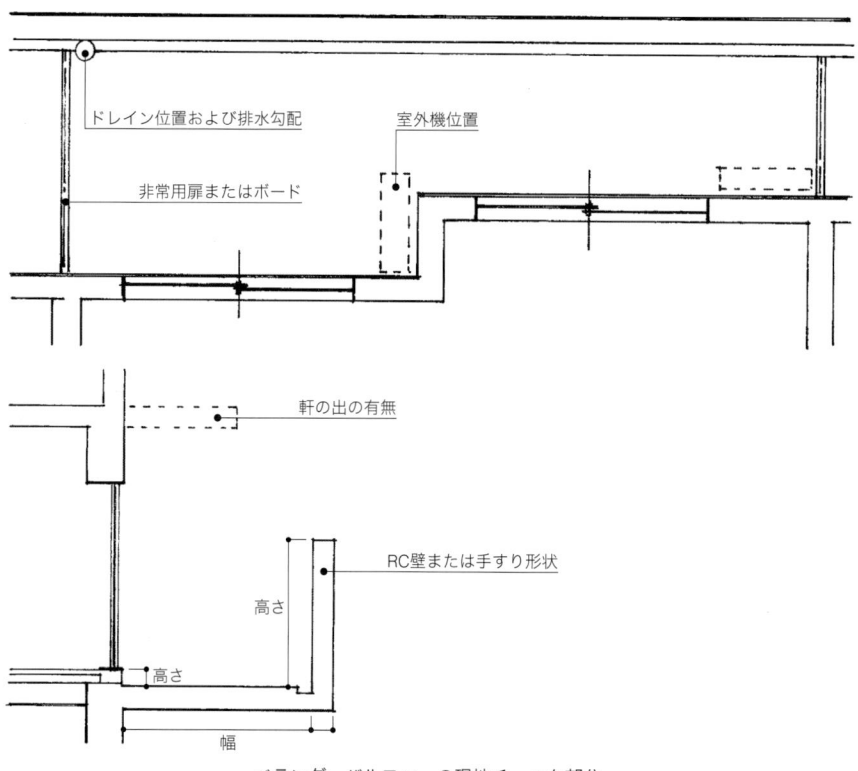

ベランダ、バルコニーの現地チェック部分

第3章　部位別植栽の考え方

移動可能なコンテナではなく現場施工での植桝等の造設の場合、既存防水層に対しての耐根シート、排水ボードなどの植栽基盤が必要となります。

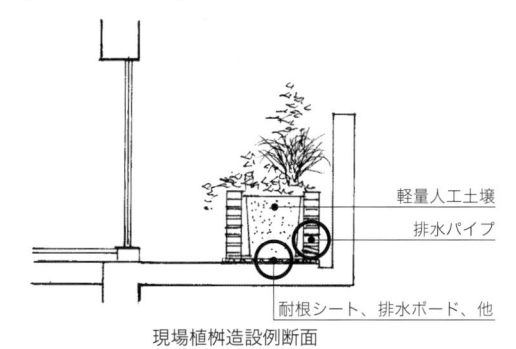

現場植桝造設例断面

◎コンテナ植込みセレクト樹種リスト

常緑中低木	オリーブ、柑橘類、フェイジョア、ゲッケイジュ、シュロチク、ブラシノキ、ローズマリー、シャリンバイ、ハイビャクシン、セダム類、ニューサイラン
落葉中低木	スモークツリー、ハナカイドウザクラ、ヒュウガミズキ、ブルーベリー、ラズベリー、バラ、ハナズオウ、ムクゲ

2 人工地盤（屋上、ベランダ、他）上の緑化基盤材

緑化基盤材は地球環境に優しいという面からもさまざまなものが開発されています。芝生や踏石と同じ300 mm角サイズの材料等もありますし、デザイン的にもさまざまな処理もでき、踏石としての機能性を持ちながらのコンビネーション効果もあります。

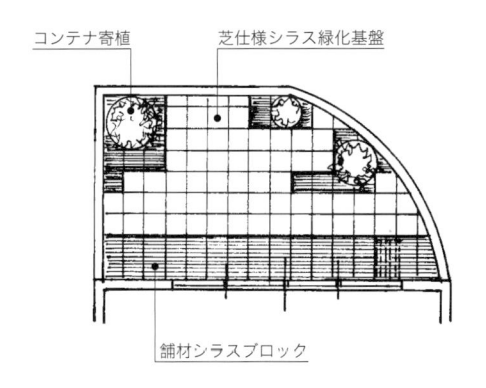

平面図 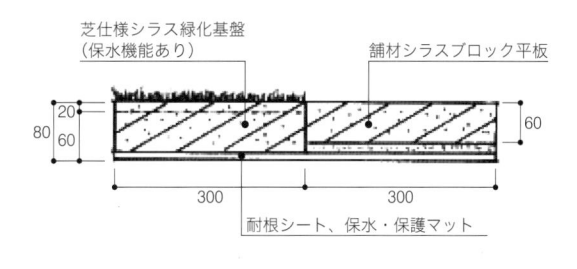　　　断面図〔mm〕

現場写真

3 コンテナ植込みテイスト別事例

① シンプルモダンテイスト

　モダン系インテリアに対応した形で、白系のコンテナやユニットフロアタイルですっきりとシンプルに構成されています。コンテナ（鉢）にはさまざまな種類がありますので、そのなかからイメージに合ったフォルム、テクスチュア、カラースキームのものを選ぶことがポイントといえます。

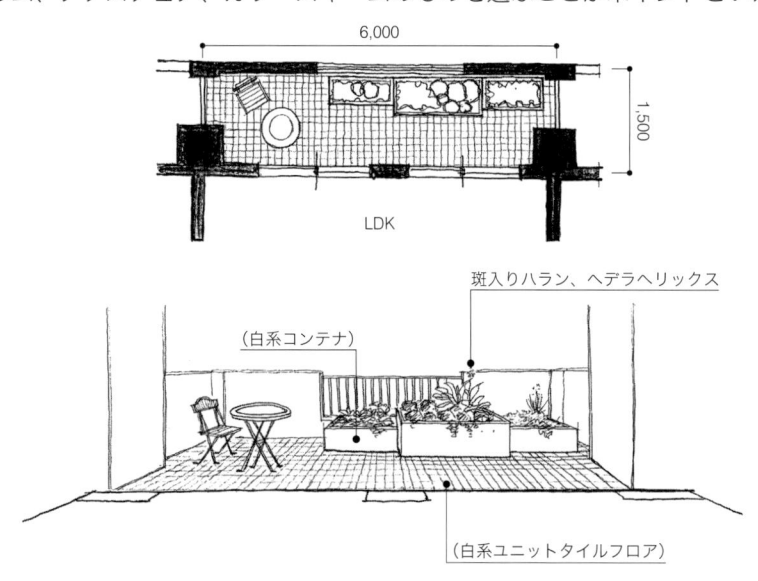

② 英国風クラシックテイスト

　重厚感のあるクラシックな雰囲気を持たせるために、発泡スチロール系の軽量躯体をレンガ風壁面に仕上げ、コンテナも同様に一体感を持たせています。床材は茶系のウッディフロアユニットで落ち着いた雰囲気を持たせ、植栽はカラーリーフ系の中・低木でまとめています。

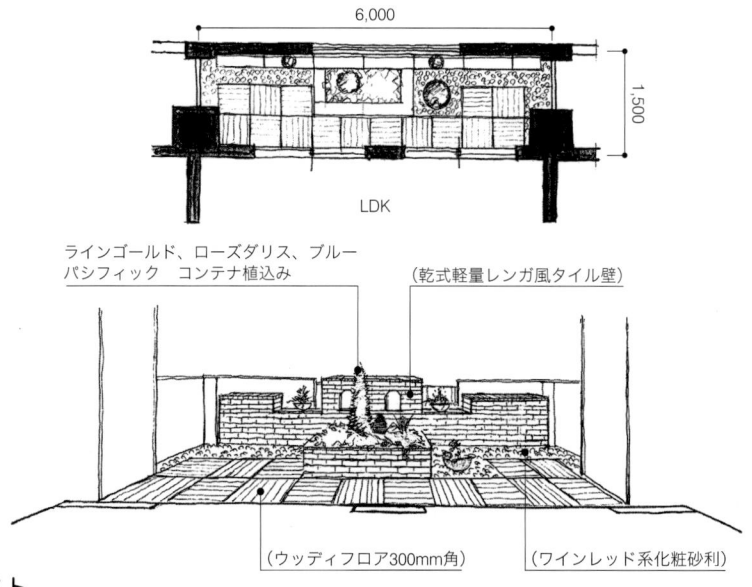

③ 和風テイスト

　和のイメージ演出のために、プラスチック製人工強化竹垣を背景とし、土間は横のラインを強調したウッドデッキで仕上げています。コンテナおよび植栽の位置、高さ等にできるだけ変化をつけるこ

とにより、狭いスペースでも立体感、奥行感を感じさせることができます。

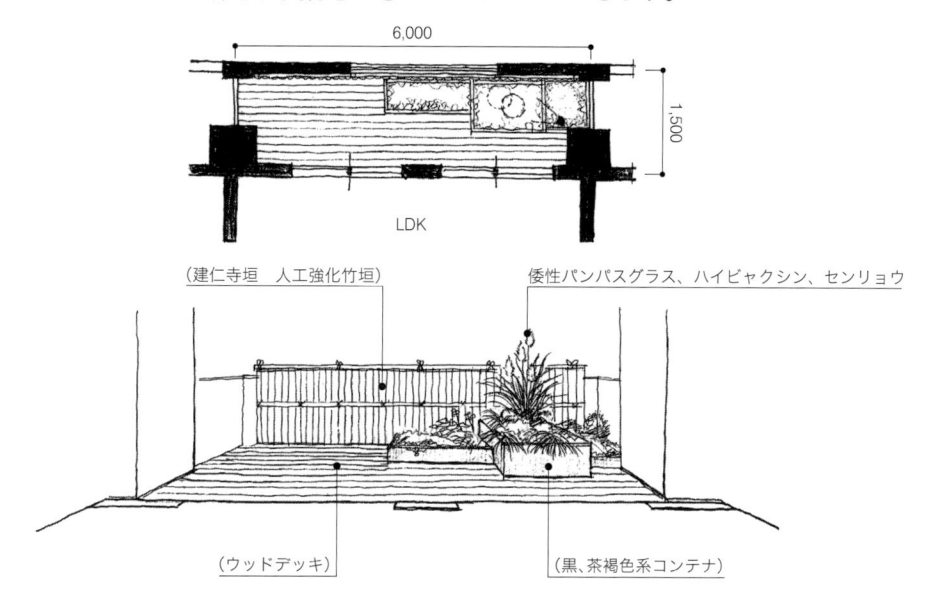

(建仁寺垣　人工強化竹垣)　　　　倭性パンパスグラス、ハイビャクシン、センリョウ

(ウッドデッキ)　　　　(黒、茶褐色系コンテナ)

4　盛土 400〜600mm 植栽図面事例

　自然な雑木林風イメージ演出のためには、H2.0〜3.0m の中・高木の植栽が必要となりますので、建築設計の段階から、屋内床レベルから 50cm 位下げた部分までの軽量盛土が可能な形で処理されています。

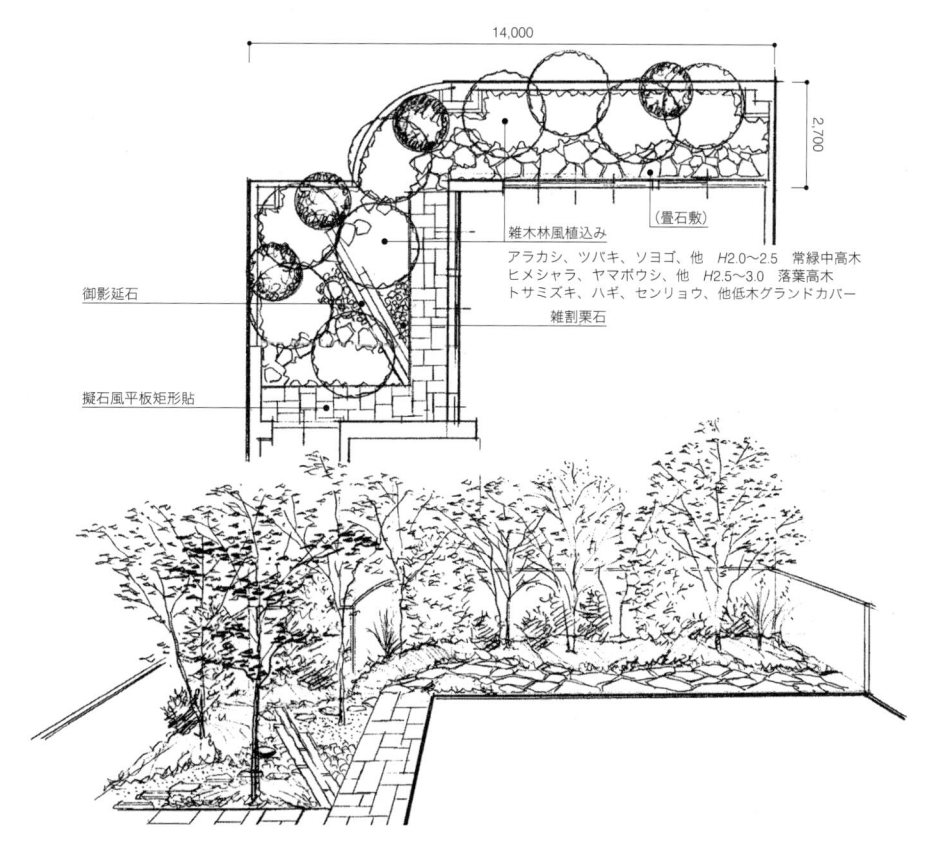

雑木林風植込み
アラカシ、ツバキ、ソヨゴ、他　H2.0〜2.5　常緑中高木
ヒメシャラ、ヤマボウシ、他　H2.5〜3.0　落葉高木
トサミズキ、ハギ、センリョウ、他低木グランドカバー

(畳石敷)
御影延石
雑割栗石
擬石風平板矩形貼

3.23 壁面緑化の種類と管理方法

POINT
- デザイン性のある「エスパリエ」や緑化パネルも演出効果大
- アサガオ、ゴウヤなどの身近な緑のカーテンも壁面緑化の一つ

　地球温暖化に対する環境負荷低減のために、二酸化炭素（CO_2）排出量規制を初め、植林事業から一般家庭の消費電力の低減等まで、さまざまな対策が取られているなか、壁面緑化が注目されています。

　夏季、太陽光線や幅射熱により熱せられた建物壁面は室内温度の上昇につながり、エアコンなどの冷房温度の負荷も大きくなってきます。壁面を植物で覆うことにより、建物外壁等の表面温度が下がり、冷房負荷の低減にもつながるということです。東京都が実施した壁面緑化の効果検証と実態調査（2004年6月発表）によると、壁面緑化には最大約10°前後の壁面温度の低減や、夜間における壁面からの放熱抑制などの効果が認められ、都市のヒートアイランド現象緩和にも有効であるという報告がなされています。

1 壁面緑化方法

　壁面緑化の方法としてはさまざまなタイプがあり大別すると、「壁面を植物が登はんする」「壁面から植物を垂れ下がらせる」「壁面の前に植物を植え込む」に分かれます。壁面の自然環境は屋上や人工地盤と似ていますが、建物正面ファサードや街並みの一部としても景観上重要な場所といえますので、緑化部分の向きや日照、雨水のかかり方などの環境条件に十分配慮した工法の選択が望まれます。

① 壁面登はんタイプ

　植物が壁面を登はんするタイプで、支持物（補助資材）がある・なしに分かれます。RC造、レンガ積造、石造などの建築物であれば植物を壁面に直接付着させることも可能ですが、それ以外の建物には直接付着させることは、付着根による外壁の損傷や、ひいては漏水の原因ともなる場合もありますので避けてください。

　また、直接付着させずに支持物を用いても、植物の生長に伴い肥大化した付着根が壁面のクラックの奥深くまで進入する場合もありますので、左官仕上げやサイディング材、タイル貼などの外壁の場合、補助支持材、植物の選定には十分注意してください。

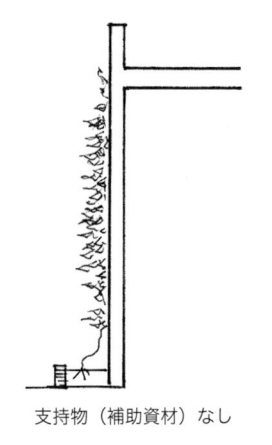

支持物（補助資材）なし

ワイヤー補助資材による壁面登はん

第3章　部位別植栽の考え方

❖ 建物壁面緑化事例

木造住宅（スイカズラ、ヘデラ類）　　　　　レンガ造外壁住宅（英国）

❖ 管理方法

　植物の登はん力によって壁面を緑化していきますので、生育範囲（被覆範囲）をコントロールしにくい面もあり、被覆している壁面にムラが出て、全体として見栄えが良くない形になる時もあります。植栽後初期段階は、横への誘引などの初期誘引を2回/年程度でおこなったり、繁茂しすぎた枝などは剪定したりするなどの定期的な剪定管理が必要といえます。

◎壁面登はんに適する主な植物

特徴	植物名
常緑性	キヅタ、ヘデラ類、△ツルニチニチソウ、△ツキヌキニンドウ、△ハーデンベルギア、△トケイソウ、△ムベ
落葉性	ナツヅタ、△クレマチス、ツルアジサイ、△ツルバラ、△ノウゼンカズラ、△フジ、△アケビ、△キウイ

△：支持物（補助資材）の併用が望ましい植物

② 壁面下垂タイプ

　建物の屋上やベランダ、バルコニー部分にプランター等で植栽した植物を壁面に下垂（垂れ下がらせる）させる方法です。壁面緑化の意味とは異なりますが、よく似た形でホテルやショッピングセンターのロビーの吹き抜け部分などでポトスなどの蔓性植物を垂れ下がらせているシーンがあります。

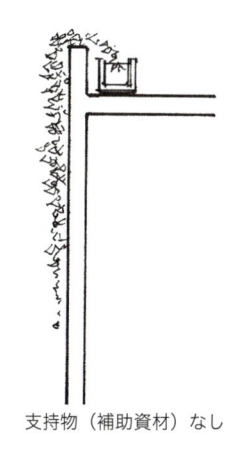

支持物（補助資材）なし　　　　　下垂タイプ（ヘデラ、コバノランタナ、キソケイ）

08　壁・屋上

❖ 管理方法

　計画段階の留意点としては、屋上やバルコニーなどに大型プランターを設置して植栽をおこなう場合は、負荷条件には配慮が必要といえますし、屋上やバルコニーなどの人工地盤上では、地植えの場合と異なり、潅水方法にも配慮して、必要に応じ、自動潅水等の施設の検討が望まれます。また、壁面全体の被覆という視点だけでなく、一部壁面を植物で変化をつけるという形での利用もできますので、植物の選定も目的に合わせた検討が必要といえます。

◎壁面下垂に適する主な植物

特徴	植物名
常緑性	ブルーパシフィック、ヘデラ類、ツルニチニチソウ、テイカカズラ、コトネアスター、キソケイ
落葉性	クレマチス、ノウゼンカズラ、ツルバラ、コバノランタナ

③ 壁面前植栽

　広義の意味では、建物の壁面の前の自然土壌に樹木を植栽することにより壁面を覆い、日差しを遮ることにより、建物内部への熱環境変化に影響することも含まれますが、一般的には、補助資材を用いて樹木を誘引し、デザイン性を持たせる「エスパリエ」や、ポット物の植物をパネル（カセット）に組み込む緑化パネルや緑化ブロック、アサガオ、ゴウヤなどの緑のカーテンを用いて壁面を緑化する方法です。

❖ エスパリエタイプ

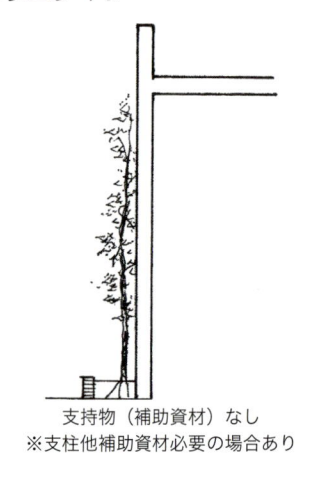

支持物（補助資材）なし
※支柱他補助資材必要の場合あり

「リンゴ」のエスパリエ

❖ 管理方法

　一般的な樹木と同じ整枝剪定、病害虫防除、施肥、潅水等の管理が必要です。生長の比較的早い樹木は、補助資材が枝等にくい込まないように定期的な確認をし、緩めたり、付け替えたりする作業も必要になります。

◎エスパリエに適する主な樹木

特　徴	植物名
常緑樹	イヌツゲ、ツバキ、イチイ、ピラカンサなど
落葉樹	トウカエデ、ハナズオウ、ベニバスモモ、ムクゲなど
果　樹	リンゴ、プルーン、イチジクなど

2　壁面緑化参考プラン事例

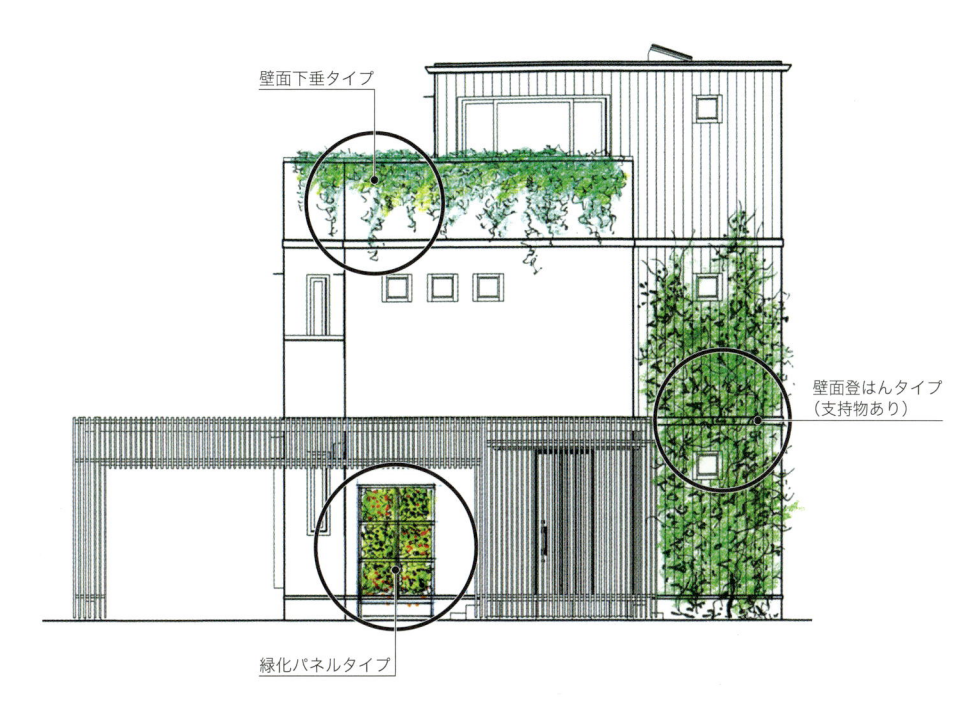

壁面下垂タイプ

壁面登はんタイプ
（支持物あり）

緑化パネルタイプ

壁面下垂タイプ

エスパリエタイプ

3.24 屋上の植栽の考え方と方法

> **POINT**
> ◆住宅の屋上でも十分可能な緑化技術の開発
> ◆樹種選定の基本は風に強く、乾燥にも強い

　住宅の屋上緑化の場合は屋根形状、荷重制限等含め制限されていましたが、最近は人工地盤上における各種緑化技術の開発等もあり、比較的屋上庭園に類するものも増えています。

　屋上緑化の効果は、屋上の照り返し防止、屋内の温度を下げることによる冷房等の省エネや都市のヒートアイランド現象緩和から始まり、庭の空間が確保しにくい都市部住宅を中心にガーデニング、キッチンガーデン（菜園）、本格的な和風庭園…などを楽しむ人が増えています。

　また、最近は既存の屋根を改修し、折板と鋼板による陸屋根に変えて屋上庭園をつくるような工法も開発されていますので、今後ますます広がりを見せていくと思われます。

1　建物の構造、積載荷重

　屋上では荷重が制限されていて、一般的な住宅や事務所などの積載荷重180 kg/m² では普通の土壌（比重1.6）では10cm強位しか盛土できず、低木、グランドカバーさえ育ちにくいので、通常はパーライトなどで改良された軽量人工土壌（比重0.6〜0.8）などを用いることにより樹木の大きさに対応できる植栽基盤を確保しています。

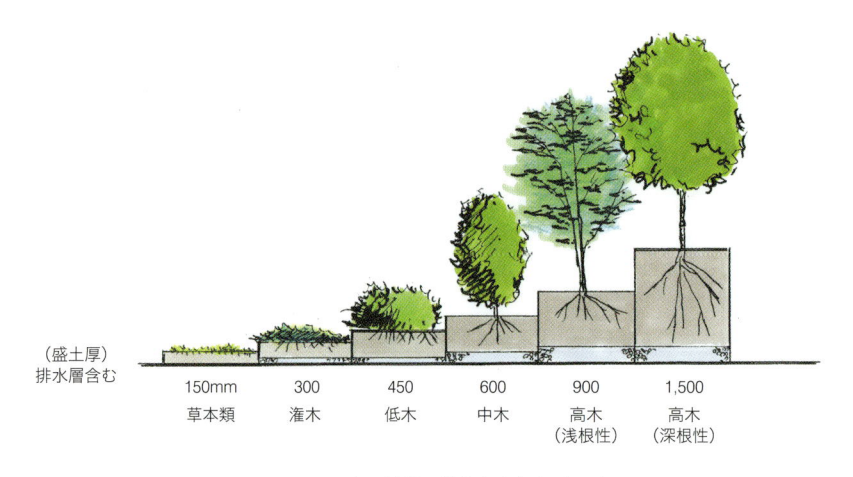

人工地盤の樹木生育空間〔mm〕

（盛土厚）排水層含む
- 150mm　草本類
- 300　潅木
- 450　低木
- 600　中木
- 900　高木（浅根性）
- 1,500　高木（深根性）

　既存建物屋上などの積載荷重等が不明な場合でも、60 kg/m² の超軽量緑化材として厚み6cm位の薄層緑化材での芝生貼も施工が可能になっています。構造はリサイクル繊維を2cm厚に圧縮し、下層に排水基盤を取り付けた50cm角のユニットです。上面に芝生を貼るだけという簡単なものですので、ベランダなどを含め利用が拡がっています。

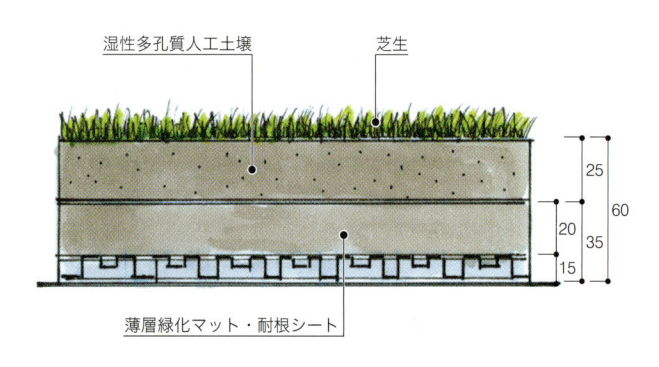

薄層緑化マット芝生貼断面〔mm〕

湿性多孔質人工土壌　芝生
薄層緑化マット・耐根シート

25 / 20 / 15　35　60

第 3 章　部位別植栽の考え方

2　保水、排水等の基盤

　屋上緑化で植物の生育等の要件として特に重要になるのは、人工地盤上の薄い植栽基盤の保水性、排水性をどう高めていくかということで、一般的に土壌改良と下層排水システムの両面での対応が必要になります。

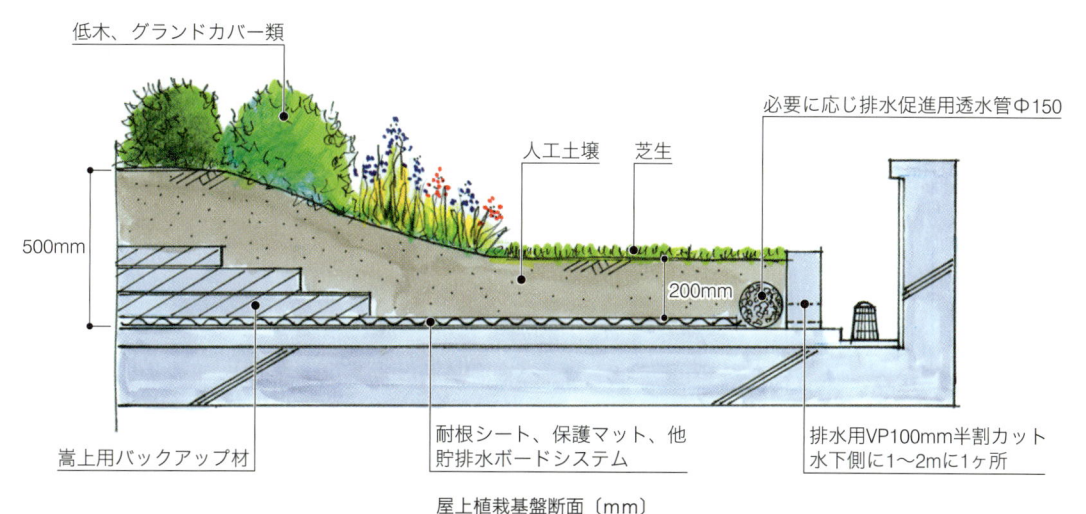

屋上植栽基盤断面〔mm〕

3　支柱

　屋上部分は日当りが良いと同時に風も強いので、高木支柱に対する配慮が必要です。積載荷重が抑えられていますので、盛土厚は最小限ですし通常の木杭では機能しにくいことや耐風圧にも強く、地上に見えないのですっきりすることから、地下（アンカー）支柱が一般的になります。

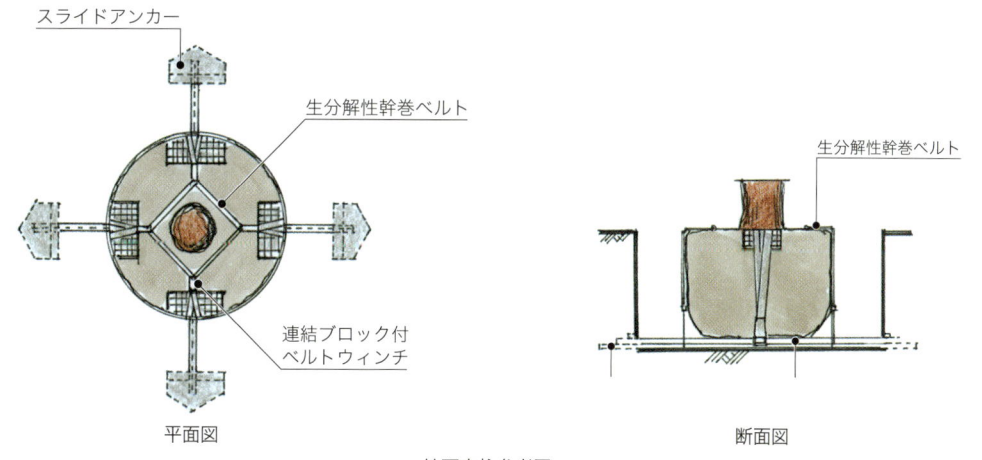

地下支柱参考図

4　潅水

　屋上は日当りも良く風も強いということは、言いかえれば、乾燥しやすいということですので、雨水だけでの対応では十分といえません。広さにもよりますが、自動潅水装置をおすすめします。
　ただし、自動潅水だけですべてをクリアできるわけではありませんので、あくまでも補助的には人による潅水も必要になります（自動潅水については第 5 章にて詳しく説明）。

08
壁・屋上

5　植栽材料

　植栽材料選定基準は風が強く、日当りも良いという面からは、耐乾性（乾燥に強い）、耐風性（風に強く、折れにくい）のある樹種が基本となりますので、カシ、シイなどの常緑広葉樹が中心の構成となります。落葉広葉樹は風で葉が傷みやすいので、できるだけポイント的な処理に留めるのが一般的です。

◎屋上に適した樹種

常緑中高木	アラカシ、シラカシ、ウバメガシ、タブノキ、ヤマモモ、モッコク、キョウチクトウ、ゲッケイジュ、オリーブ、柑橘類、フェイジョア、スモークツリー、ブラシノキ、ユッカ、クロマツ、ゴヨウマツ
落葉中高木	サルスベリ、ナンキンハゼ、ヤエザクラ、ハナミズキ、エゴノキ、ネムノキ、ヤマボウシ、ムクゲ、ハナズオウ、ザクロ
低木、グランドカバー	グミ類、トベラ、シャリンバイ、ヒラドツツジ、サツキツツジ、アベリア、ハマヒサカキ、ツゲ、ヒペリカム類、エニシダ、ユキヤナギ、ローズマリー、ハイビャクシン、セダム類、芝生

6　図面事例

　全体を芝生広場ゾーンと野菜づくりのキッチンガーデンゾーンに大別し、レンガ貼の園路により結ばれています。園路の交差部に休憩所としてガゼボ（洋風 東屋（あずまや））が配置され、農作業の道具や肥料等は、木製物置に収納されます。植栽部は中高木や低木部分は盛土を厚くし起伏をつくることにより立体感の演出にもつながります。

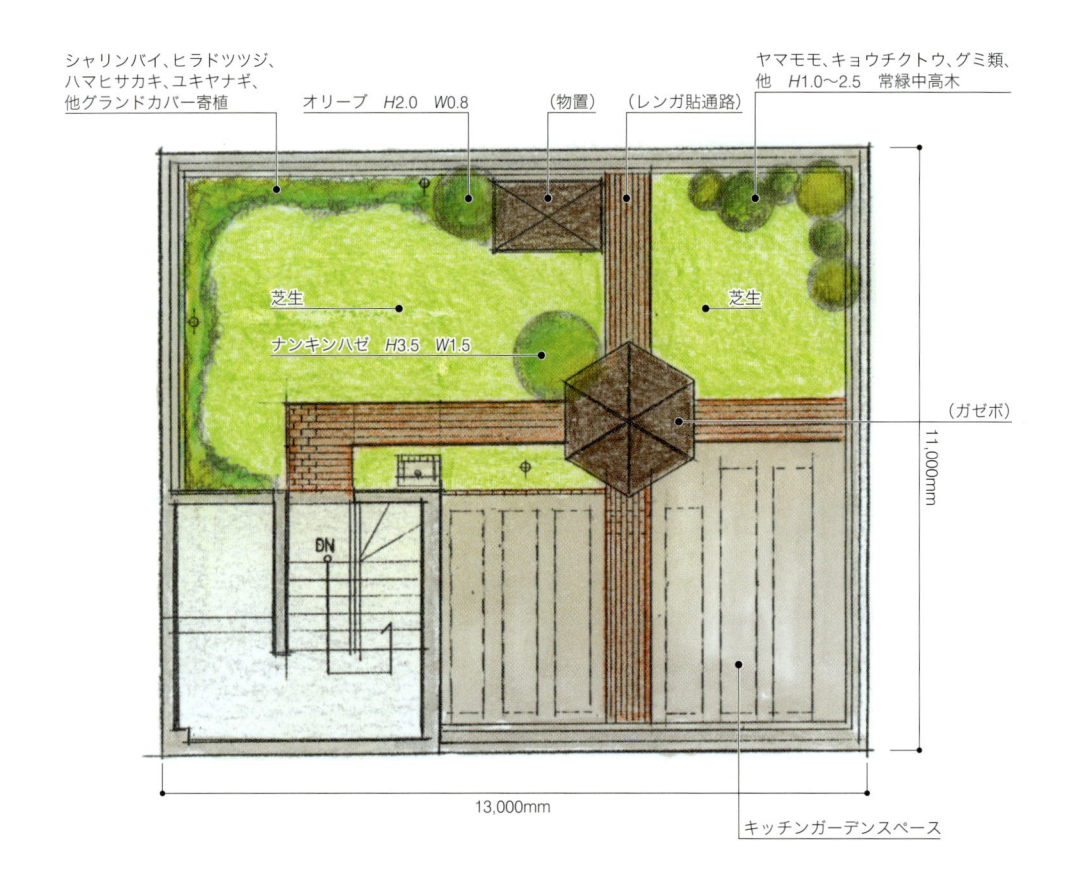

第3章 部位別植栽の考え方

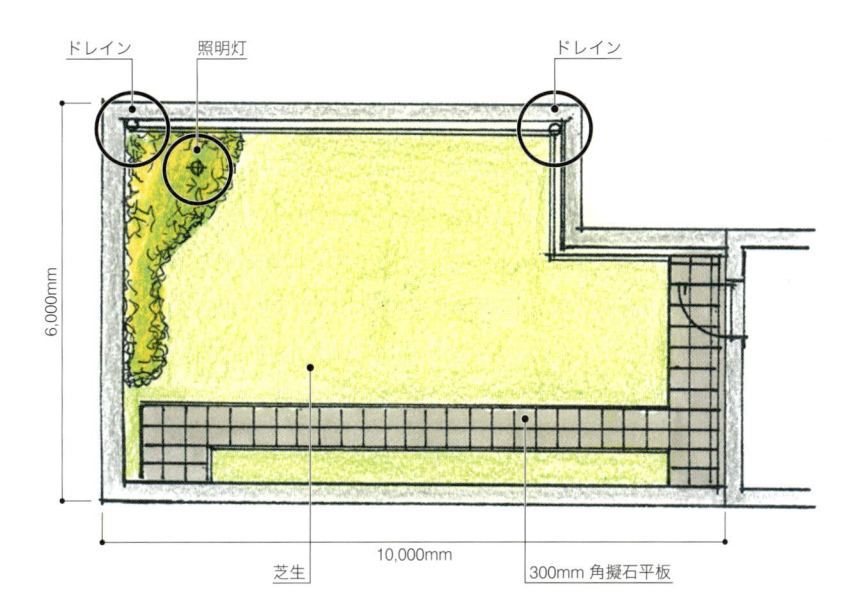

7 図面現場事例

ドレイン　照明灯　ドレイン

6,000mm

芝生　10,000mm　300mm 角擬石平板

芝生　軽量人工土壌

耐根シート、貯排水ボード
システム

レンガ積
排水用VP100mm半割カットパイプ
1ヶ所/m

住宅車庫上部屋上庭園

海外住宅屋上庭園事例

08 壁・屋上

135

3.25 観葉植物の設置場所とモダン系のインテリア観葉植物

POINT
◆選定基準はフォルム、テクスチュア、カラースキーム、鉢カバー
◆モダン系は直線的、メカニック、整形な形、濃い緑がポイント

　建物内部は照明器具、家具、カーテン等を含めて、部屋のイメージに合った形でトータルコーディネートされているのが一般的ですが、意外とその部屋のイメージに全く合っていない観葉植物や、観葉植物は合っているのだが鉢カバーが合っていないとか、鉢カバーもなく水の受け皿も見えている…という状況を目にする場合があります。

　基本的にはインテリアのテイストに合わせた観葉植物を選択すれば良いのですが、なかなかそこまでできていないのも現状で、個々の植物の持つフォルム、テクスチュア、カラースキームの視点からの選択が望まれます。

1 設置場所

① リビング

　基本的には日なたを好む植物が中心になりますが、直射日光を嫌う植物もありますので、レースのカーテン越しとか直射日光の届きにくい位置への設置が望まれます。また、マンション等で開口部が少なく、陽の当たりにくいところなどは、半日陰を好む植物が適しています。観葉植物の大きさはスペースにもよりますが、全体を含めた高さが1.5〜1.8m位の大鉢がポイント的に欲しいところです。

② 洗面、トイレ

　一般的にはほとんど陽は当たりませんので、日陰や半日陰を好む植物など、耐陰性の強い植物が中心になります。リビングなどと異なり、冬場などは室温も低くなりがちですので、寒さに強い（耐寒性）ことも大事です。サイズ的には草丈15〜20cm位の小鉢で十分ですし、一輪挿しの花などでも代用できます。

③ 浴室

　洗面、トイレと同じく耐陰性、耐寒性とともに、浴室使用時との温度差がかなりありますので、強健な観葉植物が基本といえます。最近は人工樹木の精度も良くなっていますので、植物の生長にとって条件の悪い場所は、人工樹木の観葉植物も一つの選択肢といえます。

2 鉢カバー

| ステンレス製 |  籐製 |  木製 |

3　モダン系インテリア

モダン系でもナチュラル、クール、シックと多少異なりますが、都会的、洗練された室内の雰囲気に対して、観葉植物も直線的な幹や葉のフォルムを持つ植物が中心となります。

メカニック的な形状の葉や球状のサボテンなども合いますし、色は多少濃い緑の葉が落ち着きます。

鉢カバーはステンレスや陶器であれば黒から白のモノトーンがおすすめです。

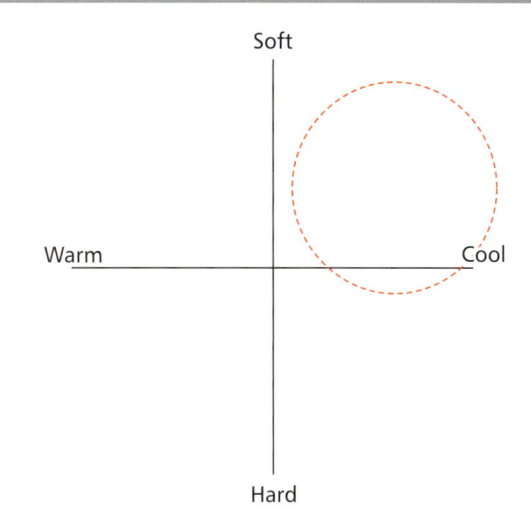

① リビング

| コンシナ「レインボウ」 |  サンスベリア |  ミルクブッシュ |  サボテン「ダイウンカク」 |

| その他適合観葉植物 | チランジア・プルボーサ、ミドリサンゴ、ドラセナ「マルギナータ」、ツツチトセラン、ユッカ・エレファンティペス、サボテン「エキノカクタス」 |

② 洗面、トイレ

| アンスリウム |  グズマニア「チェリー」 |

| その他適合観葉植物 | クロインベ、カンスゲ、ミドリノスズ、ドラセナ「コンパクタ」、チランジア・シアネア |

③ 浴室

| タニワタリ |  タマシダ |

| その他適合観葉植物 | チランジア・シアネア、グズマニア「オスタラ」、人工樹木（スパイラルツリー、パンダナス） |

※植物生育環境があまり良くないので、テイスト判断のみでないため重なる植物もあり

09　インテリア

3.26 カジュアル系、ナチュラル系のインテリア観葉植物

POINT
◆カジュアル系は葉の形は大きく、明るい緑、黄、斑入りがポイント
◆ナチュラル系は柔らかい感じで、葉も多く、ボリューム感がポイント

1 カジュアル系インテリア

明るく、若々しい、親しみやすい雰囲気のインテリア構成ですので、葉の形も大きめで、全体のフォルムも伸びやかな観葉植物中心の構成となります。葉の色も明るい緑や黄色、白色の斑入りの植物が明るい部屋のなかで効果的な演出をしてくれますし、黄、オレンジ、赤などの暖色系の花が咲く植物も向いています。フォルムが面白くて可愛いウチワサボテンなどもワンポイントとして効果的です。

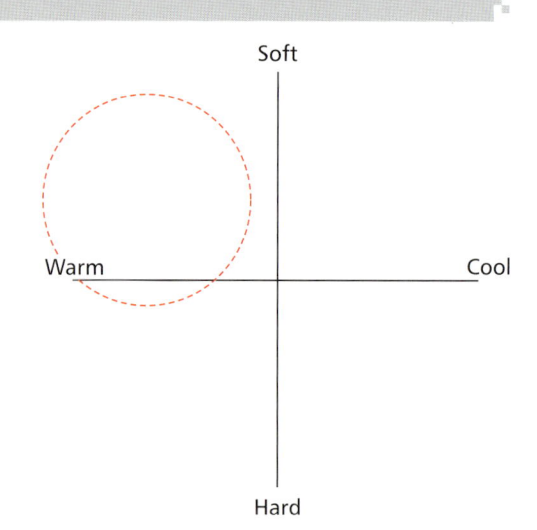

1 リビング

| フィカス「ウンベラータ」 |  ベンジャミン「スターライト」 |  パキラ「ミルキーウェイ」 |  ベンジャミン ST（スタンダード）仕立 |

| その他適合観葉植物 | 斑入りホンコンカポック、斑入りインドゴムノキ、クロトン（長葉系）、フィカス・ブラウン、アルテシマゴム、ウチワサボテン |

2 洗面、トイレ

ポトス・ライム 　　グズマニア「セルダー」

| その他適合観葉植物 | ヒロハナカフオリズルラン、インコアナナス、ヘデラヘリックス、ヒメアンスリュウム |

3 浴室

タマシダ 　　タニワタリ

| その他適合観葉植物 | ポトス・ライム、インコアナナス、人工樹木（クワズイモ） |

第3章 部位別植栽の考え方

2　ナチュラル系インテリア

　木や籐、コットンなど自然素材の温かみのある素朴な空間構成で、色彩も素材本来の持つ自然な色をベースにした雰囲気ですので、全体の葉や枝などにもボリューム感、緑量感を感じさせる明るい雰囲気の観葉植物中心の構成となります。葉の形などもあまりカチっとしない柔らかな雰囲気が望まれます。鉢カバーなどは、テラコッタ系陶器や籐、木質系などがおすすめです。

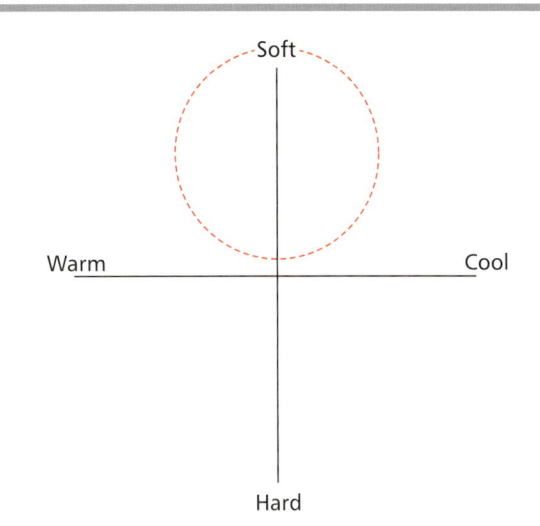

① リビング

| ベンジャミン |  カポック「シェフェレア」 |  シェフェレア「ナレータ」 |  カラテア「ビューグ」 |

| その他適合観葉植物 | シマトネリコ、サンデリー「ゴールデン」、コルディリネ「ホワイトエッジ」、コルディリネ「ストリクタ」、ディフェンバキア「カミーラ」 |

② 洗面、トイレ

| エレンダニカ |  アジアンタム |

| その他適合観葉植物 | 木立性ベゴニア、シンゴニウム「ピクシー」、エレンダニカ、アジアンタム |

③ 浴室

| ポトス・ライム |  タマシダ |

| その他適合観葉植物 | タニワタリ、ポトス「マーブルクィーン」、人工樹木（カラテアグリーン） |

09 インテリア

3.27 エレガント系、クラシック系のインテリア観葉植物

POINT
◆エレガント系は繊細な感じの葉、柔らかい緑、花は白〜淡いピンクがポイント
◆クラシック系は存在感のある大きめの葉、色は赤銅色系や濃い緑がポイント

1 エレガント系インテリア

繊細で品の良い女性的な洗練さでまとまった空間ですし、良質な素材やデザイン性のあるものでコーディネートされていますので、植物の葉も細やかで繊細な感じを持つ観葉植物が適しています。

色彩的にはあまり葉も濃い緑ではなく、柔らかい感じの緑が望まれますし、白色の斑入りの植物なども合います。

花の色は淡いピンクや白色がよりソフトな雰囲気を演出してくれます。

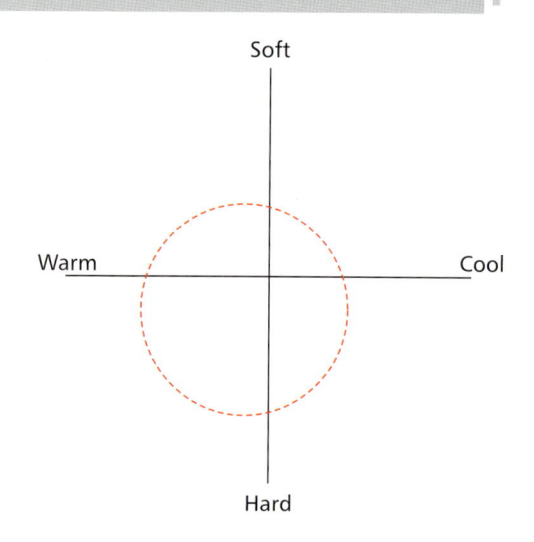

① リビング

| ベンジャミン |  ベンジャミン「スターライト」 |  カラテア「ビューグ」 | ペシンゴニウム |

| その他適合観葉植物 | ショウナンゴムノキ、アスパラガス「プルモーサス」、ブーゲンビレア「ブライダルブーケ」、パピルス |

② 洗面、トイレ

斑入りアイビー 　エレンダニカ

| その他適合観葉植物 | アジアンタム、カラディウム「ホワイトクィーン」、シンゴニウム「ピクシー」、プテリス「ビクトリー」 |

③ 浴室

スパティフィラム 　アジアンタム

| その他適合観葉植物 | タマシダ、ポトス「ライム」、人工樹木（カラテアグリーン） |

第3章 部位別植栽の考え方

2 クラシック系インテリア

　高級感のある素材や、豪華でやや贅沢な雰囲気で存在感のある空間構成ですので、全体のグレード感に合った観葉植物が必要といえます。

　葉の形状は直線的でも、多少広い大きな葉でも構いませんが、存在感のあるものをポイント的に配することも大事になります。

　葉の色もカラーリーフ系で、赤銅色、赤、橙色系など存在感のあるものや、濃い緑の葉が落ち着いた雰囲気を醸し出してくれます。

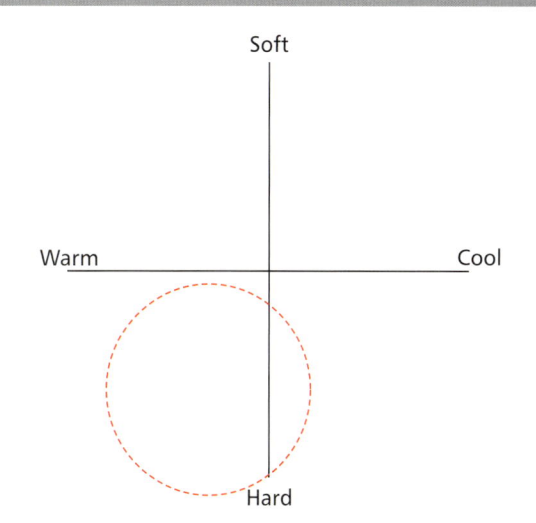

① リビング

| 広葉ドラセナ（赤） |  カシワバゴム（小葉） |  クロトン「あけぼの」 |  ストレチア |

| その他適合観葉植物 | フィカス「アビジャン」、ドラセナ「ワーネッキー」、マングーカズラ、クロトン（広葉5色）、ヘコリア「ルブラ」、セローム、ディジコセカ |

② 洗面、トイレ

| エレンダニカ |  グズマニア「ボイラー」 |

| その他適合観葉植物 | 木立性ベゴニア、シンゴニウム「ピクシー」、プテリス「ビクトリー」、グズマニア「クラレッド」 |

③ 浴室

| カラテア「アコヤナ」 |  タニワタリ |

| その他適合観葉植物 | アグラオネマ「ロタンダム」、カラテア「サンデリアナ」、人工樹木（カラテアレッド系、ヘリコニア） |

09 インテリア

コラム3

ペット（イヌ、ネコ）と暮らす植栽計画

　イヌやネコと共存する庭や植栽計画にはさまざまな工夫が必要といえます。特にイヌを庭で放し飼いにしたり、ネコを屋外で飼ったりする場合などは、いかにペット達が心地良いと感じる空間をつくるかが大事になってきます。また、芝生を傷めたり、穴を掘ったり、草花を踏み散らしたり、糞や尿で傷んだり、枯れたりもしますので、ある程度は仕方ないとしても、工夫することにより多少とも被害を和らげてくれます。

　イヌは走り回れる空間が大好きですので、まず全体計画のなかで走り回って良いところと悪いところの空間分けが必要になり、できれば犬小屋周辺の一定の領域を設定し、フェンス等で囲うことも一つの方法といえます。イヌは大体暑がりですので、犬小屋の近くにナンキンハゼ、アキニレなどの幹の太い緑陰樹があれば、イヌだけではなくネコにとっても木登りなどのかっこうの遊び場となります。ネコには対応できませんが、イヌの場合は高さ40〜50cmの植桝をつくり、そこに樹木や草花を植えることにより、植物への損傷などはかなり少なくなります。また、カラタチ、メギなど棘のある植物は苦手ですので、そういう植物を要所に配するのも一つの方法といえます。イヌもネコもふかふかした土の部分は好きなので、種を蒔いた直後や植付後の幼苗の時などは侵入対策として、切り枝などを7〜8cm間隔で立てれば、特にネコなどはそこを避けて動きますので効果的です。

　ペットにとって有害な植物は意外と多くあり、有害部分は樹皮、葉、根、花などに分かれますが、ユズリハ（葉、樹皮）、モクレン（樹皮）、エゴ（果皮）、ジンチョウゲ（花、葉）、スズラン（樹皮、果実）、クリスマスローズ（全草、特に根）、スイセン（鱗茎）など庭で良く使われるものだけでも50種以上あります。ただ、動物は本能的に毒のある植物は口にしませんのであまり心配はいりませんが、小さい時は誤って口にしたりすることもありますので、そのあたりの配慮は必要といえます。

　なお、植物に薬剤散布をした後は、できるだけ2日前後は外に出さないように気を付けてください。直接葉を食べたりすることは少ないですが、薬が落ちた水鉢などの水を飲んだりして中毒をおこしたり、ネコなどが歩き回って体に薬液がつき、毛繕いをする時に口に入る場合もあります。

デッキを散歩するイヌ　　　　　　　　　　庭の植栽の中のネコ

第4章
イメージ別
ガーデン植栽の考え方

コニファー類を中心とした住宅植栽

4.1 モダン和風テイストの植栽

POINT
◆シンプルな植栽で仕立物（マツ他）使用の場合は、構造物でモダンな演出を
◆低木はできるだけ単一樹種で整形的刈込みがポイント

　最近は和室のない住宅も見受けられますが、一般的には間取り構成のなかで和室は残されていることが多いといえます。和室の前はやはり和の雰囲気の鑑賞本位の庭のスペースとなりますが、ユーザーのリクエストは、昔ながらの景石や仕立物の樹木で構成するのではなく、モダンな和のテイストのある庭に仕上げて欲しいというケースが増えています。

　庭や植栽等の構成も基本的にはシンプルですっきりした構成中心となりますし、添景物も昔ながらの景石、灯籠ではなく、加工石材のオブジェ的なものにすることにより、だいぶん雰囲気も変わります。

　低木等も曲線的なアンジュレーション（起伏）を持つ刈込みではなく、直線、整形的に仕上げることなどがポイントといえます。

1　配植事例

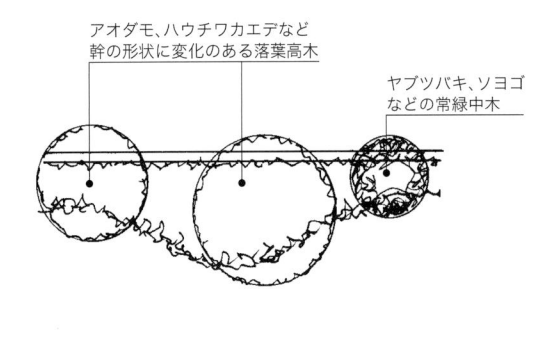

（平面図）
- アオダモ、ハウチワカエデなど幹の形状に変化のある落葉高木
- ヤブツバキ、ソヨゴなどの常緑中木

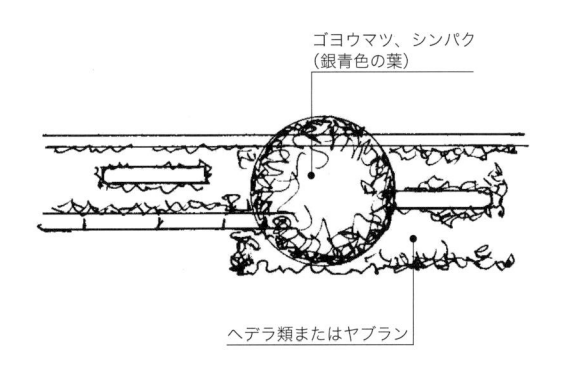

（平面図）
- ゴヨウマツ、シンパク（銀青色の葉）
- ヘデラ類またはヤブラン

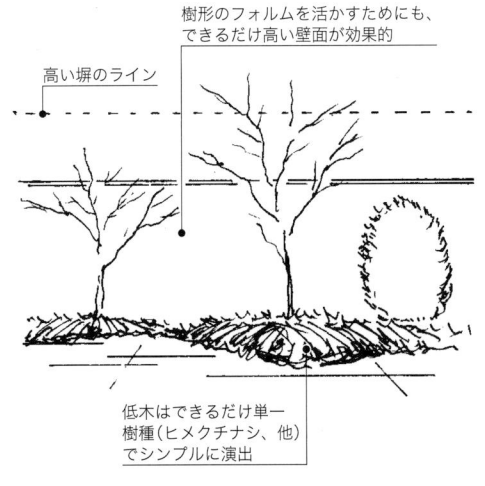

（パース）
- 高い塀のライン
- 樹形のフォルムを活かすためにも、できるだけ高い壁面が効果的
- 低木はできるだけ単一樹種（ヒメクチナシ、他）でシンプルに演出

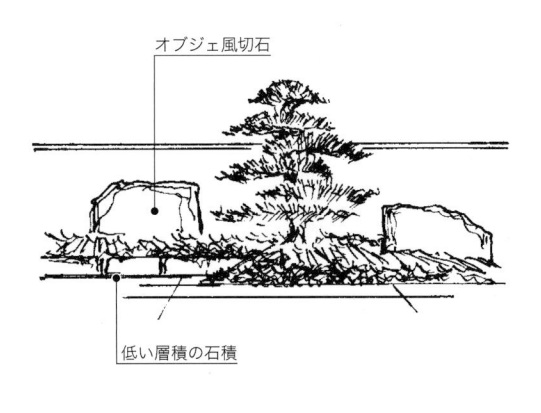

（パース）
- オブジェ風切石
- 低い層積の石積

第4章 イメージ別ガーデン植栽の考え方

2 図面事例

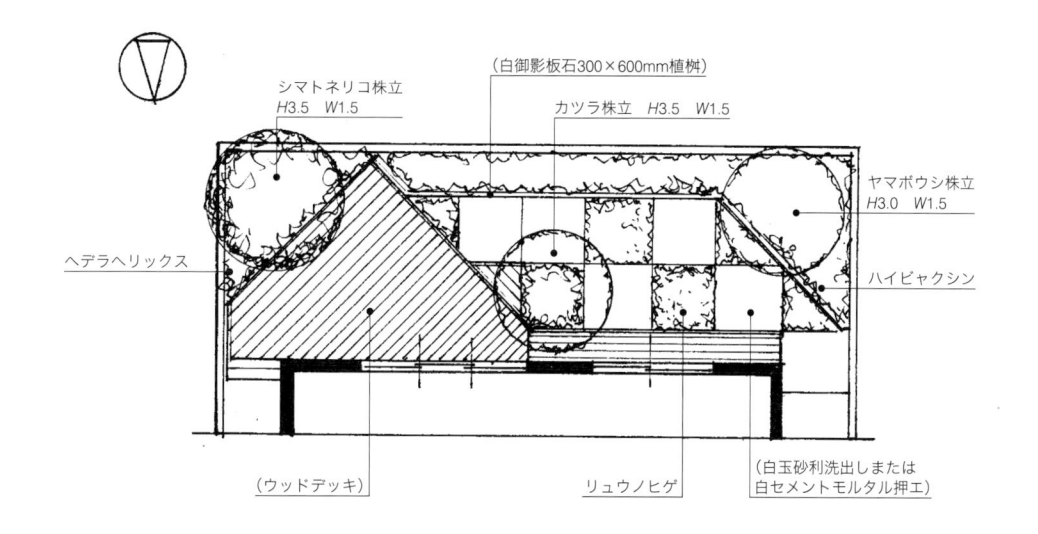

図中ラベル:
- シマトネリコ株立 H3.5 W1.5
- (白御影板石300×600mm植桝)
- カツラ株立 H3.5 W1.5
- ヤマボウシ株立 H3.0 W1.5
- ヘデラヘリックス
- ハイビャクシン
- (ウッドデッキ)
- リュウノヒゲ
- (白玉砂利洗出しまたは白セメントモルタル押エ)

平面〔m〕

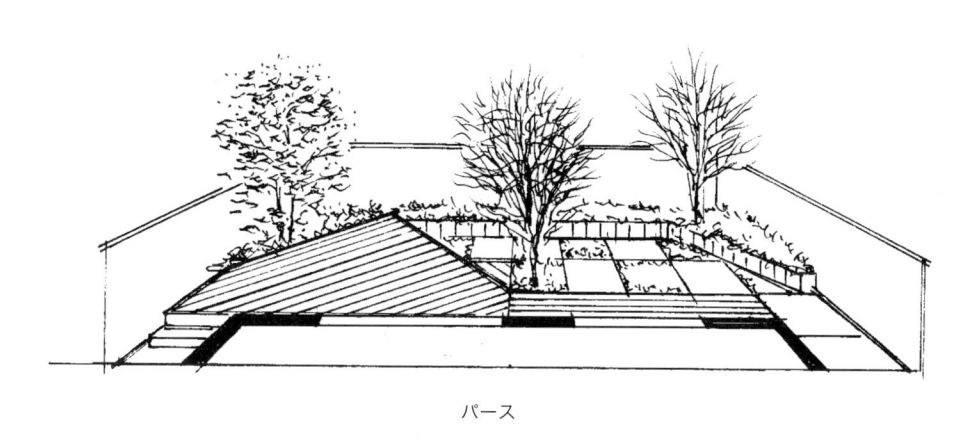

パース

3 適合樹木

◎モダン和風スタイルの樹木

高木	ゴヨウマツ、サルスベリ（自然樹形含む）、ヤマボウシ（株立）、シャラ、モミジ・カエデ類、モウソウチク、リョウブ
中木	ソヨゴ、ヤブツバキ、ミツバツツジ、リキュウバイ、マユミ、クロチク
低木、地被類	ヒメクチナシ、クサツゲ、ハイビャクシン、ヘデラ類、リュウノヒゲ、ヤブラン

4 添景物他構造物

切石他加工石材、創作的（オリジナル）竹垣、水鉢（陶器、金属）、鬼瓦他瓦

4.2 雑木林風テイストの植栽

> **POINT**
> ◆高木配植は不等辺三角形を基本とした自然な配列
> ◆低木も寄植刈込みではなく、苔、ササの中に適度に散らす程度

　ナチュラルな雰囲気や野趣味のある雑木林風の植栽は、数寄屋建築等の和風建築から洋風イメージの建築まで幅広く対応できるといえます。自然樹形の雑木が中心となりますので、落葉樹と常緑樹の割合は約7〜8：3〜2位の構成が望ましく、樹木の配置も規則的ではなく不等辺三角形の配植を基本とし、自然な配列が大事といえます。

　カラーリーフ系やカラフルな彩りの花は極力抑えて、四季の移ろいを新緑、紅葉、黄葉、実の色などで感じさせ、庭のなかの彩りの変化を感じさせるくらいが適当です。

　高木は株立樹を中心に構成し、低木もあまり密植させずに適度に散らす形で、野趣味のある山野草を足元に配するのも効果的です。

1 配植事例

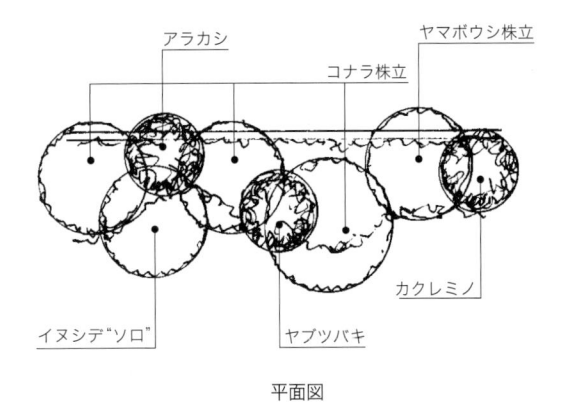

平面図／平面図

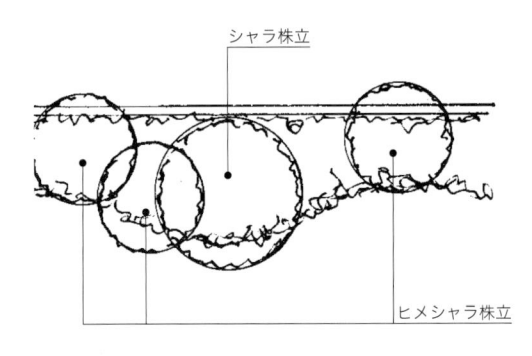

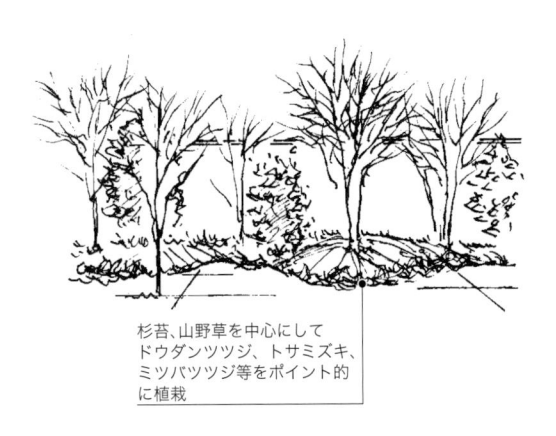

- アラカシ
- コナラ株立
- ヤマボウシ株立
- イヌシデ"ソロ"
- ヤブツバキ
- カクレミノ
- シャラ株立
- ヒメシャラ株立

パース／パース

- 杉苔、山野草を中心にしてドウダンツツジ、トサミズキ、ミツバツツジ等をポイント的に植栽
- コグマザサをベースにしてハギ、ヤマブキ、トサミズキ等をポイント的に植栽

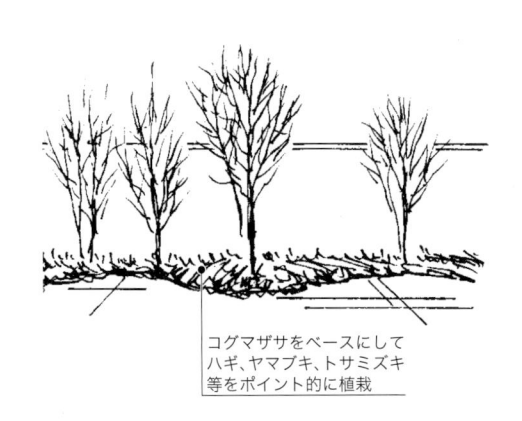

2 図面事例

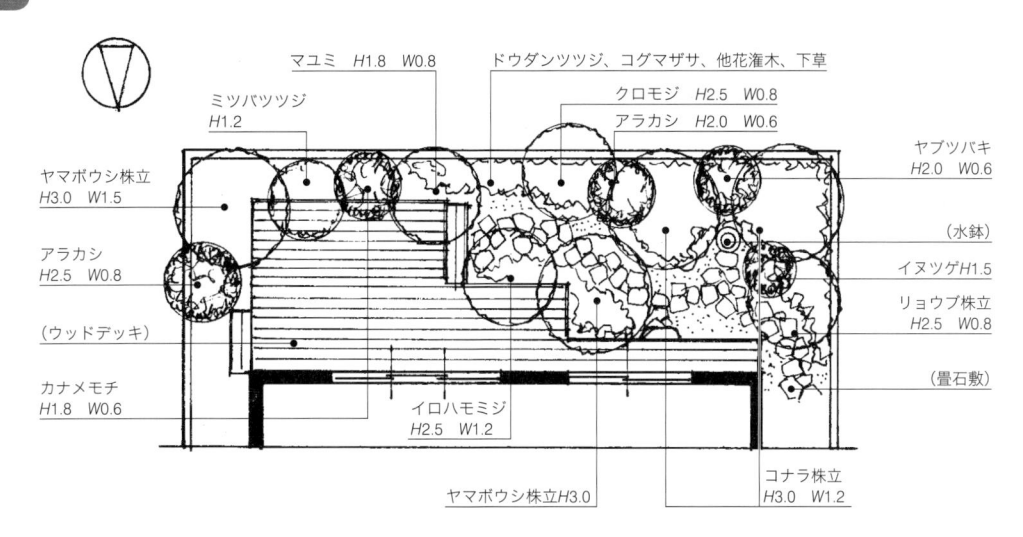

マユミ H1.8 W0.8
ドウダンツツジ、コグマザサ、他花潅木、下草
ミツバツツジ H1.2
クロモジ H2.5 W0.8
アラカシ H2.0 W0.6
ヤブツバキ H2.0 W0.6
ヤマボウシ株立 H3.0 W1.5
(水鉢)
アラカシ H2.5 W0.8
イヌツゲ H1.5
(ウッドデッキ)
リョウブ株立 H2.5 W0.8
カナメモチ H1.8 W0.6
(畳石敷)
イロハモミジ H2.5 W1.2
ヤマボウシ株立 H3.0
コナラ株立 H3.0 W1.2

平面〔m〕

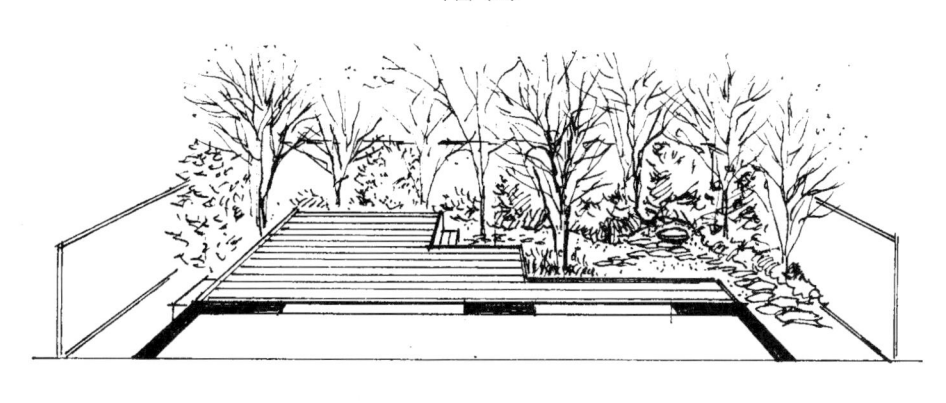

パース

3 適合樹木

自然樹形の樹木が中心で、低木も刈込み剪定は極力控えます。

◎自然風テイストの樹木

高木	コナラ、クヌギ、モミジ・カエデ類、ヤマボウシ、クロモジ、イヌシデ"ソロ"、コブシ、アラカシ、ソヨゴ、アオダモ
中木	ニシキギ、マユミ、マンサク、ミツバツツジ、ヤブツバキ、カクレミノ、イヌツゲ、カナメモチ
低木、地被類	ハギ、ドウダンツツジ、シモツケ、ヤマブキ、ムラサキシキブ、トサミズキ、ヤブラン、クマザサ、コグマザサ、杉苔、山野草、他

4 添景物他構造物

月見台風デッキ、捨石組(すていしぐみ)、マクラギ、延段、飛石、水鉢から浅い流れ

4.3 英国風テイストの植栽

> **POINT**
> ◆基本はシンメトリー、整形的植栽またはボーダーガーデン、自然風植栽
> ◆低木、グランドカバーはあまり派手にせず落ち着いた雰囲気で

　レンガ貼、石貼等の重厚感とクラシックな雰囲気を持つ住宅外観ですので、庭の全体構成も落ち着いた雰囲気の演出が求められます。その一方、イングリッシュガーデンで代表されるように宿根草を主体とした彩りのある空間演出も必要といえます。

　常緑樹は整形に仕上るコニファー系や多少葉の大きめのもので構成し、カラーリーフ系の落葉樹を適度に混ぜる程度で十分です。全体にあまり派手さはなく、シェードガーデン（日陰の庭）的な雰囲気を念頭にした低木、地被類の選定が望まれます。

　デザイン的には人工的な刈込みによる直線、整形的な様式とボーダーガーデン（手前から後方に向かって植物の高さを高くし、曲線ラインでの植栽）等のナチュラルな雰囲気の二つに大別されるともいえます。

1 配植事例

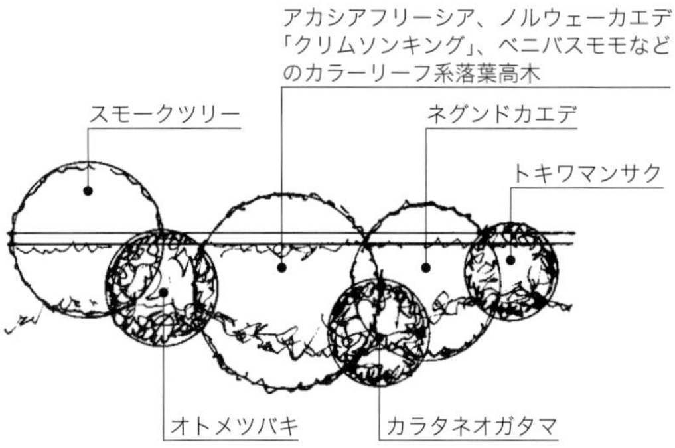

平面図（左）
- スモークツリー
- アカシアフリーシア、ノルウェーカエデ「クリムソンキング」、ベニバスモモなどのカラーリーフ系落葉高木
- ネグンドカエデ
- トキワマンサク
- オトメツバキ
- カラタネオガタマ

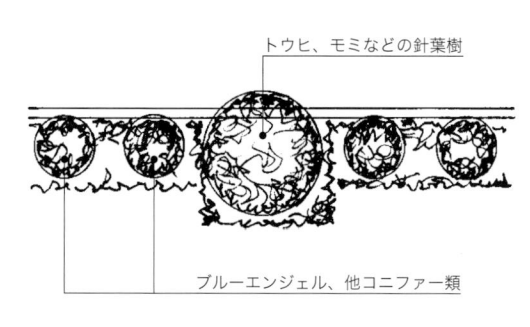

平面図（右）
- トウヒ、モミなどの針葉樹
- ブルーエンジェル、他コニファー類

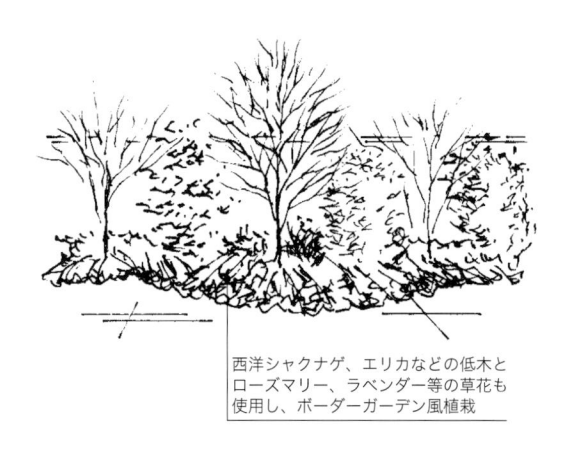

パース（左）
西洋シャクナゲ、エリカなどの低木とローズマリー、ラベンダー等の草花も使用し、ボーダーガーデン風植栽

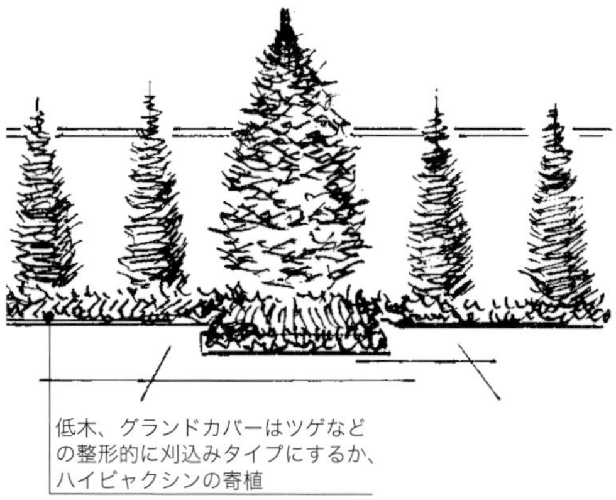

パース（右）
低木、グランドカバーはツゲなどの整形的に刈込みタイプにするか、ハイビャクシンの寄植

第4章　イメージ別ガーデン植栽の考え方

2　図面事例

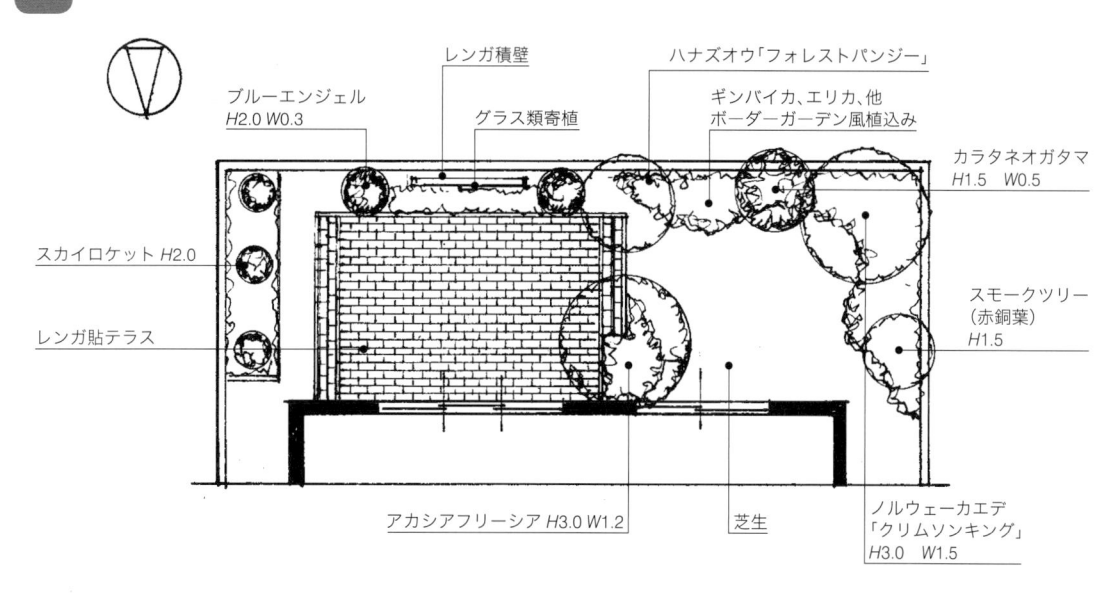

図中ラベル：
- ブルーエンジェル H2.0 W0.3
- レンガ積壁
- グラス類寄植
- ハナズオウ「フォレストパンジー」
- ギンバイカ、エリカ、他　ボーダーガーデン風植込み
- カラタネオガタマ H1.5 W0.5
- スカイロケット H2.0
- レンガ貼テラス
- スモークツリー（赤銅葉） H1.5
- アカシアフリーシア H3.0 W1.2
- 芝生
- ノルウェーカエデ「クリムソンキング」 H3.0 W1.5

平面〔m〕

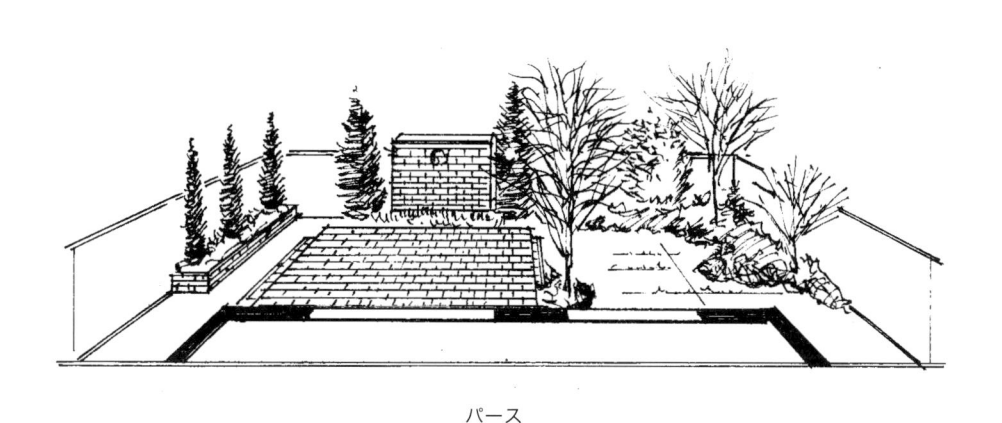

パース

3　適合樹木

◎英国風テイストの樹木

高木	ドイツトウヒ、モミ、カラーリーフ系（ブルーヘブン、他）、ピセアプンゲンス、イチイ、タラヨウ、アカシアフリーシア、ノルウェーカエデ、キングサリ、ネグンドカエデ、ベニバスモモ
中木	スモークツリー、カラタネオガタマ、ローズダリス、エメラルド、ハナズオウ「フォレストパンジー」
低木、地被類	バラ、西洋シャクナゲ、エリカ、サラサドウダン、ギンバイカ、ハイビャクシン、ローズマリー、ツゲ、ハクチョウゲ、ラベンダー、クリスマスローズ、ギボウシ、冬芝

4　添景物他構造物

サークルタイプテラス、壁泉、レンガ、石畳、ベンチ、オベリスク、テラコッタ壺

4.4 アジアンテイストの植栽

POINT
- ◆照り葉、ビビットな色の花、バンブーなどでエキゾチックな空間演出を
- ◆池、噴水、格子柵、テラコッタ鉢などの構造物を効果的に利用

住宅のリビングもリゾート感覚を取り入れたエスニック（民族の）調のアジアンテイストを持つスタイルを指向される場合もありますので、建物からつながる庭も同じテイストでまとめていく場合が増えています。

亜熱帯風の空間を演出していく場合、背景の木柵塀等に囲まれた中庭的空間をつくり、樹木もあまり多すぎない程度が望ましいといえます。

常緑樹は多少大きめの葉で照り葉（葉に光沢がある）、落葉樹は個性的な幹、実、花を持つもの、ヤシ類、バンブー類などを中心に構成します。低木、地被類は葉に特長があるものやシダ類などで地表面を覆いつくすくらいの方が落ち着いた感じを与えてくれます。

また、整形的な池、噴水、壁泉など水景との組み合わせや、要所にテラコッタ鉢の植込みなども効果的な演出につながります。

1 配植事例

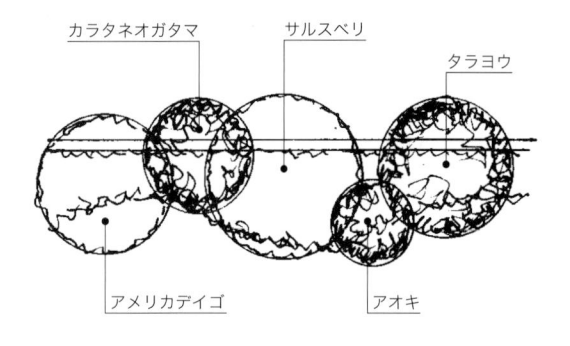

カラタネオガタマ　サルスベリ　タラヨウ
アメリカデイゴ　アオキ

平面図

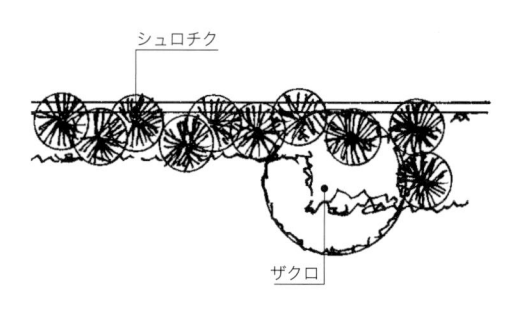

シュロチク
ザクロ

平面図

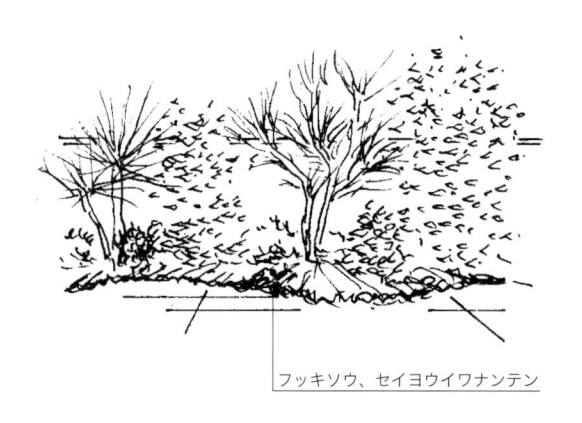

フッキソウ、セイヨウイワナンテン

パース

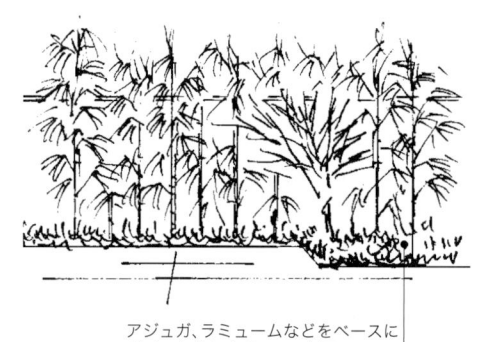

アジュガ、ラミュームなどをベースにポイント的にクサソテツ植込み

パース

第4章 イメージ別ガーデン植栽の考え方

2 図面事例

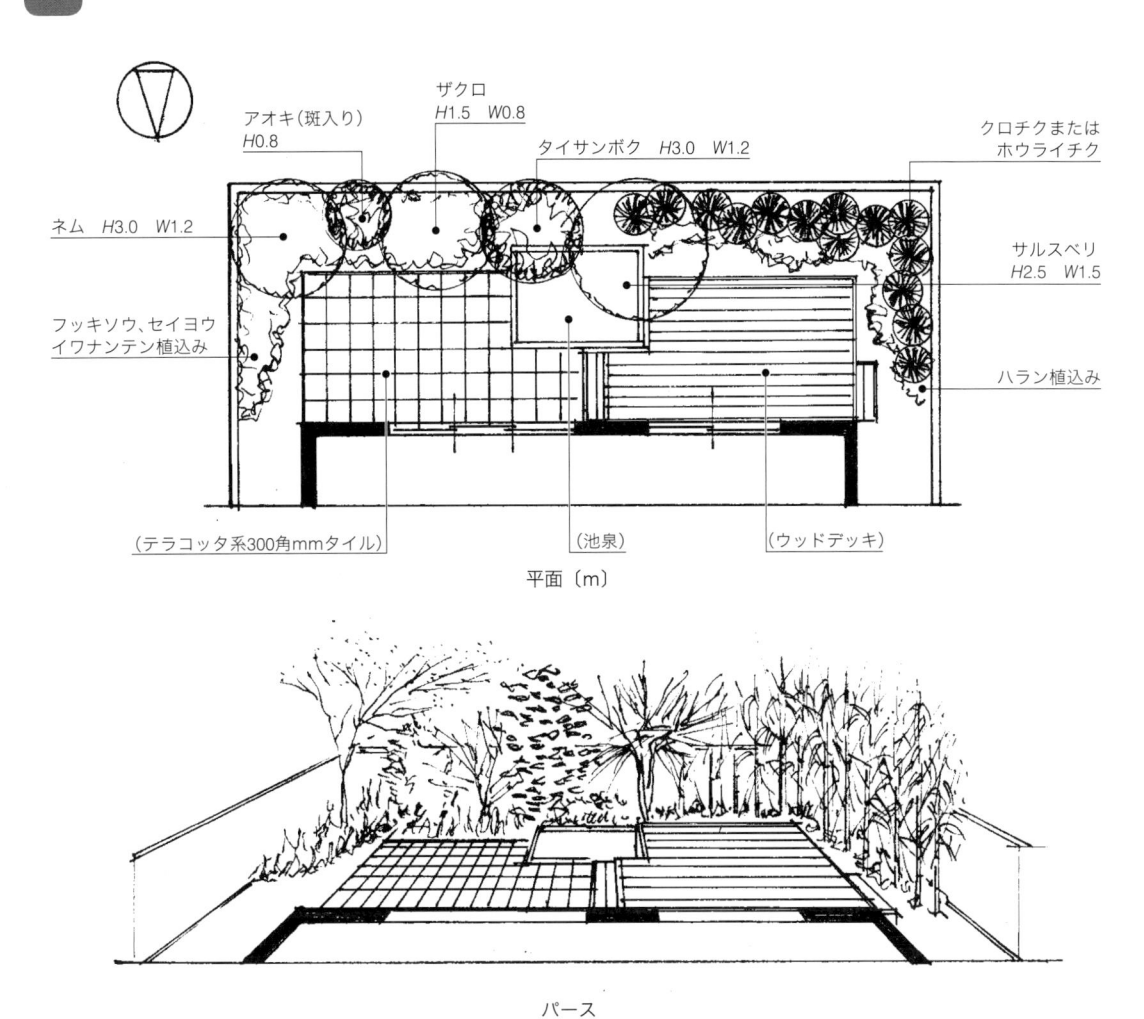

アオキ（斑入り） H0.8
ザクロ H1.5 W0.8
タイサンボク H3.0 W1.2
クロチクまたはホウライチク
ネム H3.0 W1.2
サルスベリ H2.5 W1.5
フッキソウ、セイヨウイワナンテン植込み
ハラン植込み
（テラコッタ系300角mmタイル）
（池泉）
（ウッドデッキ）

平面〔m〕

パース

3 適合樹木

◎アジアンテイストの樹木

高　木	ザクロ、サルスベリ、ネム、アメリカデイゴ、タイサンボク、タラヨウ、シュロ、ホウライチク
中　木	ムクゲ、ギョリュウ、カラタネオガタマ、ヤツデ、シュロチク、ホウオウチク
低木、地被類	アオキ、セイヨウイワナンテン、フッキソウ、ハラン、クサソテツ、アジュガ、ラミューム、スイレン、ハス、パピルス、ヤブラン、キチジョウソウ

4 添景物他構造物

格子木柵、池、噴水、壁泉、テラコッタ風タイルテラス、テラコッタ鉢、白い珊瑚、籐工芸品、アジアン雑貨、照明効果

4.5 南欧、地中海風テイストの植栽

POINT
◆高木はカラーリーフ系常緑・落葉から、ドラセナ・ヤシ類などを中心に
◆塗壁等によるパティオ感覚の背景処理により、さらに効果的演出を

　青い空、白い壁と比較的ドライ（乾燥）で暖かいというイメージ構成での空間演出となり、樹木の葉は明るい雰囲気を持つオリーブ、ミモザなどのカラーリーフ系、濃い緑の葉を持つレモンなどの柑橘類などを中心に構成します。ドライな環境ですので、ヤシ類、ドラセナなどの特殊樹も適していますし、赤銅色の葉のドラセナなど特に効果的です。低木、地被類はローズマリー、ラベンダー他のハーブ系植物やカラーリーフのグラス類を中心に構成し、多肉植物のセダム類もバランス良く配置していきます。

　花の色はビビットな黄色から白まで対応できますが、赤色はポイント的に使うのが効果的です。敷地スペースにもよりますが、背景をパティオ（スペインの中庭）風にまとめることができれば、さらに植栽にとって効果的演出となります。

1 配植事例

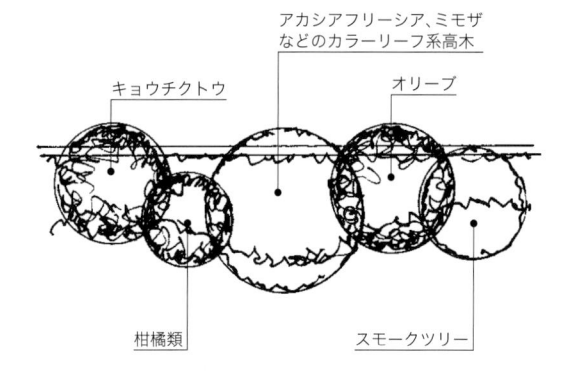

平面図

- キョウチクトウ
- アカシアフリーシア、ミモザなどのカラーリーフ系高木
- オリーブ
- 柑橘類
- スモークツリー

平面図

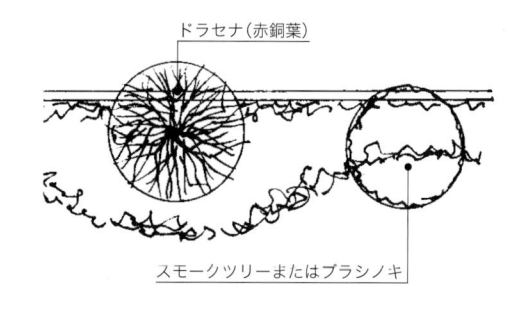

- ドラセナ（赤銅葉）
- スモークツリーまたはブラシノキ

パース

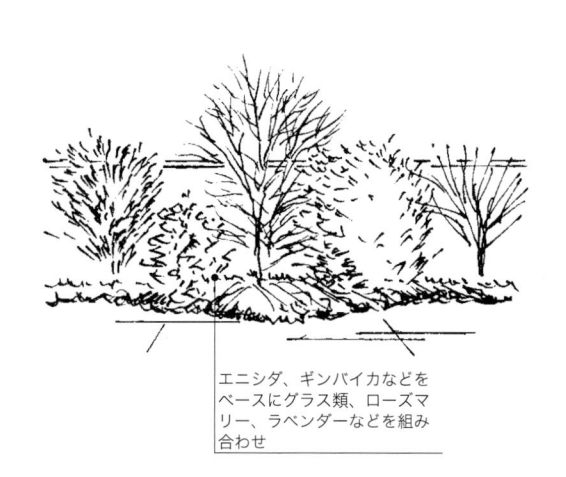

エニシダ、ギンバイカなどをベースにグラス類、ローズマリー、ラベンダーなどを組み合わせ

パース

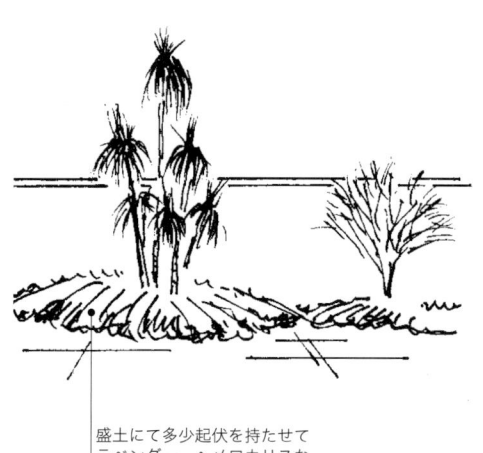

盛土にて多少起伏を持たせてラベンダー、ヘメロカリスなどの宿根草植込み

第4章 イメージ別ガーデン植栽の考え方

2 図面事例

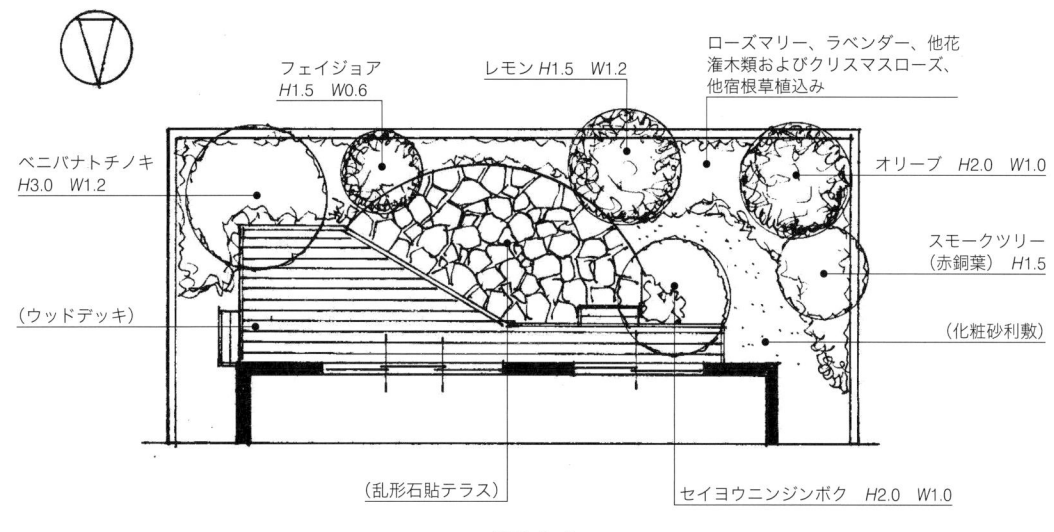

図中ラベル:
- ベニバナトチノキ H3.0 W1.2
- フェイジョア H1.5 W0.6
- レモン H1.5 W1.2
- ローズマリー、ラベンダー、他花潅木類およびクリスマスローズ、他宿根草植込み
- オリーブ H2.0 W1.0
- スモークツリー（赤銅葉）H1.5
- （ウッドデッキ）
- （化粧砂利敷）
- （乱形石貼テラス）
- セイヨウニンジンボク H2.0 W1.0

平面〔m〕

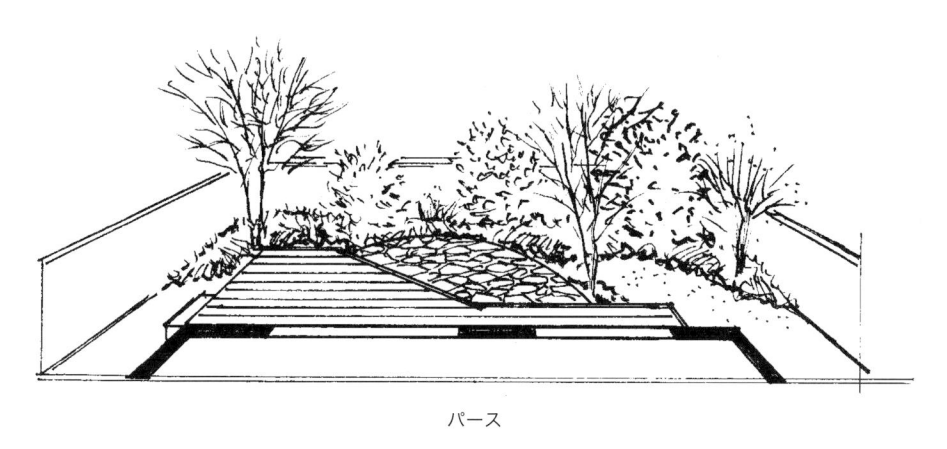

パース

3 適合樹木

◎南欧、地中海風テイストの樹木

高木	アカシアフリージア、ミモザ、カラーリーフ系コニファー、ネム、ベニバナトチノキ、ドラセナ（赤銅葉）、ワシントニアヤシ、ベニバスモモ、セイヨウニンジンボク
中木	オリーブ、レモン他柑橘類、キョウチクトウ、ブラシノキ、スモークツリー（赤葉）、ノウゼンカヅラ（蔓性植物）
低木、地被類	エニシダ、セダム類、グラス類、ニューサイラン、ローズマリー、ギンバイカ、ラベンダー、ヘメロカリス、シロタエギク（宿根草）

4 添景物他構造物

壁泉、噴水、塗壁、スパニッシュ瓦、石畳、テラコッタテラス、テラコッタ鉢、アンティークレンガ

4.6 北欧風テイストの植栽

POINT
◆庭の構成含め、植栽全体がシンプルな雰囲気で
◆高木は針葉樹または落葉ならば単一樹で3～5本組の群植

　北欧風イメージといえば、深い針葉樹の森に囲まれた長く厳しい冬の大自然がまずあげられますし、住まいの考え方も内部の居住性が中心になり、暖かい地方とは外部空間での過ごし方、期間も異なっています。

　庭の構成はできるだけシンプルであっさりとまとめて、樹木も北海道の自然植生であるモミ、トウヒなど常緑針葉樹やシラカンバなどの落葉樹中心で構成していきます。低木、地被類もできるだけ種類を少なくし、高木も同じ考え方で3～5本の群植などの配植ですっきりとした形にまとめるようにしていき、ポイント的に銀青色の葉を持つピセアプンゲンスなどの針葉樹等を用いることにより、さらに効果的演出につながります。

1 配植事例

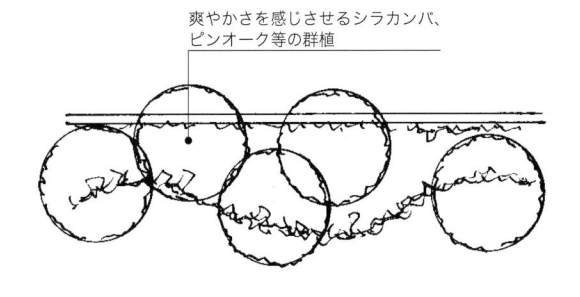

爽やかさを感じさせるシラカンバ、ピンオーク等の群植

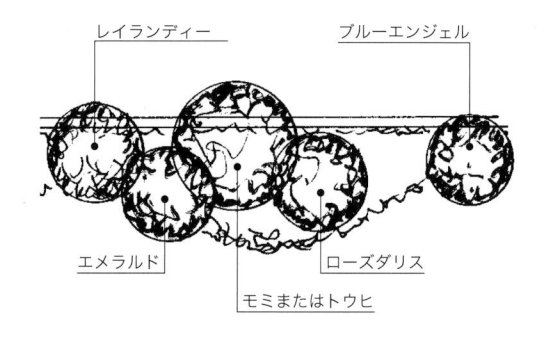

レイランディー　　ブルーエンジェル
エメラルド　　ローズダリス
モミまたはトウヒ

平面図　　　　　　　　平面図

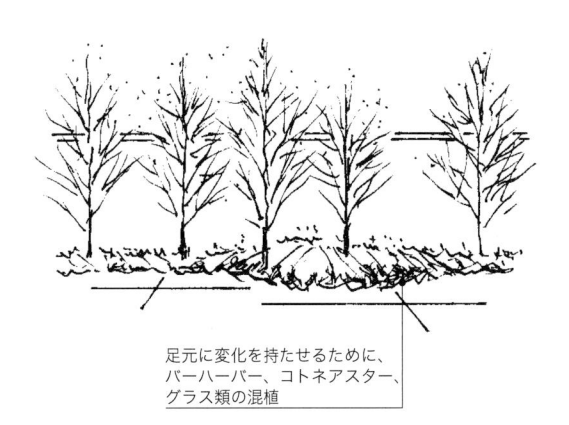

足元に変化を持たせるために、バーハーバー、コトネアスター、グラス類の混植

バーハーバー、フィリフェラオーレアなどの低木寄植またはすっきりとした仕上げのグラス類のグラウカフェッスカ（銀青色）の単一植込み

パース 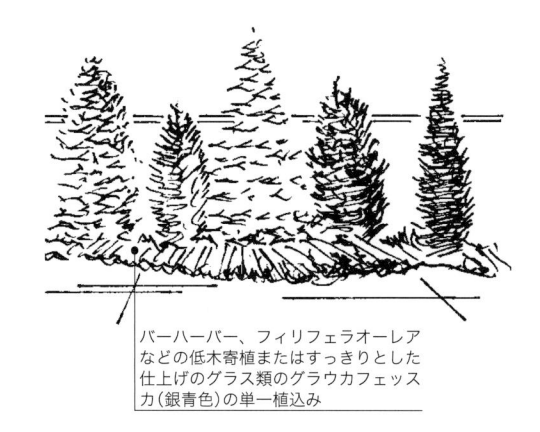　　　　　　　　パース

第4章 イメージ別ガーデン植栽の考え方

2 図面事例

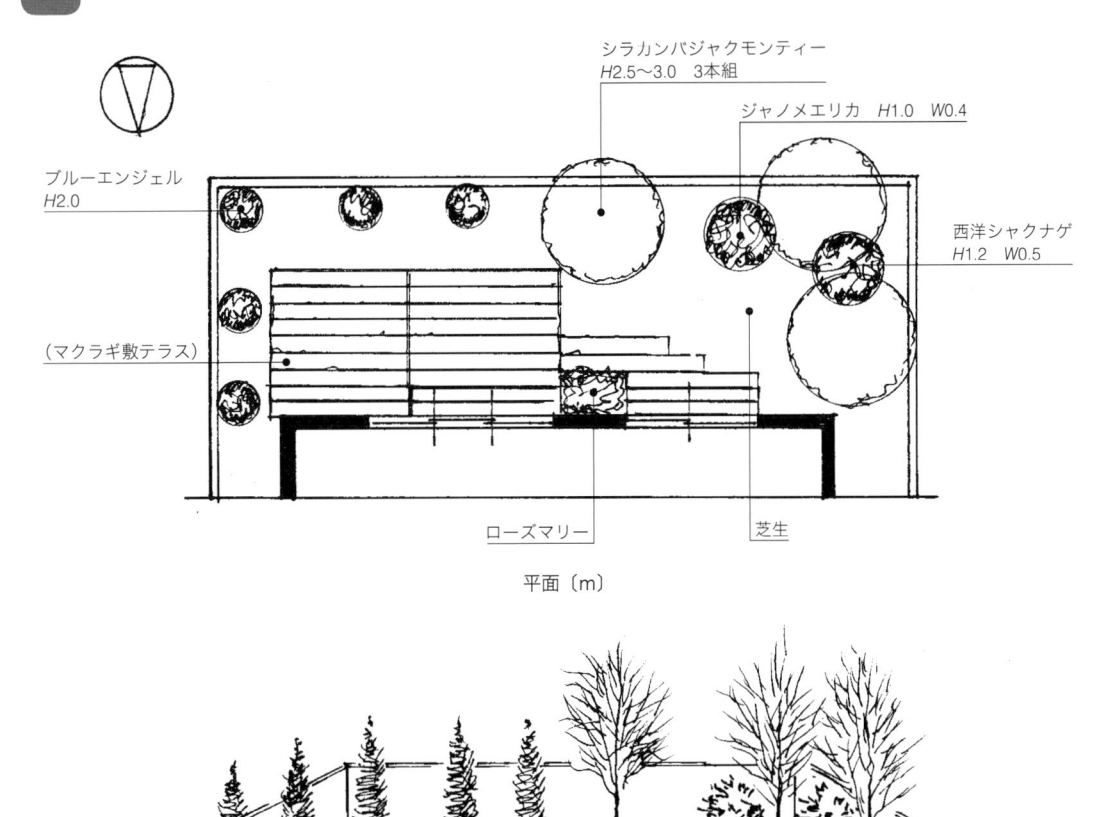

ブルーエンジェル H2.0
（マクラギ敷テラス）
シラカンバジャクモンティー H2.5〜3.0 3本組
ジャノメエリカ H1.0 W0.4
西洋シャクナゲ H1.2 W0.5
ローズマリー
芝生

平面〔m〕

パース

3 適合樹木

◎北欧風テイストの樹木

高木	センペルセコイア、アカエゾマツ、モミ、ドイツトウヒ、レイランディー、ピセアプンゲンス、ブルーアイス、シラカンバ、アメリカフウ、ピンオーク
中木	コノテガシワ、エメラルド、西洋シャクナゲ、ローズダリス、サンキスト、コニカ、ライラック、シャクナゲ
低木、地被類	エリカ類、ハイビャクシン、フィリフェラオーレア、バーハーバー、コトネスター、グラス類

4 添景物他構造物

ウッドデッキ、木製オブジェ、ガーデンファニチャー（天然木）、マクラギ

コラム4
移植と根廻し

　庭の工事に際して、新しい材料持込みだけではなく、既存の庭にあった樹木を移植して用いたり、庭全体のイメージを変えるために樹木の位置を変えたりする場合も多くあります。

　一般的に樹木は植え付けられてから3～4年もすると樹勢も回復し、樹冠（樹木の幅）と同じ位の根系を地中に伸ばしていますし、まして5～10年も経過している場合などは「根廻し」など、それなりの移植への対応が必要といえます。

　「根廻し」とは長年移植したことのない樹木をより安全に移植し、活着させるための予防的施工で、移植対象樹木の周囲を垂直に掘り下げ、太い根は残しながら細かい根を切り取り、切断した部分から新たに多くの細根を発生させ移植に備えることです。根廻しの回数も老木、大木になれば1回だけではなく、半分ずつ2回に分け3年位かけてやる場合もありますが、一般的には移植の半年から2～3年前におこない、適期は樹木の休眠期間よりも新根の発生の盛んな春先の萌芽前が望ましいといえます。根廻しが終わったら、根を切っていますので、必ず地上部の枝葉も剪定等で少なくし、移植する時には最初掘った円よりひと回り大きめの根鉢をつくり掘り上げます。移植予定の樹木が塀などの構造物の近くにある場合や生垣などは根廻しも根鉢も取りにくいので、移植が困難な場合もあります。根廻しの余裕もなく、移植せざるを得ない場合も多々ありますが、一般的に移植困難な樹木としては中高木であればチャボヒバ、スギ、モミ、ツバキ、モクレン、コブシ、サルスベリ、アカシア、低い潅木であればジンチョウゲ、エニシダ、ピラカンサなどがあげられ、特にジンチョウゲなどは高さが30cmを超えればほぼ移植不可能といわれています。

　移植の適期は常緑樹であれば萌芽前の3月、新芽が固まった後の梅雨前、9～10月のあまり寒くない時期、落葉樹であれば厳寒期を除いた葉のない時期で、できれば新芽の出る前の3月、ヤシ類、ドラセナ、タケ類などは4月～梅雨まで位を目安としておいてください。

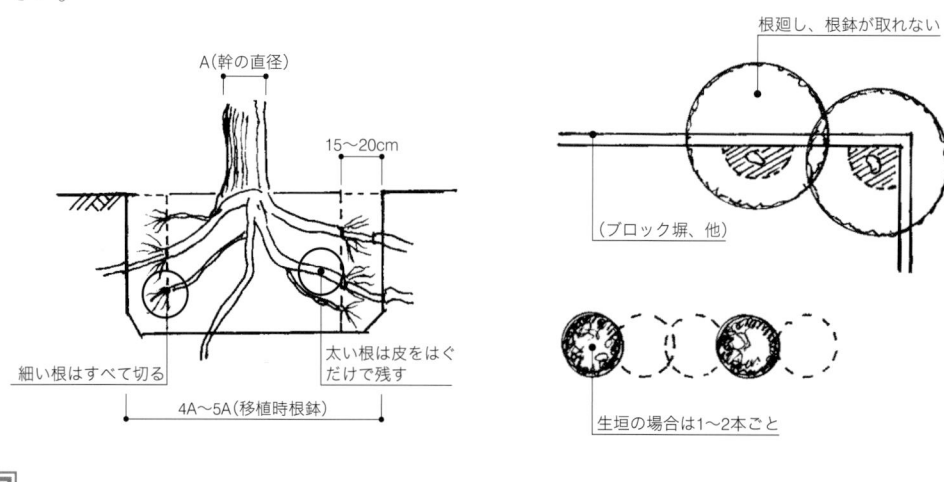

第5章

施工・
メンテナンス

バラと草花中心の住宅植栽

5.1 植栽材料の発注と検査

> **POINT**
> ◆樹木等を良く知るための第一歩は、まず自分の眼で確認すること
> ◆事前の下見が特に必要なのはソヨゴ、モミジ・カエデ、アオダモなど

植栽計画・内容が確定したら、材料発注および下見、検査等の段階に入りますが、基本的には図面、見積等に基づいた規格、形状による発注形式となります。

樹木の規格、形状は前述していますように、H（高さ）、W（幅、葉張り）、C（目通り、幹周）によって表現されますが、住宅植栽の場合、官需や民需でもゼネコン現場他と異なり、高さや幅だけの表現（高さのみの場合もあり）のみで、目通り、幹周までは表示しないケースが多いともいえます。このことは、官需現場のように規格、形状のみではなく、多少現場に合わせた材料注文になっていることや、幹周まで固定することによるコストアップ、細かく規格化することによるユーザーとのトラブル要因のもと？、植栽設計に対するスキル不足…他さまざまな要件があげられますが、少なくとも設計者の樹木に対するイメージのすり合わせ等含め、高さのみではなく、幅（葉張り）までは図面での表現は必要といえます。

当然のことながら、イメージに合った樹形の材料を現場に納入するためには必要に応じた材料の下見、検査が必要になるのは言うまでもありません。

1 植栽材料の流通チャネル

植栽材料に関しても、通常の流通チャネルと同じように工事施工業者が現地生産者から直接購入するケースは少なく、消費地（施工地）卸業者からの購入が一般的です。言い換えれば、日本全国の産地からの材料を現場に必要な分だけ購入するという形ですので、一般的には材料下見等は消費地卸業者の圃場（畑）中心となりますが、必要に応じ産地生産者の圃場での下見、検査も出てきます。

また、最近はネット・通販によるチャネルもありますが、業者レベルでの利用は少なく、主に一般ユーザーレベルと考えられます。

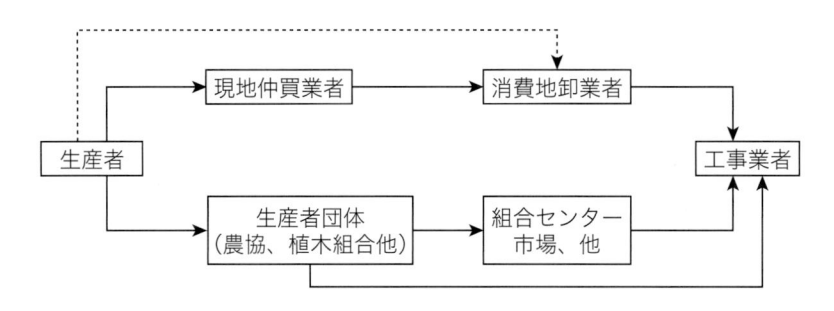

```
生産者 ──→ 現地仲買業者 ──→ 消費地卸業者 ──→ 工事業者
   └──→ 生産者団体       ──→ 組合センター
         (農協、植木組合他)     市場、他
```

2 品質、検査（下見）

全体品質の見方のポイントとしては、下枝（樹冠を形成する一番下の枝）が適当な高さからあり、枝葉が四方に均等に伸び、枝葉の密度（混み方）が良好で、葉もしおれや変色がなくみずみずしく、生き生きとして病害虫の発生がなく、樹木の特性に応じた樹形が整っているかということです。

また、圃場に植付けてから3〜4年以上経過したようなものは、枝葉もだいぶん伸び、緑量感も樹形も良好になっていますが、掘り取りに関しては、移植と同じようにかなりの枝葉を落とす剪定が必要になりますので、材料業者との細かい打合せが必要といえます。

掘り取り後の根鉢は、樹木の特性、サイズに応じた適正な根鉢を持ち、鉢崩れのないような根巻きかどうか、掘り上げてから必要以上に時間が経過し、乾燥していないかにも気をつけてください。

掘り取り後の良好な根鉢　　　　　　　　　掘り取り後の不織布ポット

◎樹種別材料発注、検査時のポイント

アラカシ、シラカシ	できるだけ下枝があり、全体の樹形のバランス感が良いもので、特に生垣などは下枝がないと、そこから発芽しにくいです。
ソヨゴ	樹形のバラツキが多いので、できるだけ事前に下見要、また、雌雄異株なので、赤い実が必要な場合は注文時に注意してください。
モミジ・カエデ類	樹形にかなり違いもありますし、イメージの確認を含め、下見が必要です。
ミモザ、ネム、アカシア類	できるだけ下枝のある樹木を選びます。
ヤマボウシ	樹形の拡がり感のバランスが良いものを選びます。
ハナミズキ	できるだけ下枝のある、左右のバランスが良いものを選びます。
エゴ（株立）	株立といっても2〜3本立から7〜8本立までありますので、確認および下見が必要です。

材料発注に関しては、単に高さや幅などの規格寸法で注文するだけではなく、特にポイントになる樹木や、モミジ・カエデ類、ソヨゴのように樹形に癖のあるものは、できるだけ下見したほうが安心ですし、そのことが樹木のバランス感や品質を判断していく感性を磨くことにもなりますので、できるだけ自分の眼での樹木下見をおすすめします。

3　仮置

一般的には材料は車から荷卸しして仮置の状態となりますが、まず荷卸しの際には枝、根鉢などが傷まないように充分注意してください。たまに無造作に投げ下ろしているようなところを見ますが、根鉢が割れたり、根が切れる要因ともなりますので充分注意してください。

また、仮置から植付けまでの時間が空く場合など、乾燥している鉢やタケなど水揚げの弱い種類には必要に応じ、潅水やあまり陽の当たらない場所などで樹木が傷まないような養生が必要になります。

9〜15cmポット苗は通常はダンボール箱等に詰めこんだ状態で配送されてきますので、夏場の暑い時などは内部が熱で蒸れたりもします。できるだけ早く箱をあけて、涼しい場所などに置いてください。

芝生の場合は、温度が高くなると芝生を重ねている内部が蒸れたような状態になり、傷んだり、色が黄変したりもしますので、現場搬入後、速やかに芝生が貼れるタイミングを考慮した材料発注から工程管理が大事になります。

5.2 土壌改良と植穴

> **POINT**
> ◆土層改良と土壌改良の違いは？
> ◆工事敷地土壌の排水性の簡易チェック法は？

　植物の良好な生長のためには土が重要な働きをしているのは言うまでもなく、植栽される基盤（土）の状況次第では、その生長が大きく阻害される場合もあります。

　土壌の構成は礫、砂、シルト（微砂）、粘土と粒子の大きさにより区分され、土性（土の性質）も砂土、砂壌土、壌土、粘土、強粘土などに区分されます。全国各地で見られる花崗岩の未風化土「マサ土・サバ土」などと呼ばれている砂質土や、九州南部一帯の微粒の軽石や火山灰の「シラス土」などもキメが細かくしまりやすいという点では、建築、土木工事には適していますが、「水持ちが悪い、固結する、養分がない」という性質のために、植栽基盤の土としては適していないともいえます。

　言い換えれば、植物にとっては「保水性が良く、透水性も良く、栄養分があり、保肥性が良い」が適していますので、植栽する場所の土壌を必要に応じ、適した形に変える土壌改良が植物の良好な生長につながるということです。

1 土層改良と土壌改良

　植栽基盤の改良は、土層改良（土の層を良好な土に変えたり、排水を良くしたりすること）と土壌改良（土壌酸度pHを変えたり、土の保水性、透水性などの性質を変えたり、栄養分を補充したり、塩分などを除去したりすること）に大別されます。

　植物にとって、土中の酸素（空気）と水分がなければ、根からの水分、養分の吸収も悪くなり、ひいては、枯れたりする原因になりますので、粘質土等の場合は、まず植穴の排水を確保してから、初めて土壌改良を検討するということにつながります。

　造成時や建築時の重機による粘質土のこね返しや、コンクリート塊の混入、セメント系地盤改良等により、むしろ、植栽基盤に適していない状況が多く見られますので、植穴下部周辺の排水状況のチェックが特に重要といえます。

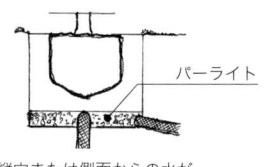

縦穴または側面からの水が抜けるような処理（パーライト）

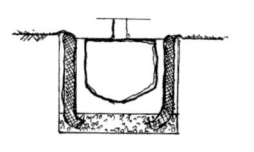

DOパイプ（酸素管）または透水管等を設置し、酸素補給および強制排水の処理

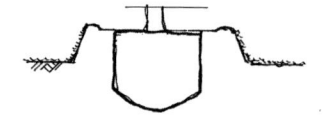

根鉢を高めに植えることにより、下層の水はけの悪い部分の影響を排除

水はけの悪い土壌の処理方法

❖敷地土壌の排水性の簡易判断

○雨の後や降っている最中でも水溜りができていないとか、雨量が多い時でも溜まっていた水が半日でひけば、排水性は特に問題はありません。

○雨が降り始めて間もないのに、水溜りができたり、雨の後でも半日以上もひかないようなところは排水性が悪いので、植込み部分に関しては、何らかの排水対策が必要といえます。

第5章　施工・メンテナンス

○水溜りはできないものの、常に表面がジメジメしていたり、苔などが見られる場所も何らかの排水対策が必要といえます。

❖ **土壌改良材の種類**

土の保水性・透水性などを改善するためには土の三相（液相・気相・固相＝水・空気・土）の比率を植物の生育に適した物理性（一般的には4：3：3）に変えることが必要となり、そのために土の中に混入されるのが、土壌改良材です。

なお、野菜の連作障害、病害虫防除、植物の生長促進のため、土壌中の微生物や菌類のバランスを改善するものは土壌改良剤と表現しています。

バーク堆肥
針葉樹等の樹皮を発酵、乾燥させたもので、保水性、透水性、保肥性を改良するもので、肥料効果はありません

ホワイトローム、パーライト
真珠岩、黒曜岩などの岩石を加熱して発泡させた固粒で、透水性の改良に効果的です

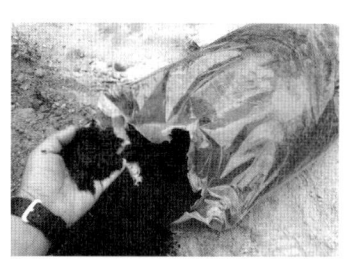

ピートモス
ミズゴケ類などの湿生植物が堆積、腐植化したもので、通常、酸性のためアルカリPH調整として用います（石灰等で中性処理済もあり）

2　植穴

植穴の直径目安は根鉢径の1.5倍以上とし、深さは根鉢の高さ＋10〜15cm程度とし、底部を軽く耕し、鉢の底に空隙ができないように軽く盛った状態とし、埋戻し用の現況土からはコンクリート片、石などは必ず取り除いてください。

土質にもよりますが、埋戻し用客土や現況土が粘質土系の水はけの悪い場合は、パーライトなどの透水性を高める土壌改良材を中心に、砂質土系の水はけの良い場合は、保水性を高める効果の強いバーク堆肥、腐葉土を中心に埋戻し用の土の20％程度を目安に混入してください。

最近は果樹苗なども良く植えられますが、植穴や土壌改良状況は通常の樹木以上の処理が必要となりますので、そのあたりにも充分配慮して進めてください。

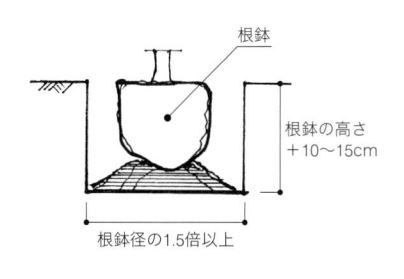

植穴の一般的な方法

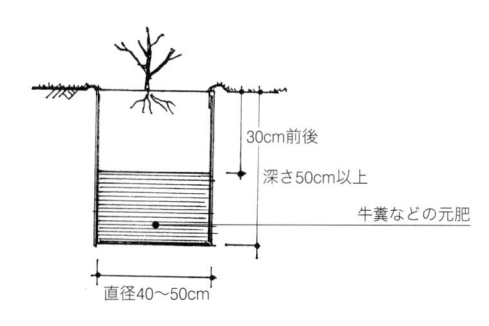

バラ・果樹苗等の植穴

5.3 樹木の植付けと支柱

> **POINT**
> ◆植付前の樹木は傷んだ枝、余分な枝などの弱剪定が必要
> ◆支柱が必要な意味を理解して、確実な支柱施工を

1 植付（立て込み）

　材料業者により現地搬入された樹木に関しては、一般的には圃場で仮植されていた状態のままで納品されますし、掘り取り時や輸送の段階で枝が折れたり、傷んだりするケースもありますので、植付前の弱剪定等の養生が必要になります。

　植付時や樹木により異なりますが、余分な枝を抜いたり、枯枝、傷んだ枝などの整枝弱剪定を中心に植込み位置や隣接する樹木の枝葉などとのバランスを見ながら樹形を整えてください。また、樹木をくくった縄やエフ（荷札）なども残らないように気をつけてください。

　植付時には樹木の表・裏、向き、立ち（地面に対して幹の垂直方向の通り）なども、一方向だけではなくさまざまな方向から確認して、最適な立て込みをおこなってください。

2 土ぎめ、水ぎめ、水鉢

　植穴の根鉢以外の部分に土壌改良材混入の土を埋め戻していきますが、根鉢の部分との密着性や土がまんべんなくいきわたるように埋め戻し土を固定していく方法は「土ぎめ」「水ぎめ」の二つに大別されます。

① 水ぎめ
　植穴の周囲に一定の土を入れてから、水を注ぎながら突き棒等で突き固めて、根鉢周辺の土を密着させる植付で、落葉樹や一般の樹木等に用います。

② 土ぎめ
　マツ類などの植付に良く用いられ、水を注がないことからも「カラぎめ」ともいわれ、突き棒のみ根鉢と周囲の土が密着するように突き固めていきます。

③ 水鉢
　植付終了後に植穴の周囲を少し高く盛りあげて、潅水した水が根鉢の上部に残るように水盤をつくることをいいます。

水ぎめ　　　　　水鉢

3 支柱

　樹木は本来、地上部の幅、葉張りと同じ位の根の張りを土中に持っていますが、移植に際し、根鉢寸法までカットされますので、植付後は風に対して全体を支えることもできにくいし、倒れないまでも発根し始めた小さな根が切れたり、張りにくくなったりしますので、少なくとも樹木の根が安定するまでの3～4年は必要になります。

　支柱材料としては住宅植栽の場合、杉の丸太、唐竹などが主に使用されますが、支柱も芸のうちと言われるように、支柱の種類、向きなどにも配慮が必要といえます。また、コニファー系のレイランディーや、マメ科のミモザ、アカシアなどのように生長の早い樹木は、幹を結束している棕櫚縄等により締め付けられ、2～3年も放置すると幹がコブ状に変形する場合もありますので、必要に応じ結束しなおしてください。

① 住宅植栽で用いられる支柱と該当樹種

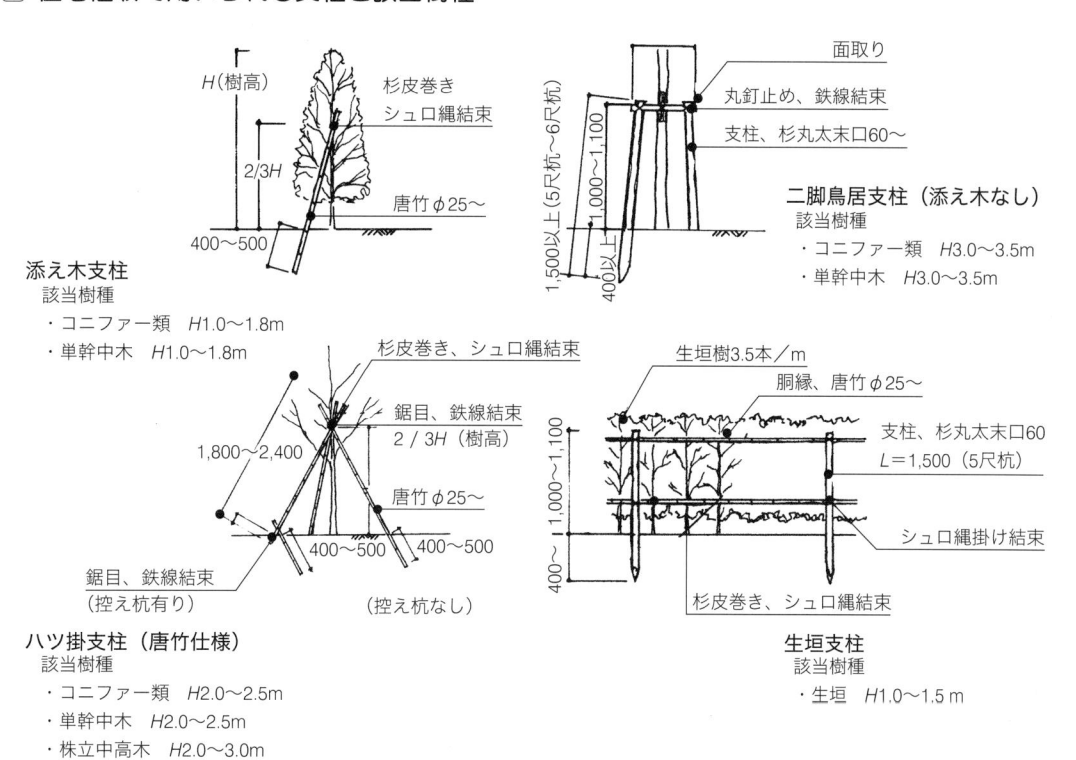

添え木支柱
該当樹種
・コニファー類　H1.0～1.8m
・単幹中木　H1.0～1.8m

二脚鳥居支柱（添え木なし）
該当樹種
・コニファー類　H3.0～3.5m
・単幹中木　H3.0～3.5m

八ツ掛支柱（唐竹仕様）
該当樹種
・コニファー類　H2.0～2.5m
・単幹中木　H2.0～2.5m
・株立中高木　H2.0～3.0m

生垣支柱
該当樹種
・生垣　H1.0～1.5m

支柱の種類〔特記以外mm〕

② その他支柱の種類

ワイヤー支柱リング部分　　スチール支柱　　（見えないが）地下支柱

5.4 潅水（水やり）と施肥

> **POINT**
> ◆樹木等の枯補償の内容についてはできるだけ具体的に
> ◆潅水（水やり）はできるだけ週○回、一回○○分など具体的な発信を

　樹木のメンテナンスの第一歩は、植付以降の潅水（水やり）があげられます。良質な材料を用いて、適切な植付がなされていても引渡し以降の潅水不足、過剰等が原因で樹木が枯れたりするケースも多くありますので、植栽計画時から潅水等の日常のメンテナンスを含めた対応を考えていくことが大事です。

　特に引渡し後入居まで期間が空く場合や、マンション等の集合住宅や敷地が広くてなかなか人力潅水ができにくい場合は、電気、電池式自動潅水も含めたトータル的な潅水計画が必要になります。

1　枯れ補償とは

　最近は瑕疵担保責任や契約書の段階で、ほとんどの場合は樹木に関しては１年間の枯補償という形態を取る施工業者が増えています。

　枯補償とは、建築主が通常の潅水等の管理をなされているにもかかわらず枯れた場合は、無償で植替えるということです。本来、建築主の潅水不足等による樹木の枯補償は免責事項となりますが、実際はどこまで潅水されているかがわかりにくいため、結局植替えざるを得ないケースも多々ありますので、潅水時間、方法等についてより具体的な説明が必要といえます。

　また、植替えの基準も株立の樹木であれば株立本数の○○％の枯れ、芝生の場合は１枚の面積の○○％、宿根草や草花のケース等、契約時にできるだけ明確に説明しておくことも大事といえます。

2　潅水時間や方法

　人力で潅水する場合は「たっぷり」とか「十分に」とか抽象的な曖昧な表現ではなく、植栽内容に準じて、より具体的な時間や潅水の順番、経路等を含めた説明が望ましいといえます。

　ホースの水量にもよりますが、高木（$H3.0 \sim 4.0m$）で３〜４分、中木（$H1.0 \sim 2.0$）で１〜２分、低木、グランドカバーで$1m^2$当たり30〜40秒位で、全体で○○分位は必要ですという形で、実際に水をかけてみたりしての説明が効果的といえます。

◎各時期ごとの潅水回数の目安

3月/下〜4月/下	週１〜２回、朝または夕方１回、晴天・乾燥が続けば週３〜４回
5〜6月	週３〜４回、朝または夕方１回、晴天が続けば毎日
7〜9月	毎日、朝または夕方１〜２回、雨の日は除く
10〜11月	週３〜４回、朝または夕方１回、晴天が続けば毎日
11月〜3月/下	週１〜２回、朝または夕方１回

※植付け後１年位の潅水回数（特に最初の２〜３ヶ月と夏場７〜９月は確実におこなってください）

第 5 章　施工・メンテナンス

3　自動灌水

　広大な敷地（目安として 500m² 以上）の場合は、通常の人力での灌水でしたら少なくとも 1 時間以上はかかりますし、留守がちなお宅や日常の灌水ができにくいところなどでは自動灌水の設置をおすすめします。自動灌水の制御方法やシステムは電池式、電気式が主体で、スプリンクラー灌水、点滴灌水などがありますので、灌水時間の設置等を含め植栽計画に準じて、専門業者との事前打合せをおこなってください。

◦ **電池式**
　最も簡単で安値な方法ですが、約 1 年ごとに電池交換が必要になります。

◦ **電気式**
　電源の確保や引込水道径、配管位置等、建築業者との事前の打合せが必要ですが、最も一般的な方法ともいえます。

◦ **スプリンクラー灌水**
　芝生広場などに向いていますが、散水半径の設定や撒きムラが出たりする場合もありますので、平面図段階での事前打合せが大事になります。

◦ **点滴灌水**
　ドリップ式の点滴ホースで、植物の根元にムラなく灌水ができ、一般的には 50cm 幅位で布設しますので、均一な灌水が可能となります。

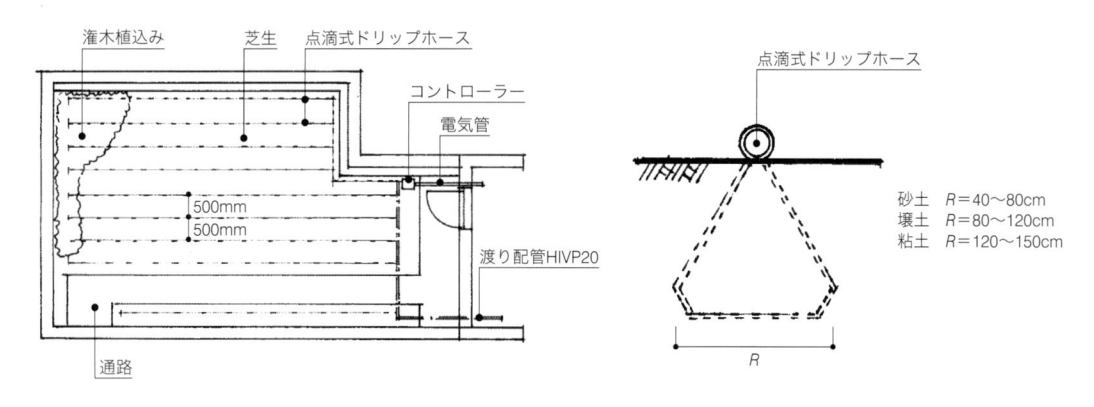

点滴灌水計画平面事例　　　　　　　　土壌への拡散状況

4　施肥

　中高木などの樹木の場合は、植込み後 1 年間は特に必要ではありませんが、その後は冬期（1〜2 月）に「寒肥（かんごえ）」として有機性の油粕、骨粉などの遅効性肥料を与えてください。
　その後、花木類などは花の終わった後に「お礼肥（れいごえ）」といって即効性無機質肥料（化学肥料）を必要に応じ与えますが、化学肥料は一時的には有効ですが、土が固くなる場合がありますので、腐葉土などの有機性のものを適宜混入することをおすすめします。

5.5 中・高木の手入れ ── 整枝、剪定

POINT
◆仕立物と自然樹形の手入れの大きな違いは？
◆自然樹形の樹木は、ポイントさえわかればDIYも可能

「整枝」とは樹形を整えること、「剪定」とは整枝するために枝を切ることで、樹木は整枝剪定をすることにより、混み合った部分や余分な枝が整枝され、生き生きと見栄えも良くなります。以前マツ、マキなどの仕立物中心で構成されていた時は、植木屋さんが庭の剪定、刈込みなどの管理作業に入ればほとんどの高木から低木まで、何らかの形で鋏を入れるのが当たり前でしたが、最近は、毎年は手を入れずに2〜3年おきに「枝抜き」を中心とした剪定の管理作業をするケースも増えてきています。

言い換えれば、仕立物は毎年の剪定、刈込み作業で樹形を維持してきたのが、自然樹形の樹木が増えるに従い、毎年毎年の剪定、刈込みが不要となり、ある一定のボリューム以上になり始めた時に「枝抜き」を中心とした剪定作業でも十分対応できるし、むしろ、その方がより自然な雰囲気の樹形を楽しめるということにもつながりました。

また、マツの枝などは素人ではなかなか鋏を入れたりすることは難しく、手を出しにくいのですが、シマトネリコ、モミジなどの自然樹形の雑木では、多少枝を切りすぎてもあまり違和感はなく、素人でも要領さえわかれば整枝剪定が比較的やりやすいといえます。

1 剪定する枝とは

「忌み枝」とも言われ、その枝を放置していると他の枝の生長の阻害要因となったり、樹形のバランスがコントロールできなくなる恐れのある枝で、できるだけ早い時期に切った方が良い部分の枝をさします。

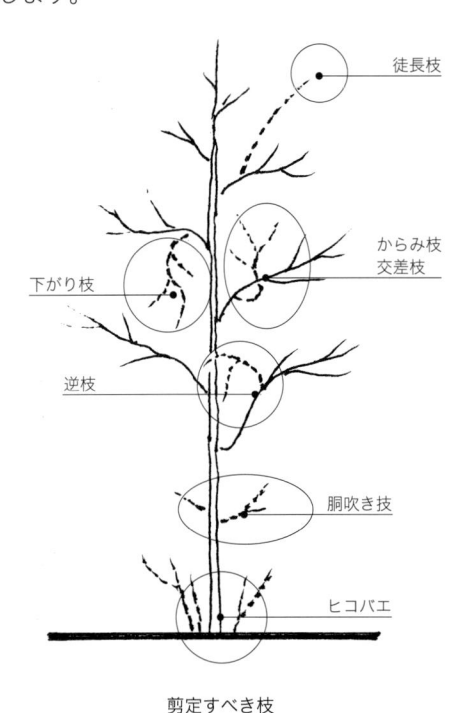

○ **交差枝、からみ枝**
良好な樹形をつくっていくためには、残すべき主枝に対して交差したり、からんだりしている枝ですので、枝葉がこみ合う原因となりますので、早い時期に取り除きます。

○ **逆枝（さかさえだ）、下がり枝**
本来、枝の伸びる方向とは逆の方向や下の方に向かって出ていますので、樹形のバランスを崩していき、美観上も好ましくないので切り取ってください。

○ **徒長枝（とちょうし）**
主幹や主枝から勢い良く長く伸びる枝のことで、シュートともいい、放置すると樹形のバランスが崩れるのみでなく、養分も取られがちになりますので早めに取り除きます。

○ **胴吹き枝、ヒコバエ**
幹の途中から新しく芽を出した枝を胴吹き、根元から出るものをヒコバエといい、放置しておくと主幹、主枝などの生長の妨げにもなりますし、美観上もあまり良くないので早めに取り除きます。

剪定すべき枝

第 5 章 施工・メンテナンス

2 剪定の方法

剪定は新芽（新しい枝になる）の出方の違い（互生、対生、輪生）や、新芽の方向性も考えて、どの枝を切って、どの部分の新芽を伸ばしていけば…などの樹木の生長に応じたバランスの良い形になるように考えて切る必要があります。

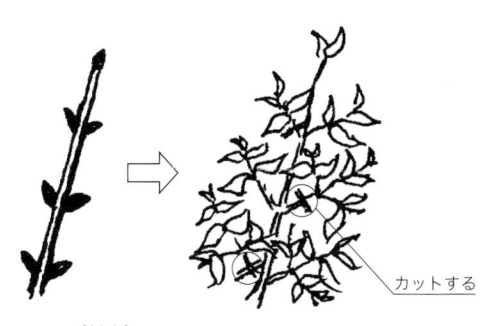

〔対生〕
向き合っている枝を間引いて
互生の形に整える

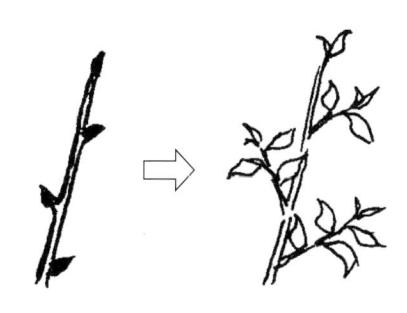

〔互生〕
交互に並ぶのでまとまりやすい

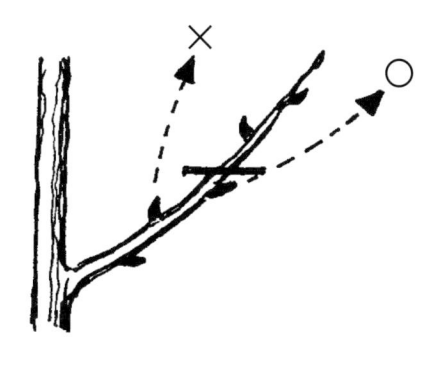

〔枝の伸びる方向を考える〕
○ 樹形が整いやすい
× 枝が内向きになり、樹形が乱れる

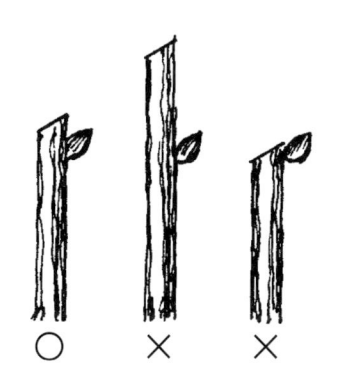

〔芽を残して切る場合〕
○ ちょうど良い切り方
× 節を長く残すと枯れやすかったり、芽の下まで切りすぎると芽が出にくい

3 剪定の時期

剪定の時期は本来、常緑樹、落葉樹、花木でも花芽の着く時期等をふまえ、個々の樹木に合わせるのが最適ですが、実際にはなかなかそうもいかないのが現状といえます。

特に花木などでは、花芽分化（花芽のできる）時期にも違いがあり、直接は見えないけど来年咲くべき花の芽を切ってしまい、来年の花つきが悪くなる場合もありますので配慮が必要といえます。

植物の生長のサイクルは 4 〜 7 月頃が最も生長する時期ですし、9 〜 10 月頃は枝や葉が充実し、貯蔵養分も樹木内に蓄積され、11 〜 3 月は休眠期といえます。一般的には落葉樹は葉を落としている冬がベストですし、常緑樹は樹勢の強い 9 〜 11 月、針葉樹は 3 〜 7 月位といえますが、本来、こんな形ではなかなかできませんが、目安として考えていただければと思います。

常緑樹の場合、厳寒期 1 〜 2 月は切り口が傷んだり、枯れ込む場合もありますので、できるだけ避けてください。

5.6 低木、地被類の手入れ——刈込み、他

> **POINT**
> ◆寄植の低木類の手入れは刈込みタイプが基本
> ◆芝生は確実な除草と潅水、施肥などの日常の手入れがポイント

1 低木の手入れ

　低木の手入れ方法も植込み状態により多少異なります。例えば、ヒラドツツジ、ユキヤナギなどの低木を単一で植込む場合と集団で寄植え形式で植込む場合では異なり、単一の場合は植物の樹形に合わせ、枝を切り詰めたりもできますが、寄植えの場合は全体を大きく刈込んでいくという形になり、むしろ、刈込みによる立体感、アンジュレーション（起伏）の演出などにも効果的な手入れ方法ともいえます。刈込みの場合は同じ枝の高さで切り詰めがちですので、その分の枝が肥大化したり、新芽の出が悪くなる場合もありますので、その際はもう少し下部から切り戻すのも一つの方法です。

きれいに刈込まれているサツキ寄植 　　　　　多少大きくなりすぎたサツキ刈込状態

2 芝生の手入れ

　芝生の植付は、コウライ芝などの日本芝は一定の大きさに切って販売しているものを貼り付けるという形が主で、ベタ（平）張、目地張、市松張などに分けられますが、事後の生長を含め、ベタ張り、目地張が一般的です。洋芝の場合は種を撒くという「まき芝」か、発芽生長させたものをロール状または一定の大きさに切って販売していますので、現場状況に準じた選択が可能といえます。

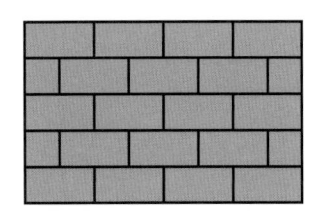

ベタ（平）張 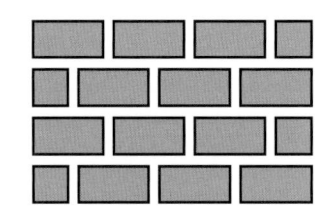　　　　　　　　目地張 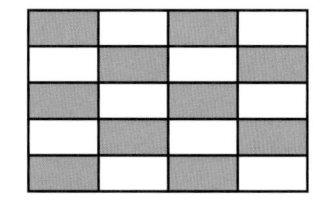　　　　　　　　市松張

　一般的に芝生を植えても1〜2年目は非常に美しいですが、4〜5年もすると雑草や芝生の状態が傷んだりして、見苦しい状態になりがちです。芝生本来は病害虫などにも比較的強い植物ですので、芝生の状態を注意深く観察しながら、芝刈りのタイミング、除草、潅水、肥料等の日常の手入れをおこなうことにより、美しい緑の芝生が保てるといえます。

第 5 章　施工・メンテナンス

❖手入れのポイント

- 芝生の刈込みは定期的（4〜5月1〜2回/月、6〜8月3〜4回/月、9〜10月2〜3回/月）におこない、芝生に適当な刺激を与え、上に伸びようとする力を地中のランナー（匍匐茎（ほふくけい））や茎に回し、健全で緻密な芝生にします。
- 潅水は土の中に十分浸透する位で、生育期（4〜6月、9〜10月）は3〜5日に1回、盛夏（7〜8月）には日中を避け、朝、夕方に1〜2日に1回が必要です。
- 根気のいる作業ですが、除草は確実に根から抜くことが大事で、広い面積の場合は芝生用除草剤の利用も合わせての検討も必要といえます。
- 3〜5月位の目土（めつち）（細かくふるった土を芝生の葉が隠れない程度に薄くかける）入れにより、芝生面の不陸をなくすとともに、芝生の発根を促し、老化を防ぎます。
- 適切な施肥（3〜4月、9〜12月 油粕などの緩効性肥料、5〜8月 化成肥料、液肥などの速効性肥料）と病害虫予防のために芝生の生育に良い環境づくりをおこないます。
- 2〜3年ごとの穴あけ（エアレーション）による通気性の改善により、芝生の老化を防ぎます。

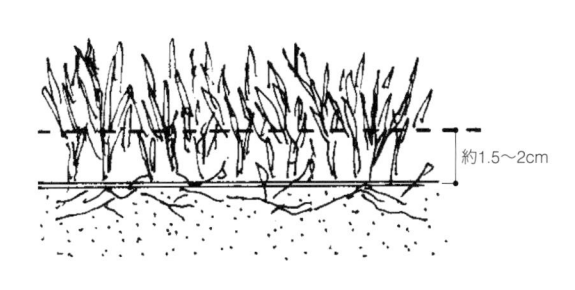

芝生刈込みの標準高 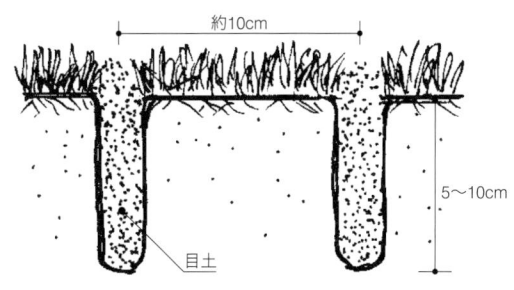　　　　エアレーション断面

3　杉苔

　杉苔の生育環境は暗い日陰ではなく木漏れ日があたり、排水性が良く、空気中の湿度が高い場所が適しています。

　苔類は根から水分、養分を吸収するのではなく、葉から吸収しますので、一定の日照と水分が葉の部分に必要になります。このような環境条件のもとでは、雑草取りと潅水だけでほとんど手入れは不要といえます。一定の日照と空気中の湿度さえあれば、杉苔なども勝手に生育してくれますが、実際はなかなかそんな場所も少なく、特に乾燥で弱り、雑草やゼニゴケなど他の苔に取ってかわられるケースも良くみかけますので、基本は苔を張る場所の選定と、その後の葉水（はみず）（葉に水をかける）を中心とした日常の潅水がポイントといえます。

4　リュウノヒゲ

　乾燥にも強く、ほとんど手入れがいらないといっても良い程です。カースペースのスリットグリーンなどで車輪の踏圧を受けずにこんもりと盛り上がった状態になり見苦しいようでしたら、適当な高さで切ってもらうとまた下から芽が出てきます。

5.7 植物の病気と害虫

POINT
◆病害虫対策は予防と初期段階の対応がポイント
◆病害虫に比較的強い木は？

　植栽材料の選定に際しての打合せ等で、ユーザーのリクエストのなかに必ず出てくるのが、できるだけ虫がつかない、病気にかかりにくい樹木に対する希望です。

　これは、とにかく虫が嫌いとか、自分では薬をかけたりの薬散（薬剤散布）作業ができないのではとか、病害虫が発生した時の業者対応がスムーズにいかないのでは…という不安が潜在的にあるということです。

　もちろん、全く虫がつかない、病気にならないというものはほとんどなく、一般的な植栽材料には多かれ少なかれ何らかの病害虫は発生するということを理解してもらうことも大事といえます。

　また、ユーザーには手入れの一環として、できるだけ被害が拡がる前に予防を兼ねた初期段階の対応や薬剤散布をおこなってもらうことをおすすめした方が良いと思います。

1 病気と害虫

　ユーザーによっては、病気と害虫（総称して病害虫）を混同されている場合がありますので、そのあたりを十分に説明して、被害に応じた対処法、予防法を理解してもらうことが大事といえます。

- **害虫**：植物の葉、花、茎、根などを食べたり、樹液を吸ったり、植物に寄生したりする虫を指します。
- **病気**：植物病理学的に見ると、一定期間以上、微生物やウイルス等の感染により何らかの刺激を受け続けた結果として、植物がもともと持っている機能や形に異常（例えば、葉が縮んだり、変色したり、樹勢が衰えたり、他）が起こることを指します。

イラガ類（食害性害虫） 　　ケムシ類（食害性害虫） 　　ミノムシ類（食害性害虫）

コガネムシ類（食害性害虫） 　　カイガラムシ類（吸汁性害虫） 　　アブラムシ類（吸汁性害虫）

2　防除法および時期

- 植物の病気を予防したり治療するためには「殺菌剤」を用いますが、害虫には全く効きません。植物にはさまざまな病気がありますので、それぞれの病気に適した園芸薬品を使い分けることが必要ですが、最近では複数の病気に効果のある薬品が主流になっています。
- 害虫の駆除方法としては、虫の姿が見えていれば捕まえて殺すという「捕殺」と薬剤による殺虫、予防とに分かれます。
  薬剤も直接虫の体に付着させ毒殺する「接触毒殺虫剤」から、薬剤を植物体内に浸透させて食毒死させる「浸透移行性殺虫剤」など数種類ありますが、予防的見地からも、浸透移行性殺虫剤のタイプは粒剤（主に地面にまく薬剤）をまくだけで手軽に済みますので、家庭での予防、駆除としてもおすすめといえます。
- 園芸薬品には、駆除の対象として害虫を退治するだけではなく、病気の治療、予防効果も含めた薬効もある病害虫まとめた複合効果を持つものもあります。病害虫の種類にもよりますが、家庭で手軽に使用してもらうという点からは複合効果を持つものがおすすめです。
- 園芸薬品もスプレー缶式、粒剤、粉剤などは取り扱いも簡単で手軽ですが、病害虫の被害が広範囲であったり、散布範囲が広い時などは量的にもコスト的にも、結果としては不都合が出る場合がありますので、できれば噴霧機による水和剤などの液剤による薬剤散布のやり方なども覚えてもらう方向ですすめてください。また、同時に各薬剤の注意事項と使用方法等については必ず守ってもらうことも伝えてください。
- 病害虫の薬剤散布の時期ですが、できれば予防という点で、早め早めの方が効果的ですが、特に害虫の場合は、4〜10月下旬位までさまざまな害虫が発生しますので、できればまだ虫が小さくて葉に集団でいる時期や、樹木の足元に虫の糞が落ちていないかなどに気を付けて、できるだけ初期段階での駆除をおすすめします。

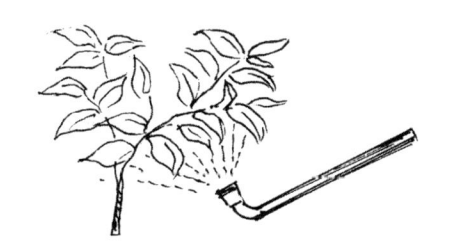

薬剤が葉の表だけでなく、裏側にもかかるように噴出口を上向きにして散布してください

イラガなどの毛虫は小さい時は集団でいますので、その時に捕殺、薬散などが効率的でおすすめします

3　病害虫に比較的強い樹木

病害虫に比較的強い樹木	アオキ、アジサイ、アセビ、アベリア、エゴ、カイヅカイブキ、キャラボク、レイランディー、ブルーアイス、コウヤマキ、フィリフェラオーレア、タイサンボク、ネズミモチ、ナンテン、ニシキギ、ヒイラギ、ヒイラギナンテン、ピラカンサ、ヤツデ、ヤマモモ、レンギョウ

おわりに

　2007年8月に『住宅エクステリアの100ポイント』を出版させていただいてから3年余りが経ちました。前著では、エクステリアの一部としてしか説明できてなかった植栽部分を各ゾーンごとにより掘り下げ、インテリア観葉植物を含め、テイスト別のより具体的な樹種選定等、住宅植栽に特化した形で書かせていただきました。

　「住まい」というのは決して建物内部のみではなく、エクステリア、ガーデンを含めた敷地全体が生活の場であるという視点から、最近はユーザーの外部住環境に対しての見方が大きく変化しており、住宅を設計する以上は敷地全体を含めたトータルな視点での計画がますます必要になってきています。敷地全体を計画していくなかでは、エクステリア部分を含め、壁と土間のデザインマテリアルとしてさまざまなフォルム、テクスチュア、カラースキームを持つ樹木、草花などを効果的に使いこなす知識、スキルが必要になるのは言うまでもありません。

　私は講演会や研修の場で「植物は嫌いではないけれど、そんなに好きではない…」という話をすることがあります。できれば植物がすごく好きな方が良いかも知れませんし、植栽の話をする以上そう思われているかも知れませんが、好きとか嫌いという以上に、マテリアルとしての位置付けからの植物の重要性は十分に認識しているつもりです。建築の一部の人はどちらかといえば植物が苦手？というか、そこまでの必然性を感じておられていない人も見受けられますし、製材されたスギ、ヒノキ、トガ（ツガ）の違いはわかっても、山にあるスギ、ヒノキ、トガ（ツガ）の違いは判別しにくい方も多いと思います。しかし、建物の様式、デザイン、テイストに対して、樹木の配植選定次第で建物の演出効果も大きく変わることもありますので、もう少し植物を身近なところに位置付けて、マテリアルの一つとしての認識を持たれることをおすすめします。

　「はじめに」にも書かせていただきましたように、最近はシマトネリコやヤマボウシなどの自然樹形志向のユーザーが増えてきています。そのなかでは、今まであまり使われなかったような「新樹種」と総称されるハイノキ、ナナミノキなど山から来た新しい仲間から、ノルウェーカエデ、フォレストパンジーなどの外来種等さまざまな植物が流通していますし、植木材料業者さえ良く知らないようなものがネットで販売されていたりもします。

　最近は樹木のみではなく、宿根草、一・二年草などの草本性植物（草花）も含め、植栽材料として用いることができなければ、全体計画ができにくい場合もあり、草花類の品種改良等においてはバイオ技術、DNA組換え等もあり、以前にはなかったような花の色や特性を持つ植物がますます増えてきています。いわゆる、樹木から草花に至るまでの緑（植栽）をある一定のレベルで使いこなすスキルが必要になっているということと思われます。

　マテリアルと言っても他の金属やコンクリート、木材などと異なり、当たり前のことですが植物は生き物です。植え込まれた場所の環境から始まり、日常の潅水、施肥、メンテナンス等の関わり方によっても生長や植物の状態は変わ

りますし、たまには専門家でもわからないような状況になったり、まだまだ不思議な部分も兼ね備えています。植物の持つ環境保全等の機能的効果や建築的、審美的効果だけではなく、植物に接することにより自然を感じたり、リラックス、癒しの効果、また、生物（虫、昆虫、野鳥など含め）に対する想い…など、日常の住宅という生活の場を通じてそこに住む全ての人が植物に対し、さまざまなものを感じていただければとも思います。

　本書出版にあたりましては、日本建築協会の上原出版委員長をはじめメンバー各位には貴重なご意見と助言をいただいたり、㈱学芸出版社の吉田編集長および編集の越智和子氏には見本組、校正などいろいろお骨折りいただきまして感謝申し上げます。本書のなかで掲載した現場写真など各種資料の使用に際してお願いしましたところ、資料提供各位には快諾していただき、ありがとうございました。

　また、私事ではありますが、前著同様、娘の奈緒子には原稿の書き出しから入稿までのパソコン作業等、裏方としてかなりの苦労もかけたと思います。

　このように、多くの方々の励まし、助言、協力をいただきまして本書が出版されることになりました。皆様にはこの場をお借りしまして、心より厚くお礼申し上げます。

　　　2010年10月

　　　　　　　　　　　　　　　　　　　　　　　　　　　　　藤山　宏

【参考文献】
・上原敬二『樹木ガイドブック』加島書店、1971
・室井綽『タケ類　特性・鑑賞と栽培』加島書店、1969
・堀大才・岸谷美苗『図解　樹木の診断と手当て』（社）農山漁村文化協会、2002
・（社）日本造園組合連合会『新しい樹種の剪定と育て方』（株）小学館、2001
・（社）日本インドア・グリーン協会『熱帯花木と観葉植物図鑑』誠文堂新光社、1998
・（社）鳥取県動物臨床医学研究所『動物が出会う中毒』緑書房、1999
・東邦レオ株式会社編著『新・緑の仕事』2002

【資料提供】
・トヨタホーム株式会社　　　　　　・丸和建設株式会社
・京阪園芸株式会社　　　　　　　　・株式会社ウエシン
・中島農園株式会社　　　　　　　　・住まいの研究室　井上まるみ氏
・有限会社プランニングオフィス　　・卜部憲氏
・S'ergio Ferreira Deusdara' 氏

索引

欧字

DOパイプ（酸素管） 160

あ

アーチ門 78, 80
アイストップ的効果 11
アジアンテイストの樹木 151
アジアンテイストの植栽 150-151
アプローチ 84-87, 120-121
アメリカンフェンス 97

生垣 60, 90-93
生垣樹 18
生垣支柱 163
石積 105
移植 156
板塀 97
一・二年草 30
市松張 168
忌み枝 166
忌み木 34
陰樹 14
インテリア 136-141

植穴 161
植込 58-59
植付 162
ウッディフロアユニット 126
ウッドデッキ 97
腕木門 82

エアレーション 169
英国風テイストの樹木 149
英国風テイストの植栽 148-149
エスパリエ 130-131
枝抜き 33
枝抜き剪定 33
エレガント系インテリア 140
縁起木 34

オーナメントグラス 30, 89
オープン外構 84
屋上 125, 129, 132-134
屋上植栽基盤 133
屋上庭園 135
屋上緑化 60, 132-135
奥行を感じさせる効果 11
お礼肥 165

か

カースペース 106-111
カーポート屋根 112-113
開口部 94
階段 88-89
害虫 170
街路樹 18
隠したり、視線をそらす効果 11
学名 12
カジュアル系インテリア 138
カジュアル系の門廻り 70-73
ガゼボ 134
冠木門 82
株立 24
花木 18
カラーリーフプランツ 20-21
からみ枝 166
仮置 159
枯れ補償 164
環境保全 8
灌水 133, 164-165
灌水回数 164
寒地型芝生 24
寒肥 165
観葉植物 136-141

幾何学的植栽 52
規格表示 24
機能的効果 8
鬼門消しの樹木 34
切り詰め剪定 33
境界フェンス 98
金運（商売運）のある樹木 35
クラシック系インテリア 141
グラス（Grass）類 30
グランドカバー 24, 56, 57
クローズ外構 70, 77, 84
群植 53

経年変化 32
軽量人工土壌 132
玄関ポーチ 84, 87
検査 158-159
建築的効果 10

公園樹 18
光合成作用 8
交差枝 166
高木 24
広葉樹 12
苔類 25
互生 167
戸建住宅 44
コニファー 27
コンテナ 124-127

さ

材料発注 158-159
逆枝 166
下がり枝 166
ササ類 25-26
皿鉢 58
三本植 53

シェードガーデン 148
自家結実性 23
シガラ組み 103
自然樹形 32-33, 36, 147
自然風植栽 52
自然風テイストの樹木 147
自然林 8
子孫繁栄の樹木 35
仕立物 18, 32
下見 158, 159
支柱の種類 163
自動灌水 133, 165
芝生の手入れ 168
弱剪定 36
シャッターゲート 78-81
集合住宅 45
雌雄異株 23
雌雄同株 23
宿根草 30
樹形によるイメージ構成 36
樹種別材料発注 159
樹木剪定 43
土脈 12
常緑広葉 8
常緑樹 13
植栽計画のフロー 54
植栽材料の選定フロー 50-51
植栽図面 48
植栽密度 56
植物学上の分類 12
助成制度 60
人工強化竹垣 126
人工地盤 125, 133
人工林 8
新樹種 28
浸透移行性殺虫剤 171
審美的効果 8, 10
針葉樹 8, 12

水生植物 31
数寄屋門 82
スチール支柱 163
スリット 94-95
スリットグリーン 71, 111
整形式植栽 52
整形木 32

整枝 166
生態系 8
接触毒殺虫剤 171
狭い空間 100-101
線植栽 52
剪定 166-167
洗面 136-141

雑木林風テイストの植栽 146-147
双植 53
草本性植物 30
添え木支柱 163
側脈 12

た

耐煙性 16-17
耐塩（潮）性 15
耐乾性 15
耐寒性 16-17
耐湿性 15
耐暑性 16-17
対生 167
耐風性 16-17
太陽輻射熱のコントロール 9
他家結実性 23
タケ類 26
立て込み 162
単幹 24
単植 53
暖地型芝生 24

地下（アンカー）支柱 133
地被植物 24
地被類 168
中・高木の手入れ 166
駐車スペース 106-113
中木 24
中庸樹 14

築地塀 83
築地松 9
土ぎめ 162
土留 104-105
土の三相 161
坪庭 116-119
蔓性植物 25, 96, 105

庭園樹 18
低木 24, 56, 57, 168
デッキ 120-123
テラス 120-123
照り葉 150
点滴灌水 165
トイレ 136-141

透水性 47, 160-161
胴吹き枝 166
特殊樹木 26
土壌改良 160-161
土壌改良材 161
土層改良 160-161
徒長枝 166
トピアリー 73
トレリス 11, 88, 96, 99

な

中庭 116-117
ナチュラル系インテリア 139
ナチュラル系の門廻り 74-75
夏芝 24
並鉢 58
南欧、地中海風テイストの樹木 153
南欧、地中海風テイストの植栽 152-153

荷卸し 159
二脚鳥居支柱 163
根鉢 58, 159
根廻し 156

法面 102-103

は

バーク堆肥 161
パーゴラ 96-97, 99, 123
ハーブ 23
バーベキューコーナー 123
パーライト 161
配植形式 52
配植手法 53
配植密度 57
薄層緑化材 132
鉢カバー 130
パティオ 152
花物 18
葉の形状、着生状態による分類 12
葉張 24, 48
葉物 20
バルコニー 124-127
バンブー類 26
半落葉樹 13

ピートモス 161
微気象 8
ヒコバエ 166
日差しのコントロール 9
被子植物 12

非（不）整形式植栽 52
病害虫に比較的強い樹木 171
病気 170
平張 168

風致地区条例 61
フェンス 96-99
フォーマル系の門廻り 76-77
不整列の原則 53
不織布ポット 58, 159
冬芝 24
分譲住宅 45
塀 94-95
ベイ尻鉢 58
壁面 60, 128-129
壁面下垂 129-130
壁面登はん 128-129
壁面前植栽 130
壁面緑化 128-131
ベタ張 168
ペット 142
ベランダ 124-127

防音樹 9
防火樹 9
防風樹 9
ボーダーガーデン 148
北欧風テイストの植栽 154-155
北欧風テイストの樹木 155
保水性 47, 160-161
保肥性 47
ホワイトローム 161

ま

幹周 24, 48
幹物 22
水ぎめ 162
水鉢 162
水やり 164
緑のカーテン 130
実物 22

目地張 168
目土 169
目通り 24, 48
面植栽 52

木本性植物 30
モダン系インテリア 137
モダン系の門廻り 66-69
モダン和風スタイルの樹木 145
モダン和風テイストの植栽 144-145

門冠り 64
門廻り 64-81

や

薬剤散布 170
薬散 170
八ツ掛け支柱（唐竹仕様） 163
山から来た新しい仲間 28-29

ユニットフロアタイル 126

陽樹 14
擁壁 104-105
葉脈 12
浴室 114-115, 136-141
横桟フェンス 99
寄植 53

ら

落葉広葉 8
落葉樹 13
裸子植物 12
ラチス状のフェンス 98

リビング 136-141
流通チャネル 158
緑陰樹 120-123
緑化基盤材 125
緑化パネル 130
緑地率 61

列植 53

わ

ワイヤー支柱 163
和風門 82-83

藤山　宏　Fujiyama Hiroshi

1947年佐賀県鹿島市生まれ。鳥取大学農学部農学科卒業後、電鉄系造園会社、住宅会社造園課、外構造園工事会社を経て、1994年㈲造景空間研究所を設立。戸建住宅中心のエクステリア・ガーデン工事の営業、設計、施工管理一筋のキャリアを活かし、マネジメント面及びテクニカル面の両輪で、経営面アシスト、システム構築から社員教育、技術研修等にて活躍中。

● 資格及び所属団体：
技術士（都市及び地方計画）、一級土木施工管理技士、一級造園施工管理技士、上級造園修景士、㈳日本造園学会、㈶日本修景協会、㈳日本建築協会

● 講師、執筆、他：
E＆Gアカデミー特別顧問。住宅会社、エクステリア関連メーカー、代理店、工事店、他全国各地で講演及び研修会講師。著書に『住宅エクステリアの100ポイント』（学芸出版社）、㈱リック『エクステリアテキスト』「基礎編」ＣＤ版監修、「週刊エクステリア」「リフォーム産業新聞」等に連載、コラム執筆

プロが教える住宅の植栽

2010年11月10日　第1版第1刷発行
2021年11月20日　第1版第5刷発行

企　画 ― 社団法人 日本建築協会
　　　　　〒540-6591　大阪市中央区大手前1-7-31-7F-B

著　者 ― 藤山　宏
発行者 ― 前田裕資
発行所 ― 株式会社 学芸出版社
　　　　　〒600-8216　京都市下京区木津屋橋通西洞院東入
　　　　　電話 075・343・0811

オスカーヤマト印刷／山崎紙工
装丁：KOTO DESIGN Inc.

© ㈳日本建築協会, 2010　　　　　　　　　　　Printed in Japan
ISBN978-4-7615-2494-4

JCOPY 〈㈳出版者著作権管理機構委託出版物〉
本書の無断複写（電子化を含む）は著作権法上での例外を除き禁じられています。複写される場合は、そのつど事前に、㈳出版者著作権管理機構（電話 03-5244-5088、FAX 03-5244-5089、e-mail: info@jcopy.or.jp）の許諾を得てください。
また本書を代行業者等の第三者に依頼してスキャンやデジタル化することは、たとえ個人や家庭内での利用でも著作権法違反です。